# 古代歷史文化 研究輯刊

## 十四編

王 明 蓀 主編

## 第 18 冊

### 宋代奠定的佃耕制及其後世沿革

張 履 鵬 著

國家圖書館出版品預行編目資料

宋代奠定的佃耕制及其後世沿革／張履鵬 著 -- 初版 -- 新北市：
花木蘭文化出版社，2015〔民 104〕
目 2+176 面；19×26 公分
（古代歷史文化研究輯刊 十四編：第 18 冊）
ISBN 978-986-404-326-2（精裝）
1. 租佃制度
618                                                         104014381

ISBN-978-986-404-326-2

9 789864 043262

古代歷史文化研究輯刊
十四編　第十八冊　　　　　　　ISBN：978-986-404-326-2

# 宋代奠定的佃耕制及其後世沿革

| | |
|---|---|
| 作　　　者 | 張履鵬 |
| 主　　　編 | 王明蓀 |
| 總 編 輯 | 杜潔祥 |
| 副總編輯 | 楊嘉樂 |
| 編　　　輯 | 許郁翎 |
| 出　　　版 | 花木蘭文化出版社 |
| 社　　　長 | 高小娟 |
| 聯絡地址 | 235 新北市中和區中安街七二號十三樓 |
| | 電話：02-2923-1455 ／傳眞：02-2923-1452 |
| 網　　　址 | http://www.huamulan.tw 信箱 hml810518@gmail.com |
| 印　　　刷 | 普羅文化出版廣告事業 |
| 初　　　版 | 2015 年 9 月 |
| 全書字數 | 150671 字 |
| 定　　　價 | 十四編 28 冊（精裝）台幣 52,000 元 |

# 宋代奠定的佃耕制及其後世沿革

張履鵬　著

### 作者簡介

張履鵬，天津市寧河縣蘆臺人，生於 1929 年，長期在農村工作，熟悉農村、農業和農民。早年曾經在河南省內的研究所和大學從事農業經濟歷史研究與教學工作，擔任過教授和研究員職務。現已退出崗位，在鄉自選課題項目，進行有關農業經濟等方面的歷史知識普及和學術探討。

### 提　　要

　　國家建立就要有各種制度，土地制度是其中重要一項。宋代以前的土地制度，都是國家控制土地還授為主，兼有民間土地交易。宋代對土地採用不設田制，不抑兼併的佃耕制土地制度，把土地完全推向市場。佃耕制也叫租佃制，一直延續到解放前。佃耕制度的農業經濟結構，由自耕農經濟、地主經濟和佃農經濟組成。在佃耕制實行時期，三者互相轉化，並不固化，推行共一千餘年，而且不斷完善，生命力很強，土地並沒有高度集中，「千年田換八百主」一直運轉著。封建土地制度的井田制在秦代早已廢除，中國近代土地改革運動是針對的租佃制，但並不平坦。上世紀六十年代初，全國由合作社發展為人民公社，結果是輝煌的幻滅。新的土地制度還在「模著石頭過河」。在現代化農業進程中，海峽兩岸農業經濟專家共同關注「小地主大佃戶」的農業經營發展方向。佃耕制作為歷史和現實研究，總結其經驗教訓，是有其意義的。

目次

# 第一章 引 論

## 第一節 土地制度概述

　　土地是支撐人類生存所必備條件。用於農業，是農業生產的要素之一。土地經過人的耕種才能成爲「田地」。在歷史的發展過程中，出現國家政權來管理田地，就要有土地制度。從國家角度考慮：一是要保證農民能在土地上正常穩定的生產，二是確定能保證一定的稅收。農業、農村、農民問題是關國家興衰存亡。土地是農民的命根子，有了土地制度保證，農民才有立身之本，農業才有發展之根，農村才有後續之源。土地制度作爲農村的基本制度之一，千百年來始終左右著農民的命運。

### 一、設置土地制度的作用

　　耕地乃是固定的自然體，不能流動。但是在社會經濟範疇，它的所有權、處置權、使用權卻可以不斷變更流轉。土地權屬流轉是土地經濟學研究的一個重大問題。在近代由於種種原因，社會科學也常援引西歐之說，依爲圭臬。但是因爲社會科學受時間空間的影響，西歐的社會歷史現象與中國社會發展現象並不相同，而所套用來的並不適當，有關土地制度亦是如此。在西歐中世紀各地盛行農奴制莊園經濟。莊園是這個時期西歐農業生產中的一種特定組織形式。封建主主要依靠自己的地產生活，所以國王、教會和大封建主都建立莊園。自給自足的自然經濟形態，爲生產者自家和領主提供生活資料。莊園的農業生產實行三圃耕作制，即把耕地分作春播地、秋播地和休耕地三

部分，輪流耕種。休耕地和收穫後的耕地作爲公共牧場，集體使用。莊園生產者主要是農奴，此外還有自由佃戶、雇工和奴僕等。隨著社會經濟發展和科學技術進步，以及海外殖民地的擴展，在資本主義社會發展過程中農奴制包括最落後的俄羅斯逐步廢除了農奴制。

　　而在中國則從事農業生產歷史悠久，約近八千年，在發展生產中不斷提高農業技術和建立比較完善農業管理制度，與西歐的社會發展有不同的經歷，過去套用西歐的社會發展史必然有失偏頗。在這個歷史階段，雖然奴隸在工業方面貢獻較明顯，但是，主導的力量還是村社組織的農民。農業生產具有分散性、季節性、技術性等特點，不便使用奴隸。因此判斷「井田制」下勞作的農民，並非奴隸身份。《左傳・襄公九年》有：「其庶人力於農穡，商工皂隸不知遷業」。皂、隸即爲雜役奴隸身份，與商、工並列，區別於力於農穡的普通人。當時，地廣人稀。在生產要素中，土地並非是難以獲得的生產資料，隨處都能墾殖農田，種植作物。而農田制度對發展農業生產至關重要，需要不斷的改革，以適應經濟發展，維持生產秩序。中國在漫長的歷史時期，根據各個歷史階段的政治、經濟、文化，其統治者均制定、執行一定的田地制度，即爲田制。本文闡述的土地制度，即指農田，並非一般土地。按照田制規定，個人或法人，依法行使田地的權利、使用方式、管理辦法以及交納稅收等。田制是隨著社會發展，遵循著規律，有一定的發展階段，而且難以逾越。

　　眾多歷史資料證明幾千年來，中國田制基本上可分爲兩個階段兩大類。

　　早期的第一類爲有制式：戰國後期經秦漢到唐代中期，實行過名田制、屯田制、限田制、均田制。在這一階段，共約一千年時間內（以往稱之爲封建社會前期），田畝基本是受國家控制的，除了官府授受田地外，私人買賣土地也在控制之中。只是在南北朝那段動亂時期，失去掌控，莊園制得以惡性發展。這類田制，官府必須能夠控制農田「授受」，田畝能滿足一家人（最低五口之家）的生活和「耕三餘一」的備荒糧。否則就執行不下去，社會就會發生動亂。

　　後來發展爲第二類無制式：中唐以後經宋代一直到民國時期（以往常稱之爲封建、半封建社會），都是實行佃耕，土地真正地自由買賣，「不設田制，不抑兼併」，土地權屬經常「自由流動」，又是經過了約一千年。盛行佃耕時期，農業分成地主經濟成分和自耕農經濟成分。這兩種經濟成分，並分生佃

農經濟，而成為制度周轉、變換的中心。在彼此相互消長動態運行中，不斷取得平衡。保持這類田制，必須發展城市經濟，擴大工商業，墾闢新土地，給失掉土地的「流民」給以安置。

## 二、土地制度制定是政府行為

　　自秦漢廣泛實行郡縣制以後，中國人的等級身份並不像中世紀歐洲國家的貴族那麼嚴格。諸王、貴戚、權臣乃至地方豪強都會危及朝庭。那時期不只是地方豪強，有時候有點來頭的普通人物也敢覬覦皇帝之位。「做皇帝」恐怕曾經是舊時代每個男子的白日夢的內容。這是中國人塵世夢想的極峰。這不足為奇，世界上任何一個國家的男人恐怕都夢想過當皇帝、當國王。問題是，將這個夢想付諸實際操作的中國人，肯定多過世界上其它國家之總和。事實上，漫長的中國歷史中，每一個朝代，不管是國力強大還是空虛，統治清明還是混亂，都有許多被「皇帝夢」所驅動的人試圖一逞。只要有人聲稱自己是「真龍天子」，便會有人臣服效忠，有人頂禮膜拜。起初陳涉耕於壟畝時，忽想學鴻鵠橫飛四海，曾說：「王侯將相寧有種乎」。小小的亭長劉邦看到秦始皇出巡的威武，就說：「大丈夫當如是焉」。項羽則說：「彼可取而代之」。掌握幾個老百姓頭頭就自封皇帝，這是很普通的事。都想以真龍之名當天子。直到中華人民共和國成立後，依然有人稱帝，大中華佛國、道德金門皇帝、中原皇清國正皇帝張清安、大聖王朝女皇晁正坤等多起。但很容易被鎮壓。真龍之說慢慢的有些不太靈了，太平天國洪秀全則稱為上帝的兒子，耶穌的弟弟。後來又傳來「革命」之新鮮名詞，帶有科學性，而盛行於一時。在人們心目中皇帝和革命就是一回事，目的和做法都幾乎相同，是為了「奪權」，誰也不把土地當回事。

　　現代左派歷史學家范文瀾，用馬克思觀點撰寫了《中國通史簡編》，毛澤東認為「農民起義是推動歷史前進的火車頭。」據此，《中國通史簡編》其中心認為：「研究中國三千年歷史的鑰匙卻只有一個土地問題。」范文瀾對階級鬥爭在歷史發展中的作用的過份強調，將一部中國歷史曲解為中國農民戰爭的歷史。縱觀中國農民戰爭的歷史，並非如此。如范文瀾首選的階級鬥爭陳涉吳廣起義，他是反對秦朝暴政的，《史記》將陳涉列入《世家》是與孔子在一個檔次，並非當為亂臣賊子一類，而是反秦朝暴政有功。《世家》，釋為「世世永祭之廟。」范文瀾再選的第二起新莽時期的起義，其組織者都是各地豪

強，目的是恢復漢室。如春陵戴侯曾孫劉玄，在平林兵中號更始將軍。赤眉軍起事人樊崇擁立的皇帝叫劉盆子，本是式侯劉萌的兒子，官員也延用漢朝鄉官的名稱。王郎起義自稱爲漢成帝之子劉子輿，被西漢宗室劉林立爲漢帝，都邯鄲。東漢明帝永平三年（公元 60 年），明帝命人在雲臺閣上畫建立東漢的過程中最具戰功的將領「雲臺二十八將」，無一不是豪強出身。第三起所謂漢末的黃巾起義，按照現今說法就是「邪教」而且已成了「氣候」。黃巾的「大方」馬元義往來京師，以中常侍封諝、徐奉等爲內應。能夠用重金交結重臣爲內應，絕不是一般性的農民起義。第四起所謂黃巢起義，黃巢其出身鹽商家庭，曾組織鹽幫與朝廷緝查私鹽進行過多次武裝衝突。是個抗稅組織。此後，北宋宋江起義後招安了，去討伐的方臘是個有漆樹林的地主。南宋揚么、鍾相都受過招安。明末的張獻忠、李自成也是地方吏衙之屬，其造反核心很少是農民，爭奪的是權利，不是土地。各種土地制度的建立，都是在社會安定時由合法政府建立的，與農民造反沒有直接關係。

　　這兩大類田制，經歷了兩個一千年，都有它的歷史條件和特點，這都是當前農田制度改革中我們需要認眞研究的。古代的田制改革，官府著眼點自然是保證國家稅收，百姓的著眼點更是著重於正常的生產、生活。

# 第二節　古代有制式的土地制度

　　有制式的土地制度特點就是主要由國家控制土地，對農民有還授權力。農民土地支配權有一定的限制。有：三代時期的井田制，春秋戰國的授田制，秦漢的名田制，三國盛行的屯田制；以及北魏到唐實行的均田制等。

## 一、井田制階段

　　我國歷史上最早有田制記載的爲井田制。傳說「黃帝有熊氏始爲井田之制」。較爲系統介紹井田制是《孟子‧滕文公上》。其稱：「方里爲井，井九百畝，其中爲公田。八家皆私百畝，同養公田。公事畢，然後敢治私事。」還述說了井田制的稅賦徵集，「夏后氏五十而貢，殷人七十而助，周人百畝而徹，其實皆什一也。」說明了夏、商、周三代實行的井田制是「什一而稅」。每個勞力負擔的耕作面積，隨著技術的進步，不斷擴大。夏代五十畝，商代七十畝，到周代達到百畝。《春秋‧穀梁傳》稱：「古者三百步爲里，名曰井田。井田者，九百畝，公田居一。」戰國時，秦推行「除井田，開阡陌」的土地

制度，王莽又恢復井田制，一除一復都說明古時曾實行過井田制，並非虛言。如在此以前，無此田制，也就無所謂「除」和「廢」了。

當時人口稀少，可墾地資源非常豐富，土地構不成爲稀缺資源，人們對土地的所有權並不在意。理解「溥天之下，莫非王土。」應是公有制的一種表達。《禮記‧王制》所說的：「田里不鬻」很符合當時的情況。可供開發的土地資源很多，不需要去買田。當時貨幣的經濟作用不大，買賣田產雙方，構成的交易都無太大意義。從統治者方面說，明確「王土」也只是對外明確疆域；對內明確有效的稅收。古代諸侯國，還封賜給卿、大夫的采邑，是屬於「分田制祿」，發放官俸的一種形式，所以又稱「食邑」。《漢書‧刑法志》敘述古代百乘采邑爲「一同百里，提封萬井」。「提封」也是指所賜采邑的疆域而言的。受封於此的公卿、大夫，要負收稅、徵兵和管理疆域之責，並非其私產。

在井田制中的勞作者，不應視爲奴隸。而只是由原始公社過渡過來的農民，無所謂失掉土地。雖然當時的生產力不高，但是負擔十分之一的實物稅，或者十分之一的勞役，並非苛刻。而且井田制的勞作者並未失掉人身的自由。《詩經‧大田》描述的人們在井田勞作，還是很愉快的。莊稼生長良好，除掉蟲害、雜草，豐收在望。人們期盼「雨我公田，遂及我私」，公田、私田都要豐收。還要留下一些棵穗，給勞力差的矜寡人，表達了人們的互助情況。管理人也帶著家屬，提著飯籃，來到田間，表現了豐收的喜悅。但是「文革」中，在「左」的目光下，解釋爲勞作者在奴隸主的監督下勞動。期盼「雨我公田」是怕受罰，田間留下莊稼是對奴隸主的反抗，純屬臆斷。有了村落定居，有利於社會的發展。有宗廟、社稷、百官、稅收等政府行爲，是人類開化的一種表現。農民在井田中勞作，既有了固定的場所，也必然有了共同居住的村落。這比「墾荒制」的流動式的生產，應該表明的是農業生產進步，人類社會進步。在人們共同的生產、生活中，勾通人與人之間的關係。形成「出入相友，守望相助，疾病相扶持」的村落社會團體。在與自然鬥爭中，相互交流生產技術，促進生產力的提高。當時能開墾的土地很多，人們完全可以流散生產，包括墾荒、採集、狩獵等而可以不受社會約束。

根據考古及歷史記載，當時確有奴隸存在，但不是在井田中的勞作者。奴隸的來源：主要是來自部族戰爭中的俘虜，其成爲奴隸的前提是必有所用，把俘虜殺掉當犧牲、祭品就成不了奴隸；另本族受懲罰的罪人也是淪爲奴隸

的一種,《尚書・甘誓》提到;夏啓對本族人在戰爭中「不用命者」處分非常嚴厲。奴隸在井田勞作是無法控制的,一般是作爲工匠和苦役勞動。《管子》上說:「工相與議技巧於官府,商相與語財利與市井,農相與謀稼穡於田野」。但這種狀態對人們並非有利,必然缺少人間的交流與互助。直到春秋時期,依然有流散人。管仲相齊,提出要「相地而衰(音 CUI)徵」的合理稅收,「則民不移」動,有利安居生產,穩定人心。

井田制已經有了管理者、責任人。《詩經・北山》提到:率土之賓,莫非王臣。」《春秋・穀梁傳》提到:「私田稼不善,則非吏;公田稼不善,則非民」。建立有效的管理、稅收制度,是社會的進步表現。當時有些落後的部族,像《春秋・公羊傳》所說的東北部的蠻貉,無社稷、宗廟、百官。稅收雖很低,但還是處於蠻荒狀態,並不利於社會的進步。

## 二、春秋戰國的授田制

周天子「禮崩樂壞」,各諸侯國都在進行政治、經濟改革。春秋戰國以來,鐵質農具和牛耕已經廣泛應用,農業技術得到了改進,土地的生產力有更大的提高。因爲人們可以利用土地獲得好的效益,佔有土地的欲望越來越高。使當權的政府、田地的佔有者、土地的直接使用者都意欲取得田地的控制權。土地的走向私人佔有,主要原因並非某當權者的主觀願望;而正是相反,是生產力推動了土地制度的變化。春秋戰國,已經出現按照爵位授田制度,庶民授田額一般還是繼承井田標準,一家或一夫授田百畝。《荀子・大略》「家……百畝田」。《管子・臣乘馬》「一農之壤,量百畝也」,《管子・輕重甲》「一農之事,終歲耕百畝」一家或一夫授田百畝,土地瘠薄者多授,以供輪作耕休。

戰國時亦由國家實施授田,並以法律形式固定化。宅地授定量通常一家五畝左右,授田有「按家授田」和「按夫授田」兩種提法。《魏戶律》有「(假)門逆呂(旅),贅婿後父,勿令爲戶,勿鼠(予)田宇」,可見立戶(家)爲受田前提。《荀子・大略》所說「家五畝宅,百畝田」,即以家爲單位授田。又《管子・臣乘馬》:「一農之量,壤百畝也」和《管子・山權數》:「地量百畝,一夫之力也」等,受田單位皆爲家,著眼點則在各家主要勞動力「夫」身上,兩者的精神是一致的。商鞅變法明令規定:「民有二男以上不分異者,倍其賦」,李悝盡地力之教所述標準生產單位爲「一夫挾五口」。可見,秦與

三晉受田之「家」是以「一夫「爲核心的小家庭。授田予「家」和授田予該家主要勞動力「夫」，也是完全一致。授田者年齡著眼於是否成爲勞動力。《漢書・食貨志》說：古代井田「民年二十受田，六十歸田。七十以上，上所養也；十歲以下，上所長也；十一以上，上所強也。」銀雀山竹書一般認爲是戰國時代齊國的作品，其《田法》受田者限於十六歲與六十歲之間，十四至十六歲、六十歲以上，授以半額田。

## 三、秦漢名田制

　　「名田宅」一語，最早見於商鞅變法，此後，「名田」一詞多次出現於記述漢代土地制度的文獻中。張家山漢簡《二年律令》中有大量漢代名田制的法律條文，是研究漢代名田制的主要資料。張家山漢簡《二年律令》爲呂后時期的法律文書，亦將田宅的制度稱爲「名田宅」。張家山漢簡中的名田制，其以戶爲單位並以爵位爲基礎的田宅等級標準，就基本原則而言，與秦國的「名田宅」是一脈相承的。名田宅實際起於更早的戰國時期。其田制既有「田」也包括「宅」，確切應爲「名田宅制」。

　　據《張家山漢墓竹簡》記載：除最高一級徹侯以外，以下十九級的軍功爵記爲：「關內侯九十五頃（每頃爲 100 畝，以上爲侯級）；大庶長九十頃，駟車庶長八十八頃，大上造八十六頃，少上造八十四頃，右更八十二頃，中更八十頃，左更七十八頃，右庶長七十六頃，左庶長七十四頃（以上爲卿級）；五大夫二十五頃，公乘二十頃，公大夫九頃，官大夫七頃，大夫五頃（以上爲大夫級）；不更四頃，簪嫋三頃，上造二頃，公士一頃半頃，（以上爲士級）。公卒、士五（即伍字）、庶人各一頃，（以上爲平民、士卒）。司寇、隱官各五十畝（以上爲獲罪者）。不幸死者，令其後先擇田，乃行其餘。他子男欲爲戶，以爲其□田予之。其已前爲戶而毋田宅、田宅不盈，得以盈。宅不比，不得。」漢代名田制是以二十等爵制爲基礎的。名田制還注意了宅地的分配問題，這也是古代田制的延續。如《穀梁傳》稱：「古者公田爲居，井灶蔥韭盡取焉」。而且可以明顯看出每一等級田、宅數量的對應關係：受田 95 頃的關內侯，其宅地面積爲 95 宅（約五畝一宅）；受田 90 頃的大庶長，其宅地面積也是 90 宅，依此類推，直到最低等級的司寇、隱官，受田 0.5 頃，宅地 0.5 宅。臧獲、城旦、鬼薪、白粲屬於罪人、奴隸。

　　爵位並不完全世襲，當得爵戶主死亡，將導致部分田宅退還官府。田宅

數量是與爵位高低相對應的。二十等爵中，只有徹侯、關內侯這兩個最高的爵位，其後子（係指戶主繼承人，即兒子）可以原封不動地繼承，而卿以下的各級爵位，其後子只能降等繼承。爵位的降等繼承，將導致所繼承的田宅數量的減少。其中受影響最大的，莫過於卿。卿的後子只能以公乘的身份繼承 20 頃田和 20 宅，降低的幅度非常大，其它大部分田宅只能由卿的其它兒子繼承。經過三代以後，其嫡系子孫的地位也將逐漸向普通平民靠攏。這就意味著，高爵者的後代如果想繼續享有其祖、父輩的富貴與榮耀，就必須再立新功。

在漢代，鄉與縣在授田中起著主要作用，其中鄉主要負責具體的統計與彙報工作。鄉部嗇夫即鄉的長官。每年八月，各鄉統計本地戶籍，統計結果除保存在鄉外，還要抄錄一份上報到縣廷。如果某鄉有移徙者，該鄉還要將移徙者的戶籍及其年齡、爵位等詳細材料發送到移徙之地。

推行有制式土地制度的先決條件就是官方要掌握一定土地，以求還授，否則就會失控。漢平帝時，公私共墾田「八百二十七萬五百三十六頃。」今人黃今言研究，西漢國有田地占總田地的37.4%。當時人口為 59,594,978 人，人均田則為 13.88 畝。每戶約為五口之家。因為公田多以「假田」的形式給民間，鬆散的田制，使大量的田地落入到豪強之手，成為大土地所有者。對豪強地主控制勞動力亦約束不力，隨意使用「徒附」、「部曲」等依附關係較強的農奴式的勞動力。漢代名臣董仲舒說：「至秦則不然，用商鞅之法，改帝王之制，廢井田，民得買賣。富者田連阡陌，貧者無立錐之地。田租、口賦、鹽鐵之利，二十倍於古。或耕豪民之田，賦稅什五。故貧民常衣牛馬之衣，而食犬彘之食」。以致發生西漢被篡，釀成赤眉、銅馬、新市、平林的大動亂。

## 四、三國時期的屯田制

自黃巾之亂後，制度土地失控，曹魏屯田的規模和作用之大卻是空前絕後的。建安元年（公元 196 年），曹操採納棗祗、韓浩的建議，在許都（今河南許昌）附近進行屯田。屯田的土地是無主和荒蕪的土地。勞動力、耕牛、農具是鎮壓黃巾起義中擄獲的，有一部分勞動力號稱為招募其實是被迫而來的。據說當年屯田收穫穀物百萬斛，緩解了社會矛盾。

民屯也較普遍。曹魏民屯事物主要由各郡國典農官主持。大的郡國設典農中郎將，小郡設典農校尉。典農官獨立於郡縣之外，是專為供應軍糧而設

的機構。若遇有重要事項，如屯田地點的選擇及處理農民逃亡等，則由屯田官直接向曹操請示辦理。此外，曹操領導下的司空和丞相府也對屯田官起領導作用。曹魏統治者向屯田民徵收租稅的辦法，是棗祗倡導的「分田之術」，即官府提供土地，收穫的穀物按比例分成。這樣的剝削辦法達到了積糧供軍的效果，百姓雖然吃虧，但能有一個安定的生產環境，他們已經跟滿足了。

三國軍閥混戰，一方面大量流民食不果腹，一方面大片荒地無人開墾，而屯田制則可以把這些勞動力安置在國有土地上從事生產，從而充分利用土地，並解決了軍糧供應問題。歸根到底軍事行動打的是糧草供應，曹操軍團積極地在交通便利的地區實行屯田制度，不但糧草供應有了保障，而且大大減輕了農民運糧的沉重勞役負擔。建安時期之後，民屯多有演變，到了曹魏末年，這項制度對統治者來說已經無利可圖，於是司馬炎於魏咸熙元年（公元 265 年）宣佈：「罷屯田官，以均政役，諸典農皆為太守，都尉皆為令長」，實際上就是下令廢止屯田制。

三國時期西蜀和東吳都推行「養民屯田」政策。各個割據勢力的興衰，在很大程度上取決於糧食的充裕與否。因此，魏、蜀、吳三國都非常重視發展農業，以求兵民足食。除魏國實行「養民屯田」外，蜀相諸葛亮採取「民安食足而後用之」的方針，在內修政理，外復關盟，治戎講武的同時，務農殖穀，修都江堰，發展蜀錦生產；吳國則採取「施德緩刑，賦息調」、「保江東，觀成效」之策。

蜀漢王朝以租調等收入供應軍隊。由於軍隊的主力長期屯於漢中地區，多則 10 萬，少亦 5 萬，所以軍糧供應就成了重要問題。諸葛亮五次率軍北伐，就有兩次因軍糧不繼而撤軍。在這種情況下，諸葛亮把發展生產作為保障北定中原的一項重要措施，視糧食為「軍之要最」。諸葛亮為了解決軍中的糧食問題，首先組織和發展農業生產，推行「務農殖穀」政策。他不僅在和平年代「務農殖穀，閉關息民」，就是在戰爭時期，也要利用作戰間隙「休士勸農」，分兵屯田，實行「兵農合一」。

東吳孫權在江東也實行了大規模的屯田。在他的倡導下，吳國改變了秦漢時期「火耕水耨」的落後耕作方法，開始推行兩牛一犁的耕作法。耕作技術的改進，使糧食產量不斷增加，為吳勝利地進行戰爭提供了條件。大規模屯田是孫吳軍民糧食的支柱。《三國志・陸遜傳》記載「出為海昌屯田都尉，並領縣事」。那時候陸遜是 21 歲，是公元 203 年，不過東吳此時已經有了屯

田機構。東吳的屯田也是分民屯和軍屯兩種，吳以軍屯為主。

屯田初期主要分佈江東，但隨其領地擴大而增長遍佈至長江中下游。東吳的軍屯在沿江的一些重要防區設置屯田點，以便保衛要衝並且強兵足食。規模最大最為顯著的當屬廬江郡吳名將諸葛恪的屯田，在公元 278 年晉破吳時就曾「焚其積穀八十餘萬斛，踐稻田四千餘頃」可見規模之大。民屯則分佈在南方新建州郡等落後地區，屯民主要是北方流民和強掠來的補戶山越人。

兩晉時期，由於屯田客和佃兵的生產積極性低落，逃亡者日眾，甚至有屯田客起義之舉，而屯田本身的軍事組織形式，已不能適應生產發展的需要，終於在司馬炎稱帝前一年，即咸熙元年（公元 264 年）明令廢除屯田制，「罷屯田客以均政役，諸典農皆為太守，都尉皆為令長」。到晉武帝泰始二年（公元 266 年）又重申前令，「罷農官為郡縣」，宣告晉代的屯田制的結束。屯田官大多成為莊園主，屯田客和佃兵成為農奴性質的佃客、部曲，促成南北朝時期莊園經濟的發展。

## 五、莊園制對有制式田制的衝擊

十六國時期，少數族進入的北方。經歷長時期的戰亂，土地拋荒，人口流散。漢族豪強多聚族而居，建壁塢以自保。許多民戶蔭蔽在塢主、壁帥名下。當時少數族忙於戰爭，政權並不穩固。只得暫時利用當地豪強，為地方政權。任命這些豪強為宗主，都護百姓，稱為宗主督護。這些地方政權，實際是各霸一方，農民向其交納租稅，形成北方的壁塢經濟。《魏書・食貨志》稱：「魏初不立三長，故民多蔭附。蔭附者，皆無官役，豪強徵斂，倍於公賦。」南北朝時期又大興佛事。特別是北朝的寺廟，均佔有大量的土地，許多民戶蔭庇寺院，稱為「僧祇戶」，只向寺院交納租稅。這種特有的寺院經濟，實為宗教式的壁塢經濟一種，對民戶逼租逼債，同樣剝削很重。

三國時，戰亂頻仍，多施行屯田，田地更為集中。葛洪所著《抱朴子》記有東吳末年的豪強「僮僕成軍，閉門為市，商船千艘，腐穀萬倉」。東晉，依然使田地集中在豪強手中。在永嘉南渡以後，南方土地大量開發，又落到名門大姓之手，形成了士族莊園經濟。

晉代的士族都是在地方豪強的基礎上發展的，在社會上有較高的地位。土地開發，士族佔有優勢，成為大土地佔有者，建造了大量的莊園，形成不少「鐘鳴鼎食之家」。大富豪孔靈符在永興的莊園，有水田、陸田、山頭、果

園。謝靈運所寫《山居賦》上說：「夾渠二田，周嶺三苑，九泉別澗，五穀異鮮。………北山二園，口南山三苑，百果備列，乍近乍遠，羅行布株，迎早候晚。」莊園是集農、工、商、軍、學於一體的經濟組織。這時也有千樹桔一類的專業莊園。爲了控制豪強大戶使用農奴過多，晉元帝時，還頒佈了給客制，限定了官吏、豪門的蔭庇戶數。魏晉南北朝時已經大量使用農奴，而且使用在農業生產的耕、織方面，是名副其實的「農奴」。正如《北史·蕭大圜傳》所載：「侍兒五三，可充紉織；家僮數四，足代耕耘」。魏晉南北朝是繼戰國、秦漢以來，在農業生產上，繼使用農奴的形式之大成，數量也是空前絕後的。徒附、部曲、私屬、奴婢四類是承繼於前朝；佃客、蔭客、僧祇戶又是新創。

魏晉南北朝時期，因爲政治形勢、經濟條件的不同，使用農奴的莊園經濟主要有三種：

### （一）北方的宗主督護制

西晉末年以後，北方長期戰亂，十六國時期，少數族進入的北方，諸少數族政權頻繁更迭，經歷長時期的戰亂，土地拋荒，人口流散。漢族豪強多聚族而居，建壁塢以自保。許多民戶蔭蔽在塢主、壁帥名下在戰亂中爲了民族自保互救，就有人出頭承擔，成爲壁塢組織的首領，楊俊就承擔過此事。《三國志。魏志楊俊傳》載：「俊以兵亂方起，而河內處四達之衢，必爲戰場，乃扶持老弱詣京、密山間，同行者百餘家。俊振濟貧乏，通共有無。宗族知故爲人所略作奴僕者凡六家，俊皆傾財贖之。」他辦好事多，必然受到擁戴。各地原有豪強地主也會聚族而居，紛紛以宗族鄉黨的形式，佔據有利地勢築塢立壁，割據一方，武裝自衛，從事生產，維持生存。如鄢陵人庾袞帶領他的宗族鄉黨遷到禹山，修築塢堡，維持上下有禮，少長有儀的封建秩序。這些豪強地主稱爲宗主，塢堡裏的農民實際上是塢堡主控制的依附程度不等的農民，向塢堡主交納地租，承擔勞役和兵役。

當時少數族忙於戰爭，政權並不穩固。只得暫時利用當地豪強，掌握地方政權。任命這些豪強爲宗主，都護百姓，稱爲宗主督護。這些地方政權，實際是各霸一方，農民向其交納租稅，形成北方的壁塢經濟。《魏書·食貨志》稱：「魏初不立三長，故民多蔭附。蔭附者，皆無官役，豪強徵斂，倍於公賦。」地方基層行政機構實際已不復存在。魏道武帝拓跋珪建立北魏政權時，爲了

取得各地宗主的支持，建立聯合統治，承認「宗主」在地方上的勢力和他們的政治經濟權利，利用他們代替北魏政府「督護」地方。宗主為政府收納地方租稅，徵發兵役、徭役。這一以宗族主為鄉官的制度是北方的社會實際與拓跋統治者的需要相結合的產物。在魏孝文帝元宏改革以前，北魏政府在中原地區一直採用這一制度。趙郡（今河北趙縣）李顯甫集族人數千家於殷州西山（今河北隆堯東），開李魚川方五六十里而居之。李顯甫就是宗主，李魚川就是一個宗主督護區域。在宗主督護制下，各地宗主實際分割了國家大量的勞動力，構成了地方割據勢力的基礎。孝文帝為了加強中央集權，於太和十年（公元 486 年）實行三長制，取代了宗主督護制。

## （二）南方的士族經濟

「永嘉南渡」後，南方依然是漢族的勢力範圍，也保留了官僚地主士族經濟。中原士族因避亂而南遷，多棄官攜眷舉族南逃，故稱為「衣冠南下」。當時戶籍有主、客之分，移民入籍皆編入「客籍」，這時候「客家」移民湧入，客勝於主，這就是客家人由客變主的過程，這就是「客家人」的由來。因而，在建業建立起的東晉王朝，是繼漢以後，世家大族勢力獲得更大發展的時期，高門大族完全掌握了政權。中央權力幾乎都操縱在大族手裡。大族在政治及其它方面的得勢更助長了他們的門閥觀念，士庶之別，判若雲泥。

士族的經濟以農奴制莊園經濟為主。它是以中國封建社會大土地所有制的一般形態為主，兼收並蓄了奴隸制經濟殘餘的某些特徵，有機地熔為一體。具有封建經濟殘餘中的那種自給自足與閉關自守性。農奴是當時莊園經濟中的基本農業勞動者，他是由佃農轉化而來的。所謂的佃客、徒附、賓客均是當時對不同身份的農奴的稱呼。佃農由於完全喪失了土地所有權，因此，農奴與奴隸一樣，對莊園主——門閥士族有著強烈的人身依附關係。家族與地主莊園的二位一體。族長就是莊園主，佔有大量土地，將成片的土地用溝塹圍圈起來，形成很大的院落或者園林。莊客的族眾兼依附農民的雙重身份。大批小農為莊客，把他們附著在莊園裡，為莊園主耕種莊田。這種莊客，在文獻中又有佃客、莊戶、徒附、私附、部曲、奴客、人客等等名稱。名稱雖然不同，身份卻是基本相同的，大多都具有族眾兼依附農民的雙重身份。仲長統說：「豪人之室，連棟數百，膏田滿野，奴婢千群，徒附萬計。船車賈販，周於四方，廢居積貯，滿於都城。綺賂寶貨。巨室不能容；馬牛羊豕，山谷

不能受」。葛洪說：「僮僕成軍，閉門爲市，牛羊掩原隰，田池布千里。……
而金玉滿堂，妓妾溢房，商販千艘，腐穀萬庾，園囿擬上林，館第僭太極，
梁肉餘於犬馬，積珍陷於帑藏。」

東晉南朝時，限制官員的隱蔽佃客數量稱：「都下人多爲諸王公貴人左
右、佃客、典計、衣食客之類，皆無課役。官品第一、第二，佃客無過四十
戶，第三品三十五戶，第四品三十戶，第五品二十五戶，第六品二十戶，第
七品十五戶，第八品十戶，第九品五戶」。依官品高下分別給予多少不等的佃
客，是一律在主人戶口冊上登記。南朝劉宋大明初朝廷對占山澤也作出限制
的規定「第一、二品官聽占山三頃，三、四品二頃五十畝，五、六品二頃，
七、八品一頃五十畝，第九品及百姓一頃；先已占者，不得更占。」以上的
佃客制和占山制都是秦漢「名田制」的發展和補充政策。

《宋書》載：南朝劉宋時，因爲佔地不均，出現「富強者兼嶺而占，貧
弱者樵蘇無託。」的不平等局面。孝武帝採取刺史王子尙的上言，施行占山
制。高官一、二品占三頃，依次減少，至九品及百姓占一頃。南朝士、庶之
間等級區分嚴格。豪族高門多爲莊園主，大量畜養奴婢，不只用于役使，而
且在地主莊園中，很多農奴從事農業生產。晉巨商刁逵，「有田萬頃，奴婢數
千人。南朝據《宋書·沈慶之傳》說：「耕當問奴，織當問婢。」地主莊園農
業生產勞動力，是奴婢的身份，顯然不同於一般佃耕。

## （三）特殊的寺院地主經濟

佛教傳入我國的早期，僧人主要依靠布施維持僧眾的日常生活和佛事活
動費用，還沒有形成一種獨立的經濟。南北朝伴隨著佛教的「國教化」，寺院
的營建遍及我國南北各地。北周建德三年（公元 574 年），佛寺有 4 萬處，僧
尼 300 萬人。南朝劉宋時有佛寺 1913 處，僧尼 3600 人。唐朝詩人杜牧有詩
句：「南朝四百八十寺，多少樓臺煙雨中」。當時賦稅和徭役極爲繁重，釋道
宣撰寫的《廣弘明集》上說；僧尼卻「寸絹不輸官府，升米不進公倉」，「家
休大小之調，門停強弱之丁，入出隨心，往還自在。」《梁書·武帝紀》記載：
寺院的官府賜戶所受的免稅免役優待，對一般編戶齊民更具有無限的誘惑
力，於是貧苦農民紛紛「竭財以赴僧，破產以趨佛」，以求寺院庇護。結果，
庇護關係導致投靠者交納相當數量的租金就保留土地使用權，而寺院地主所
得到的不僅有大量的生產勞動力，還有土地。

寺院地主所驅使和奴役的是下層僧侶及依附於寺觀的人口。下層僧侶多是因避徭役和戰亂而遁入空門的貧苦農民。寺院的大量依附人口在北朝是佛圖戶。《魏書‧釋老志》說：「民犯重罪及官奴，以爲佛圖戶，供諸寺掃灑，歲兼營田輸粟。」佛圖戶是封建政府將罪犯和官奴給予寺院地主的僕役，是「佛寺之民」。佛圖戶除「供諸寺掃灑」之外，還要「歲兼營輸」，因爲佛圖戶來自官奴和罪配，這種寺觀戶的輸粟率絕不會太低，除其自身生活所需，其餘應全部交納寺院。同樣，白徒、養女也都是寺院的無償勞動者。他們的勞動換來了寺院財富的激增，但他們自己所得到的僅是清苦的生活。僧祇戶被榨取的也是田租。他們由軍戶等賤民轉化而來，每年需向僧曹「輸穀六十斛」，其被剝削率最低也該是「見稅十五」。這類賤民所提供的僧祇粟被封建政府以讓渡的方式變爲整個僧侶集團的財產。由於他們也被套上了一條神權枷鎖，又受到了軍之類賤民不曾遭受過的寺院地主的剝削和壓迫，雙重的重負使他們的處境較軍戶更淒慘。

「假募沙門，實避調役」的農民，他們雖然放棄了土地的所有權而變爲寺院的依附人口，但他們卻有土地的使用權，而且這部分農民又是名義上的僧侶，實際上的耕作者。所以他們所受的剝削與佛圖戶不同，與白徒、養女也不同，而應與世族豪強的蔭附農戶相同。由於寺院蔭附關係的建立，他們把原應繳納國家的賦稅繳納給了寺院，他們是南北朝時寺院地主的最廣泛的被榨取者。

當時，國內戰爭連綿不絕，上自達官貴人，下至平民百姓都感到生命無常，無所寄託，佛教正好能填補這個空白，應運而生，由此得到廣泛的傳播。但是，宗教勢力的壯大，與統治者往往在政治、經濟諸方面產生矛盾。在一個時期統治者便採用極端的手段——滅佛，拆除寺廟，毀掉佛像，令僧人還俗。在中國歷史上以北魏太武帝、北周武帝和唐武宗的滅佛運動影響最大，並稱「三武滅佛」。例如：北魏太武帝滅佛是因爲僧眾參加蓋吳叛亂；北周武帝滅佛是因爲佛寺不用交稅，影響國家財政收入。以致後來的唐武宗滅佛，是因僧侶隊伍形成的政治勢力，衝擊國家政治秩序；逃避賦稅徭役，財稅收入減少。

## 六、編戶齊民回歸的均田制

北朝的壁塢和寺院經濟，必然與統治政權發生衝突。民戶的租賦被豪強

們在中間截留，影響少數族政權的稅收。南燕慕容氏政權即感到壁塢組織是「迭相蔭冒，或百室閤戶，或千丁共籍，依託城社，不懼薰燒，損風毀憲，法所不容。」急須查清蔭戶，變成為政權直接納稅的編戶。由尚書韓棹主持，出動騎兵三千封鎖邊境，查出五萬八千蔭戶。

　　北魏在統一北朝以前，也在「代北」取得了「計口授田」的經驗。削弱壁塢豪強經濟，已勢在必行。北魏統一北方後，魏孝文帝太和九年，頒行了「均田令」。均田制，在歷史上是首次由政府製定的最具體的田制，而且付諸實施。這一田制，經北魏、隋唐，直到唐德宗時施行兩稅法以後，才漸趨無法執行。唐憲宗元和四年，還在同州（今陝西大荔一帶）推行均田法。均田制的實行，歷時三百餘年。均田制對結束開阡陌後的田制混亂促進豪強莊園經濟解體和為後來佃耕制的施行，起了承前啟後的作用。為隋統一全國，唐盛世出現，也起了很大的作用。

　　北魏頒佈的均田令主要內容：十五歲以上男子授給露田四十畝，婦人二十畝。所說露田即是種植糧食的田地。因為土地的肥力不同，露田加倍或三倍授給，作為休閒倒茬之用，以恢復地力。同時像井田制一樣，以解決土地分配達到均衡。人免役或身歿，露田要歸還國家。奴婢和牛也授給主家田。開始授田每一男子另給田二十畝，種植桑、棗、榆樹。要求三年內種完，種不完的國家收回。種樹的地，身終不還，超過的還可以出賣，不足的也能買回。種麻的地區授給麻田。矜寡孤獨以及殘疾人都有授田的具體安排。三口人給宅基地一畝，奴婢五口人一畝，每人給菜地二分。各級官吏按級別給職分田，以充俸祿。刺史十五頃，太守十頃，……縣令六頃。地方政權廢除宗主督護制，施行鄰、里、黨三長制，負責清理戶籍，授田還田，徵收地租、交納戶調、分派勞役等。制度比較具體，切實可行。

　　均田制是以國有為主，私有為輔的土地混合型的所有制。是在國家大動亂，大改組中，土地所有權動蕩的產物。有的人在戰亂中走死逃亡，土地無主；有的人又開墾種植；有的人在戰亂中轉移，丟了原屬自己的田地，又種了別人的田。田地權屬不定是這個時期的特點。所以民眾對國家統一還授田地政策，抵制不大。正如《文獻通考·田賦考》所說：「固非盡奪富者之田以予貧人也」。對原有豪強地主有了照顧，擁有奴婢、耕牛的大戶，在授田和戶調上還有優待。自耕農是在原種植田地上，按照均田令進行調整，所授田畝面積足夠其種植，對其基本利益亦未觸動。露田是按人丁有授有還，體現了

田地國有制；桑田屬永業田，可以買賣，又體現了田地私有制。各方均予以照顧。均田制還清理了「蔭庇戶」，成為正式編戶，直接給政府納稅，不再向宗主交租，減輕負擔，國家同時也增加了財政收入。均田制的推行基本達到了目的，對限制土地兼併，安定社會都起了一定作用。施行均田制的先決條件，必須有足夠的還授土地，土地又權屬不太穩固，北魏時期正具備這些條件。

隨後，東魏西魏、北齊北周、隋唐均實行均田制，前後達三百餘年。唐代是土地開發全盛時期。到唐明皇時，受田達到 14,303,862 頃另 13 畝（比西漢時多 73%）。有戶 890 萬餘（比西漢戶數卻減少了 28%），每戶合 160 餘畝。全國人口為 5291 萬口，每戶平均為 6 口。人均田地 26 畝餘。按授田規定，丁男給永業田二十畝，口分田八十畝。老、弱、病殘給口分田四十畝，寡妻妾給口分田三十畝，單獨立戶的給永業田二十畝。到寬鄉補受田者，給園田宅基地。良口三人給一畝，賤口（指奴婢）五人一畝，與北魏時的宅地政策相同。但牛馬、奴婢不再授田。唐初在均田制實行時，「文武官給祿頗減隋制。」官員已經發放祿米，授田少於北魏和隋。一品官十二頃，……五品官六頃……七品官四頃。

唐開元以前，政府一再申明：「百姓口分永業田，不許買賣典貼」。此後逐漸鬆動，土地買賣範圍不斷擴大。永業田開始買賣、繼承。由狹鄉遷到寬鄉的原口分田也可出賣。住宅、村店、碾磨房以為業者，可私賣。安史之亂後，出現大量逃戶，有的是逃避戰亂，有的是逃避苛稅，土地權屬混亂。買賣、租佃土地漸廣，均田制難以維持。隨著社會的發展，人口的增加，受授田難以執行，均田制逐漸名存實亡。正如《困學紀聞》所說：「至唐，承平日久，丁口滋眾，官無閒田，不復給授，故田制為空文。」唐德宗時，正式由租、庸、調改行兩稅法。即將地稅、戶稅加以整理，全面實施。原王公權貴，授與大量的永業田，職分田，「以宦、學、釋老得免」的稅，兩稅法則同樣開徵。地稅徵糧，戶稅徵錢，按資產徵稅，擴大了納稅面，削弱了大戶特權，也削弱了均田制。

# 第三節　略說宋朝

宋朝建國和實行佃耕制有直接關係，有必要敘述宋朝的概況。宋朝（公

元 960 年～公元 1279 年）是中國歷史上承五代十國、下啓元朝的朝代，分北宋和南宋兩個歷史階段，歷十八帝三百二十年。宋朝的開國是在收拾殘唐五代的那種亂糟糟的局面後而成立的，當時是周邊強敵四伏，能在中國腹地維持三百年的統一和穩定也是難得。也曾出現過「眞仁之治」或是「孝光之治」。但不爲人們所樂道。宋代在經濟建設上確有長足的發展，農村社會也有不可磨滅的進步功績。雖然宋代的版圖較小，所謂：「雖日宋之土宇，北不得幽薊，西不得靈夏，南不得交趾。」……南宋又失中原。全國耕地只有 461 萬頃，相當唐代的三分之一。但是，南北宋三百年來宋朝在歷史上是傳承中國文化建國最有貢獻的朝代，需要後人繼承和發展。

## 一、和平改朝換代

公元 960 年（後周顯德七年）正月初一，風聞契丹和北漢發兵南下，執政大臣范質派遣趙匡胤統率諸軍北上抵禦。次日夜宿陳橋驛。一些親信議論，皇帝幼弱，不能親政。正月初三出征將士將黃袍披在趙匡胤身上，並皆拜於庭下，呼喊萬歲，擁立爲皇帝。遂回師開封繼位。史稱；黃袍加身。

趙匡胤黃袍加身取得政權後，並沒有採取血腥屠殺手段以鞏固新政權。這是歷代改朝換代絕無僅有的。公元 960 年，趙匡胤黃袍加身，奪了後周柴家的天下。趙匡胤爲塞天下人的悠悠之口，他封被廢了的七歲的小皇帝柴宗訓做了鄭王，以延續周室煙火。三年後，柴宗訓被遷往房州。厚待後周後人，文獻多有記述。明末理學家王夫之談到過勒石三戒：「太祖勒石，鎖置殿中，使嗣君即位，入而跪讀。其戒有三：一、保全柴氏子孫；二、不殺士大夫；三、不加農田之賦」。宋代詞人葉夢得著作中提到過：「宋太祖密鐫一碑，謂之誓碑。平時用銷金黃幔遮蔽，門鑰封閉甚嚴，唯太廟四季祭祀和新天子即位時，由一名不識字的小黃門跟隨，其餘皆遠立庭中，天子行至碑前再拜，跪瞻默誦，然後再拜而出，群臣及近侍皆不知所誓何事。北宋的各代皇帝，皆踵故事，歲時伏謁，恭讀如儀，不敢泄漏。直到靖康之變，金人洗劫之後，人們方得看到此碑。上刻誓詞三行：一爲「柴氏子孫有罪不得加刑，縱犯謀逆，止於獄中賜盡，不得市曹行戮，亦不得連坐支屬」；一爲「不得殺士大夫，及上書言事人」；一爲「子孫有渝此誓者，天必殛之」。後周的宰相范質以及遺臣王溥、魏仁浦等人繼續任用爲相，並未殺戮。

宋太祖趙匡胤爲了加強中央集權，同時避免別的將領也「黃袍加身」，篡

奪自己的政權，所以趙匡胤通過一次酒宴，在酒宴中發表意見，以威脅利誘的方式，要求高階軍官們交出兵權。趙匡胤與漢高祖和明太祖大殺功臣的行為相較，被視為寬和的典範。

## 二、寬仁治國施政

　　宋代立國推崇儒學。宰相趙普對宋太宗說：「臣有《論語》一部，以半部佐太祖定天下，以半部佐陛下致太平。」使天下太平，人民安居樂業。宋代是春秋戰國以後中國哲學思想另一個繁榮的時代。理學是宋代哲學思想的最大成就。宋代哲學主流是儒家的特殊形式，又可稱為道學。因討論的內容為義理、性命之學，故稱為理學。是融合佛、儒、道三教三位一體的思想體系。北宋有邵雍、周敦頤、張載、程顥、程頤。周敦頤五子為理學首創者，將道家無為思想和儒家中庸思想加以融合，闡述了理學的基本概念與思想體系。二程兄弟認為這是理的神秘力量所至，還闡述了天人關係等問題，堅持天人相與的命題。南宋學者朱熹是集大成者，在理學體系的完善與闡發上有特殊貢獻。理學成為中國的正統思想，自此支配中國文化數百年之久。

位於河南省鞏義市的北宋皇陵

　　宋初君臣認為，鑒於五代時期「大者稱帝，小者稱王」、「群犬交吠」般紛亂政局的根源在於藩鎮擁有重兵，不受中央節制。而要避免宋朝成為第六個短命王朝，就必須「興文教，抑武事」。為了培養更多的文士，中央政府「崇建太學，教養多士」，還迅速恢復和完善了科舉考試制度，加緊選拔文人充實各級官僚隊伍。宋太宗更是明確提出，要「與士大夫治天下」。君臣上下，注重文教蔚然成風。宋代重視教育，採取兩手抓，大力興辦各級官學，帶動了重視教育的社會風氣同時；為了使得滿足教育的社會需求，私人興辦的講學書院應運而發展起來。書院與官學相結合互有補充。官學教育只引導學子追求功名利祿，而書院為宣傳理學的基地，從而擴大了書院的影響，導致了南宋書院的鼎盛。宋初有六大書院，江西廬山的白鹿洞書院、潭州的嶽麓書院、河南應天府的睢陽書院、河南登封的嵩陽書院、湖南衡陽的石鼓書院以及江寧茅山書院。北宋中期以後，州縣官學興起，建立的書院，約 140 所。到了南宋，在理學大師書院講學的影響下，僅江西的書院便達 160 餘所。宋代思想文化中最重要的發展是理學，它特別重視古典儒家的《論語》《孟子》《大學》《中庸》，而加以新的解釋和發展，宋代所開創的理學，後來成為元代至清代前期占主導地位的學術體系，構成了 11 世紀以來中國思想史的主流發展。

## 三、官員勤政愛民

　　宋代在文人執政下，政策對待農民較為寬鬆。宋代盛行理學，講究「存天理，滅人欲」，知識界以「慎獨」作為重要的修養方法。還出現了一些名臣賢相，寇準、包拯都是歷代稱頌的清官。北宋時最大的「路線」鬥爭就是王安石主持的「變法」，堅決反對的有司馬光、蘇軾。但是蘇軾入獄王安石還積極營救，流放回來還騎著驢在迎接。王安石死後司馬光又主政，廢除新政，還不忘給王安石爭封銜。他們之間並沒有發生個人的「你死我活」勢不兩立的鬥爭。說明當時的官風較好。雖然也曾出現過像蔡京、秦檜、賈似道等這些敗類，但是宋代已經沒有漢至唐歷朝歷代中，像郅都、張湯、周興、來俊臣等那些酷吏。《宋史》上不再像以前各朝史書中專門設有《酷吏傳》。最為令人痛恨的是宋高宗殺岳飛，還只是絞刑。平反後還封為鄂王尊號。尤其是縣令都是京官出任，對上級州官互有牽製作用。宋代對官員實行養廉政策，縣令已經有「父母官」的稱號。這些官員們還為農民說話，常常見於詩文中。詩人梅堯臣寫了不少的為普通百姓鳴不平的詩。如宋仁宗康定元年他在河南

襄城任縣令時，西夏出兵攻宋。上級郡吏徵發地方弓手（鄉兵），在大雨中，道死百餘人。曾寫詩予以譴責。「汝（指汝河）墳貧家女，行器音悽愴。自言有老父，孤獨無丁壯。郡吏來何暴，縣官不敢抗。督譴勿稽留，龍鍾去攜杖。勤勤囑四鄰，幸願相依傍。適聞閭里歸，問訊疑猶強。果然寒雨中，僵死壤河上，弱質無以託，橫屍無以葬。生女不如男，雖存何所當。拊膺呼蒼天，生死將奈向」。

宋代政治方面比較寬鬆，並沒有像明、清以來大興文字獄。常見到有譏諷朝政，針砭時弊的辛辣詩文，特別是譏諷朝庭喪權辱國的詩文很多，朝庭並未當成「給什麼什麼抹黑」予以追究，這是可以標榜後世的。例如：「山外青山樓外樓，西湖歌舞幾時休。暖風薰得遊人醉，直把杭州作汴州」。（《題臨安邸》，林升），是譏諷朝政，而且很是刻薄的。又如下列詩句：「青苔滿地初晴後，綠樹無人畫夢餘。惟有南風舊相識，偷開門戶又翻書」。（《新晴》，劉扮）這首詩的意境和清代江蘇東臺舉人徐述夔的詩「清風不識字，何須亂翻書」非常近似。乾隆皇帝卻大興文字獄，將徐述夔開棺戮屍。兩個孫子及兩個族人被處決。一般的士人，言論也比較隨便，鄆州士子「喜聚肆以謗官政「宋仁宗景祐年間，四川有一位書生給成都知府獻了一首詩，其中云：「把斷劍門燒棧閣，成都別是一乾坤。」認為這是公然鼓吹造反，把他縛送京城，交給皇帝懲治。宋仁宗卻說：「此乃老秀才急於仕宦而為之，不足治也。可授以司戶參軍，不釐事務，處於遠小郡。」宋朝已建立冤假錯案的預防機制。哪怕臨刑之際，只要犯罪嫌疑人翻供喊冤，也得立即停刑，原法官迴避，另選法官或移交其它法院重審。北宋規定，犯罪嫌疑人有三次翻供機會，南宋改為五次。但實際操作中，一次次翻供，一次次重審，政府居然沒感到不耐煩，支付的司法成本夠高的。民國時期死囚臨刑前可以呼喊，如：「二十年又是一條好漢」，「共產黨萬歲」等。到解放後則不再允許，有時對死囚採取「割喉」（張志新）、繩鎖（王佩英）、口塞（李九蓮）等方法，禁止呼喊。

## 四、人民生活安逸

宋代觀光休閒已經是蔚然成風，多是「遊中有詩，詩中有遊」，留下許多著名的田園詩句，膾炙人口。宋代觀光旅遊是全民性的，內涵多面性。但士農工商「四民」中的觀光旅遊的取向、目的、和方式截然不同，取向有時是相反的，目的的和方式就有差異。農村觀光休閒是以士大夫一類人為主體，

而農工商則取向城市、集鎮。當前農村觀光旅遊業的對象文人官宦喜歡到農村觀光與上峰的倡導有直接關係。深入農村反映農民的生活，會得到鼓勵。傳說宋孝宗皇帝曾打算叫詩人范成大爲宰相，後來以爲他「不知稼穡之艱」而作罷。於是他寫了大量的田園詩以替自己表白。這些人也希望經常與農民接觸、探詢，深深瞭解農民情況。宋代繼隋唐而切實實行科舉取仕，不少的庶族平民能夠通過科舉而爲官，這樣促使了寒門弟子讀書。宋代又是文人執政，不少高官相國，如王安石、梅堯臣、晏殊、蘇軾大多出身寒門，或家居農村，或經常接近農民，熟悉農村的生活。文人官宦自然而然的會常到農村轉轉，必然形成經常性的觀光旅遊。著名的理學家起帶頭作用。如北宋詩程顥的《春日偶成》云淡風輕近午天，傍花隨柳過前川。時人不識余心樂，將謂偷閒學少年。該詩表達了理學家追求平淡自然、不急不躁的修身養性的色彩和水到渠成的務實功夫，也表現了一種閒適恬靜的意境。風格平易自然，語言淺近通俗。另一位理學家·朱熹的《春日》寫到：「勝日尋芳泗水濱，無邊光景一時新。等閒識得東風面，萬紫千紅總是春『。這是一首哲理詩，「泗水」暗喻孔門，「尋芳」暗喻求聖人之道，「東風」暗喻教化，「春」暗喻孔子倡導的「仁」。本詩把哲理融化在生動的形象中，而不露說理的痕跡。

以小農經濟爲主體的宋朝社會，出現了農產品大量商品化的新經濟特徵。小農經濟與市場是緊密聯繫的，而進入市場的小農必然是會理性考慮自己的交易得失，買賣行爲必然符合效用最大化原則。佃耕制農民有更大的主動性和自由性。所以宋代以農民爲主體的觀光遊覽，非常興盛，但在取向不同於前者，以趕集上店爲主。張擇端的傳世名畫《清明上河圖》，所描繪的主要內容之一，便是在清明節這一天，以農民爲主的人群，趕到北宋都城汴梁街市遊逛。並伴有郊遊踏青的情景，有進有出，熱鬧非凡。

農民爲主體的觀光遊覽主要是各地的集市。宋代集市有多種形式，遍佈各地：一種是日常性的定期集聚交易，屬於最常見的期日集市。市集的周期有長有短。另一種是與燈會、廟會等地方風俗和節日活動相結合的商品交易集會。這類集市一般每年定期、定點舉行。雖然間隔時間比較長，但相對於日常性期日集市，具有規模大、範圍廣的特點。如正月十五元宵節紹興府會稽縣每年都要在府城外的開元寺前舉辦燈會，由此吸引了大批周邊州縣的商人，甚至還有不少海外舶商，交易極爲興盛。四月十五日，平江府崑山縣舉辦馬鞍山山神神誕祈會。「它州負販而來者，肩袂陸續。」還有一種是：專業

市場主要有蠶市、藥市和花市等。這些專業市場以相應的產品爲主要交易對象。此類集市多位於某類商品的集中的城市或城郊。

## 五、姦臣之害與社會動亂

宋朝是中國歷史上文化最爲繁榮的朝代，在文學、藝術、科技諸領域的確取得了輝煌的成就；出現如王安石、范仲淹、蘇軾、包拯、辛棄疾、陸游、文天祥等保有著傳統文人以天下爲己任精神的名臣賢相。但其主流是享樂文化、消閒文化。出於維護安定團結的考慮，「重文輕武」，缺乏漢唐以來的尙武精神。知識分子讀書只爲求官，治國平天下的理念淡薄。秦檜、留夢炎都是狀元及第，最終淪爲歷史上最著名的姦臣、賣國賊。從宋徽宗君臨天下到南宋末年這一百多年間，比較有名的奸相就有十幾位——蔡京、張邦昌、秦檜、万俟卨、史彌遠、賈似道、陳宜中、留夢炎等，這些奸相不僅權勢薰天、陷害忠良、禍國殃民，絕大部分還都是漢奸賣國賊。

《水滸》和《金瓶梅》兩部名著都是以宋代爲歷史背景，給人們地印象，是盜賊橫行，貪污腐化的社會。但是有些失實。根據宋代的文獻《宣和遺事》等記述，造反者只宋江等三十六人。造反第一起：因爲押運花石綱。楊志在潁州等候孫立，缺少果足，又値雪天，乃將寶刀出市言賣，與惡少爭執而殺之，被判配衛州軍城。押人夫搬運花石的十二人領了文字，結義爲兄弟，誓有災厄，各相救援。得知楊志被押解後，兄弟十一人往黃河岸邊救了楊志，殺了解差，一同往太行山落草。造反第二起：因爲不滿朝廷對水域開始徵稅，宣和二年五月，晁蓋帶領吳加亮、劉唐、秦明、阮進、阮通、阮小七、燕青，於南洛縣五花營劫了北京留守梁師寶送京師爲蔡京上壽的十萬貫金珠珍寶的生辰綱。事發，官府來捉，由於押司宋江通風報信，也被牽連進去。兩股合一造反起義。宣和三年二月，宋江奪取了官軍巨艦十數艘，攻打海州城，海州知州張叔夜招募了近千名死忠之士（即民兵），在城郊設下埋伏，又派兵輕裝前去海邊，引誘宋江軍出戰。放火焚燒船隊。宋江軍大敗投降。後被派往浙江鎭壓方臘立功。「文革」時曾有一段批《水滸》的小插曲，反什麼投降派，正是這些人對歷史沒有瞭解清楚。在北宋除了宋江一夥受海州知府招撫外，京東張萬先、山東賈進、河北的高勝起義後都被朝廷招撫。聲勢很大的鍾相起義軍在開始時稱忠義民兵，還去過南京勤王，荊南知府唐懿還帶義軍赴任。另一股起義者孔彥舟被朝廷收買任命爲荊湖南北路捉殺使。所以當時民間流

傳：「要得官，殺人放火受招安」的諺語。其中也不乏有反皇帝者，楊么就立
鍾子義爲太子。《宋史・童貫傳》載：方臘是「聚貧乏遊手之徒」爲骨幹起義
的，也反皇帝。所以宋代起義者有兩種類型，一種是只反貪官，並不想改變
現有制度；另一種想推翻皇帝取而代之。《金瓶梅》是借《水滸傳》武松殺嫂
故事爲引子，對西門慶兼有官僚、惡霸、富商三種身份於一身的市儈勢力的
罪惡生活的描述，以揭露了明代中葉社會的黑暗和腐敗，具有較深刻的認識
價值。與宋代社會沒有直接關係。

　　中國有史以來，人們期盼的太平盛世可以說屈指可數。書史上稱道的如
漢代的「文景之治」，唐代的「貞觀之治」，清代的「康乾之治」時間很短暫。
就是這些帶有溢美之詞的太平盛世，背後也是布滿戰爭、腐敗、冤獄、血淚。
像清朝乾隆時期的文字獄十分殘酷，在天子腳下的寵臣和坤就是個富甲天下
的大貪官。宋朝外有遼、金、西夏、蒙古強敵壓境，連年戰爭，但也出現北
宋的「眞仁之治」，南宋的「孝光之治」的盛世，百姓安居樂業。因國勢欠強，
少有稱頌。中國古代以農立國，國泰民安源於農業的發展。宋代奠定的佃耕
制是促進後世農業發展的基石，也是社會進步的表現。成爲中國此後執行了
千餘年耕作制革新的重大貢獻。

# 第二章　宋代奠定的租佃制

## 第四節　宋代實行佃耕制的條件

### 一、土地推向市場的佃耕制

從漢代起，稱爲「編戶齊民」，是以小農戶組成爲主。小農經濟是自耕農的自然經濟，在歷代始終是國家長治久安的基礎，是賦稅和徭役的保證，就是漢代提出的「編戶齊民」理念。「編戶齊民」成爲歷代統治集團所追求的解決「三農」問題理想發展方向。到宋代依然是以自耕農的「編戶齊民」爲主體農業經濟形式。輔助的是佃耕制，亦稱租佃制。

宋代採取與前代不同的「不設田制、不抑兼併」土地制度，把土地完全推向市場。雖然表面上是一種國家不再控制土地，沒有農田制度的制度，實質卻是農田制度的另一種存在形式。由於庶族地主增加，農民與地主只是租佃經濟關係，依附關係削弱。部曲一類的農奴已不復存在，結束了施行近十個世紀使用農奴的歷史。但是必須說明的是：使役家奴的奴婢制度一直持續到清末。但不用來務農，主要用於侍奉、歌舞、扈從、以及家庭雜務。

不設田制（或田制不立）和不抑兼併的政策，表明土地基本上是進入市場流轉，適應了商品經濟發展的趨勢，減少了政府對土地的政治干預，客觀上有一定的積極意義。宋代人認爲本朝「田制不立」這正反映了宋代所實行的土地制度不同於前代的授田制，而是實行一種私有程度比較高的地主和自耕農的土地所有制。《韓魏公集》載：韓琦言：「且鄉村上三等並坊郭有物業戶，乃從來兼併之家也。」宋代土地交易主要有三種形式，一是絕賣土地，

二是典當，三是倚當。土地和房屋是宋代不動產買賣的主要對象，土地交易中，凡稱「永賣」、「絕賣」、「斷賣」的，是將土地的所有權絕對讓渡給買主；只轉讓使用權、收益權而保留土地的所有權和回贖權的「典賣」，稱之爲「活賣」。田底和田面權的相對獨立流動性對於加速土地流轉的意義最爲重大。

自宋代以來，歷代土地轉移的頻率日高，故辛棄疾有「千年田換八百主」之說。但其中地主之間買賣土地大增，南宋理學家劉克莊已有「莊田置後頻移主」的慨歎；明代歸有光在《震川文集》上說，「罕有百年富室。雖爲大官，家不一二世輒敗」。但出賣土地的並不都是地主，其中也有大量的農民。明代法律明確規定，官田「不許私自典賣」，民田得以典賣、繼承、贈予等方式流轉。明中葉以後，土地流轉頻繁，有「田宅無分界，人人得以自買自賣」之說。民間典賣土地，自行立契，按則納稅。清代前期的土地買賣，與明朝相比，交易更加頻繁，形式更爲多樣，手續越益繁瑣，「鄉例」的名目更多，更爲盛行。葛金芳在《對宋代超經濟強制變動趨勢的經濟考察》一文中考證：宋代投入流通過程中的土地至少要占在籍的耕地的百分之二十。（見《江漢論壇》）郭愛民在《英格蘭、長三角土地市場發育程度比較》一文中談到：在民國初期長江三角洲地區土地市場流轉率爲 0.424%，接近英格蘭轉型期的水平。（見《中國農史》）。

宋代自認爲是沒有「田制」的朝代，所謂「不立田制」。宋代於各路置轉運使，「不務科斂，不抑兼併」，或謂「富室連我阡陌，爲國守財」。在前代名聲很不好的「兼併」之於宋代，已經屬於「合法」。田主（地主）一詞，唐已有之，宋則普遍。清初顧炎武說：前代稱之爲「豪民」或「兼併之徒」者，「宋以下，則公然號爲田主矣」。「不立田制」不等於沒有土地制度，更不等於沒有土地政策。「不抑兼併」也不是無條件，它主要指土地可以「私相貿易」而言。

1.租佃制有一定的歷史基礎，晚唐鼓勵墾荒的政策在宋代得到延續。宋太祖乾德四年（公元 966 年）閏八月詔：「所在長吏，告諭百姓，有能廣植桑棗、開墾荒田者，並只納舊租，永不通檢。」並對「招復逋逃」有功官員予以嘉獎。宋太宗至道元年（公元 995 年）六月丁酉日詔：「募民請佃諸州曠土，便爲永業，仍蠲三歲租，三年外輸稅三分之一。州縣官吏勸民墾田之數，悉書於印紙，以俟旌賞」。可見北宋前期數十年間，對鼓勵墾荒的政策給予了高度重視，它以恢復和發展生產爲直接目的，從制度上來講是對沒有授田政策的

一種補賞。而前代開墾荒土，常要受到法令的限制，有一定條件，不能隨意「過限」。

2.放任土地的買賣，「不抑兼併」。一方面，無地的客戶佔有若干田畝之後，可以脫離地主而上陞爲主戶，成爲自耕農。另一方面，又爲官僚豪勢之家兼併土地大開方便之門。杯酒釋兵權一幕中，宋太祖趙匡胤對重兵在握的石守信等人說：「汝曹何不釋去兵權，擇便好田宅市之，爲子孫立永久之業。」是給錢叫他們去市買田宅，與直接賜予田土有很大不同。唐中葉以後「法制隳馳，田畝之在人者，不能禁其買易」，禁而不止，只好不禁。宋「不抑兼併」實際上是對晚唐以來既成事實的承認。

3.國家維護土地私有權，製定了詳盡的交易法律。正如《袁氏世範》「田產宜早印契割產」條說，官中條令，惟田產「交易」一事最爲詳備。同時也製定了田產繼承法，私有土地由本主的子孫後代繼承下去，只有當無任何繼承人時，這類戶絕田則收歸國家，轉化爲官田。晁說之《晁氏客語》載，王安石變法規定：「新法：戶主死，本房無子孫，雖生前與他房弟侄，並沒官；女戶只得五百貫」，便是田產私有繼承的一種法律保證。

## 二、勞動者社會地位提高

因爲社會經濟主體是小農經濟，掌握著經濟命脈的大部分，地主政權也會通曉，毫無約束的爲所欲爲會引起社會動蕩不安，在土地兼併方面不得不有所收斂。地主爲了緩和階級矛盾，還辦義倉、義學等慈善事業。宋代社會上已經形成的一種道德觀念。如防止因田地疆界不明確而引起土地所有權方面的爭執，反對「放債準折人田宅」，認爲這是「非義置田土」，這些都有利於防止豪強侵佔小戶。田土買賣中，親鄰享有優先購買權，除了以家族倫理爲基礎，崇尚親族血緣關係外；還從相鄰權益的角度出發，避免將來由於相鄰田土的通行等原因而產生矛盾。規定賣方離業，可以避免佃戶數量增多，自耕農數量減少，既有利於官府的賦稅徵收，也有利於減少田宅糾紛。《宋刑統》規定爲：「寡婦無子孫，若（子孫）年十六以下，並不許典賣田宅。」「擅自典賣田宅者，杖一百，業還主。錢主牙保知情與同罪」。以保護貧困人家田土不致喪失。

**南宋於潛縣令樓璹繪《耕織圖》(農民的宋代服飾)**

　　這些庶民地主也注意與佃農的關係，流傳著「善使長工惡使牛」，對於租佃戶，要加以體恤。袁采所寫《袁氏世範》認為：「國家以農為重，蓋以衣食之源在此。然人家耕種出於佃人之力，可不以佃人為重!」因此，對佃戶應「視之愛之，不啻如骨肉，則我衣食之源，悉藉其力，俯仰可以無愧怍矣。」龐尚鵬在《龐氏家訓》上指出：「雇工人及僮僕，除狡猾頑惰斥退外，其餘堪用者，必須時其飲食，察其飢寒，均其勞逸。」《補農書》作者張履祥認為，治生也就是個用人的問題，如何管理佃戶與雇工，是他所關心的重要問題。因此他主張地主階層應當確定合適的剝削比例，處理好與佃戶的關係。注意飲食，體力勞動繁重時「多加葷」。到解放前在安徽太和一代的民俗習慣，農工在年末結束農活時，東家與夥計共同在一起吃一頓飯，俗稱「打平和」。飯間還決定明年夥計們的去留，是否繼續搭夥。

# 第五節　佃耕制和商品經濟同步發展

### 一、宋代以前的集市貿易沿革

　　在宋代以前，雖然交易場所形成為有固定時間和地點的集市，如南北朝

時有草市；唐代有集、墟、場，但是集市交易並不發達。其根源在於當時的經濟發展狀況，以及統治者的政治、經濟政策。夏商周三代及春秋時期民間集市貿易很少，基本是自給自足的經濟狀態。西周的「工商食官」制度，是指當時的手工業者和商賈都是官府管的奴僕。官營手工業集中官府直接經營的以兵器、禮器、國用物品、宮廷用品爲主的工業。因爲多是非賣品，很少有商業行爲，春秋戰國時代，政府即以重農的名義限制工商業。齊國管仲實行了「官山海」的政策，秦國商鞅實行「壹山澤」的政策，控制私人經營鹽、鐵。在重農政策下，農村貿易發展受到限制。漢代實行重農抑商政策，抑商措施規定鹽、鐵、酒一律只由國家經營，私人不得販賣。統治者始終把技術當成「雕蟲小技」。主要理由是怕貽誤農時，影響農業生產。由農業分離出去的一部分手工業者，從事集市上的作坊式手工業、副業生產，大多爲兼業性質，兼業也是有限的。魏晉南北朝的莊園制，閉門爲市。唐代前期城市規制沿舊有傳統，行坊市分立之制。阻礙了商品經濟的發展與繁榮。

## 二、宋代城鄉集市貿易的崛起

宋代在作坊化、商業化、貨幣化和城市化方面遠遠超過世界其它地方，舉世矚目的經濟發展使城鄉集市貿易迅速崛起。

### （一）城鄉集市大量湧現

宋代集市有多種形式：一種是日常性的定期集聚交易，屬於最常見的期日集市。各地的市集周期是由當地一貫的集會習慣逐漸形成的，集會的時間有長有短。都是按照干支記日法推算。周期稍長的期日集市，則是三數日一集，集會地點是在「空場」，會散了就「虛」所以叫做「墟市」，部分偏僻和落後地區，市集周期往往在五六日以上。例如江浙一帶的集市有取干支寅、申、巳、亥日成集，故謂亥市。池州一帶的鄉村則集會日期干支爲子午，故而墟集稱爲子午會。經濟活躍地區，集市周期就比較短，一般間隔爲兩日或一日。

另一種是結合當地燈會、廟會以及地方風俗和節日活動的集會。這種集會間隔時間比較長，規模大、範圍廣，商品交易量大是其特點。每年定期、定點舉行。類似如今的每年的各地的藥材大會，都結合藥神廟會。例如紹興府會稽縣正月十五元宵節，開元寺辦燈會。每年吸收大批周邊州縣的商人，以及海外舶商參與商品交易。「傍十數郡及海外商估皆集。亦間出焉。」商品

種類繁多。其中包括許多種名貴珍品：如名香、珍藥、玉帛、珠犀、名畫、鍾鼎，以及高檔的工藝品組繡、髹藤、彝器等。

再就是專業市場：例如蠶市、藥市和花市等。這些專業市場以相應的產品爲主要交易對象。此類集市多位於某類商品的集中的城市或城郊。專業市場的形成和發展，與城市的發展，農業和手工業的發展相互促動。川蜀地區因爲是茶馬交易中心，大型定期商品集會特別活躍，成都府專業集市排列爲：「正月燈市、二月花市、三月蠶市、四月錦市、五月扇市、六月香市、七月寶市、八月桂市、九月藥市、十月酒市、十一月梅、，十二月桃符市。」每個月都有一個專業市場進行交易，規模宏大。

## （二）市鎮經濟功能的擴大

《吳江縣志・鎮市村》稱：「有商賈貿易者謂之市，設官防者謂之鎮」。又據《宋史・職官志》記載：「諸鎮監官，掌警盜邏竊及煙火之禁，兼徵稅榷酤」。宋代高承《事物紀原》說：「民聚不成縣而有稅者，則爲鎮」。由此可見，說明古代我國的市和鎮之間，功能是有差別的，「市」只僅僅具有經濟職能，「鎮」則是具有鎮守地方的軍事、行政雙方職能。有著比較嚴格的界線。北宋時代，京城設在汴梁（今開封市），地處平原，無險可守。只得在京城四邊設鎮，駐軍鎮守。隨著經濟的發展，鎮的性質開始發生了變化。開封府以南的軍事重鎮朱仙鎮，因地處汴河之濱，成爲水旱碼頭，商品的集散地。草市的大量興起，也使得一些大的農村集市，城鄉交流的聯結點，演變爲市鎮。北宋時期，純粹以貿易爲特徵的鎮市大量出現，在縣城與草市之間也就有了鎮的建置。新鎮的出現又加快了商業性集鎮的發展，南宋時代，隨著江南經濟發展，臨安府增至 28 市鎮，嘉興府達 15 市鎮，蘇州達 19 市鎮。後來形成國內的朱仙、漢口、佛山、景德四大名鎮。

當時江西景德鎮陶瓷生產是其特色，有瓷窯達三百餘座，而且專業分工相當精細，據《宋會要・食貨》記載：「市戶自有經紀，工匠自有手作」。分工明細，有陶工、匣工、土工、利坯、車坯、釉坯、印花、畫花、雕花等工種。漢口鎮是水陸交通樞紐，商賈繁榮。隨著市鎮商品經濟的發展，手工業分工擴大，生產技術進一步提高，佛山鎮成爲爲南方手工業重鎮。同時湧現了一批具有手工業專業市鎮。例如在四川的筠州（今宜賓市筠連縣）清溪市爲礦冶專業鎮、陵州（今仁壽縣）賴鑊鹽業鎮、彭州（今彭州市）蒲村茶業

鎮、遂州（今遂寧市），鳳臺糖業鎮都很著名。綜合市鎮也是眾物雜陳，商品玲瓏滿目，市場上的商品種類較之前代更加豐富。宋代的專業市鎮特色非常鮮明。

### （三）集市貿易促進海外貿易發展

宋朝的開國是在收拾殘唐五代的那種亂糟糟的局面後而成立的，所謂：「雖曰宋之土宇，北不得幽薊，西不得靈夏，南不得交趾。」當時西方、北方邊有遼金、西夏、吐蕃，強敵四伏，經常發生戰亂。隨著集市貿易的發展，開闢了海上絲綢之路，港口城市大量出現，使廣州、杭州、明州（今浙江寧波市）、泉州、秀州（今浙江嘉興市）、密州（今山東膠州、諸城一帶）等成為重要的外貿港口城市。各個外貿港口還在城鎮設立專門買賣外國商品的「蕃市」和供外國人居住的「蕃坊」，供外商子女接受教育「蕃學」，服務十分到位。政府還專門製定了蕃商犯罪決罰條。海上絲綢之路主要向南發展，貿易對象主要是印度、中南半島、東南亞各島嶼，以及阿拉伯半島等地區的一些國家。輸出的商品以絲織品、瓷器、茶葉、工藝品、五金為主，輸入的物品以奢侈、貴重品為主；有犀角、象牙、珠玉、珊瑚、蘇木、香料等。為了海外貿易的發展，在廣州、杭州、明州、泉州、密州、溫州等地設置了市舶司加強對港口城鎮的管理。

### （四）集市貿易帶動第三產業

宋代是服務業發展的重要里程碑。據《夢粱錄》、《武林舊事》、《西湖老人繁盛錄》等文獻的記載，兩宋的都城汴京、臨安，綜合起來，去掉重複，服務業不下 200 餘種。有茶樓、酒館、旅店、戲場、旅遊等為生活服務的主體服務業，還有寄存店鋪和商旅貨物的塌房，存儲和撥兌商人貨款的櫃房，賃租店鋪房屋的房廊等為商品流通服務業。飲食業，服務周到、價格合理在《東京夢華錄》中載：高檔的筵會，有茶酒司管賃。假賃椅卓陳設、可以在園館亭榭寺院舉辦。「其收費大體公允，不敢過越取錢」。對小客戶「雖百十分，廳館整肅，主人只出錢而已，不用費力」。服務業幾乎可以滿足於城市的各行各業乃至官府衙門的需求，各式服務已經形成一定規模，居民生活因此而更加方便。

宋代城市個人的物質生活消費和精神文化消費往往經過集貿市場而完成。後一種消費屬更高層次，人們的溫飽問題改善後，精神文化方面的滿足才

可能列入日常生活之中。從宋代文獻裏對勾欄瓦肆的記載看，內容非常豐富：有小唱、嘌唱、雜劇、傀儡、講史、小說、影戲、散樂、諸宮調、商謎、雜班、弄蟲蟻、合聲、說諢話、叫果子等等。鄉村精神文化也很活躍，民間說唱活躍於鄉村田間地頭，散發著泥土芳香的民間藝術形式。南宋詩人陸游詩《小舟近村三首》之三記述了宋代鼓書藝人的活動：「斜陽古柳趙家莊，負鼓盲翁正作場。身後是非誰管得，滿村聽唱蔡中郎。」繪畫藝術在宋代十分興盛，隨著商品經濟的發展，繪畫藝術出現了商品化的趨勢，成為街肆買賣的商品。

**北宋清明上河圖市場繁榮**

## 三、宋代城鄉集市貿易崛起的歷史緣由

### （一）土地私有化使農民兼業化

宋代確立了「不設田制、不抑兼併」的佃耕制。佃耕制亦稱租佃制，雖然表面上是一種沒有農田制度的制度，實質卻是農田制度的另一種存在形式。土地買賣全面推向市場，土地零細化，土地買賣頻繁，辛棄疾「千年田換八百主」是對當時土地不斷易主的寫照。由於庶族地主增加，農民與地主只是租佃經濟關係，依附關係削弱。部曲等一類的農奴已不復存在。不設田制和不抑兼併的政策，表明土地基本上是進入市場流轉，適應了商品經濟發展的趨勢，減少了官府對土地的政治干預，客觀上有一定的積極意義。宋代

農民的普遍兼業，打破了單一的經濟構成，走出了自給自足的藩籬，變成了小農、小工、小商三位一體的復合式經濟單元。使個體小農經濟成為一個由種植業、養殖業、小手工業、小商業、小雇傭勞動等多種經濟成分構成的統一體。勞動力自由化使大量的雇工出現，而失掉土地的農民成為流民或半流民，許多人流入城市，轉向工商業和服務業，促進了城鄉集市貿易的發展。

### （二）糧食、經濟作物增產促進集市貿易興盛

在農業生產力水平不斷提高和交通運輸業繁榮發展的基礎上，宋代形成了規模較大的幾個商品糧輸出基地。在長江流域荊湖一帶，「民計每歲種食之外，餘米盡以貿易。」而在太湖流域，「湖、蘇、秀三州號為產米去處，豐年大抵舟車四出」。在西南的兩廣地區，「廣南最係米多去處，常歲商賈轉販，舶交海中」。歷史的發展，使長沙、九江、蕪湖、無錫並稱為中國古代四大米市，其共同點是具有沿江交通便利、糧食生產豐富和商貿流通發達的優勢。對促進當時的糧食生產、流通起到了積極的作用，大大提高了當地的社會發展、農民生活和商業經貿。

### （三）農村勞動力釋放使工業手工業大發展

佃耕制使宋代農村勞動力釋放出來轉向城鎮、工業區，同時投入城鎮，很大一部分資金促使工業手工業大發展，紡織品、瓷器、紙張、印刷品、運輸工具等產品充斥市場，支撐城鄉集市貿易活動。宋朝的絲、麻、毛紡織業都非常發達。西北地區流行毛織業，四川、山西、廣西、湖北、湖南、河南等地麻織業非常發達。宋朝時，有開封官窯、浙江龍泉哥弟窯河北定州定窯、河南汝州汝窯、禹州的鈞窯，合稱為官哥定汝鈞五大名窯。江西景德鎮景德窯、福建建陽建窯也有名氣。許多大小瓷窯遍佈全國。所產宋瓷通過海上絲綢之路遠銷海外，如日本、高麗、南洋、印度、中西亞等地區。近年來在亞非各地都有大量出土，證明瓷器是當時的重要輸出品。時至今日，宋瓷已成為中國古代著名的藝術品，而享譽海內外。

### （四）鼓勵商業發展，打破市坊制度

宋王朝不實行「抑商」政策，鼓勵商品經濟發展，並立法以促進，成為中國古代經濟立法最為活躍的時期，專門設置了專賣法，如鹽法、酒法、茶法等法令，法規內容涉及多方面社會經濟活動，由於對商品經濟發展的重視，

宋代的工商業極度繁榮，生產力水平大大提高，城鎮集市貿易的發展，促進國家的賦稅增長。公元 1077 年，北宋稅賦總收入共 7070 萬貫，其中工商稅 4911 萬貫占 70%，農業的「兩稅」2162 萬貫，只占占 30%。構成國家財政收入主體的是工商業，不再是農業了。宋朝已經從農業文明開始向工商業社會邁進。工商業宋朝的手工業中還出現了銅板印刷的廣告，比西方資本主義印刷的廣告要早三百多年。第二，第三產業得到了極大的發展，人民生活水平也得到了空前的提高。

城市建設徹底衝破了坊、市之間的界線，商店可以隨處開設，從而導致了城市內部集市的產生。打破了唐代以來，坊（居民區）和市（交易區）設置嚴格分開的形式。不但平民百姓住宅附近設有商店，就是官衙、豪宅、使驛、寺廟附近也廣設店鋪。宋朝首都東京，「八荒爭湊，萬國咸通」，御街上也有商鋪，這是當時宋朝的真實寫照。

### （五）貨幣金融業支持城鄉集市貿易

政策導向使商業大潮興旺，商貿高速發展，金融業很活躍，可以貸款、異地付款。南宋時的軍器所工匠竟達七八千人，廠裏的工人按期以貨幣形式領取工資。因為經濟的空前繁榮，市場需要有錢幣大量流轉，銅錢、銀錠是宋朝的本位貨幣，而促使貨幣鑄造業發展，以適應經濟發展的需要。在神宗時全國年鑄幣 506 萬貫，唐元盛世時期，年鑄幣只有 32 萬貫，高出十幾倍。集市貿易發展，市場出現錢荒，金屬幣攜帶、交易亦不方便。於是，咸平元年（公元 998 年間）在四川地區民間出現最早的紙幣「交子」是世界上最早的紙幣，紙幣逐漸代替銅錢，對集市貿易的高速發展起到了推動作用，同時也是我國貨幣史上的一大業績。後來，為了促進集市貿易發展，又發行了「錢引」、「關子」、「會子」等紙幣。這種紙幣只相當於擔保的代幣券，本位幣仍是銅錢。天聖元年（公元 1023 年）宋政府開設了「益州交子務」負責紙幣發行，是世界上最早的「中央銀行」。

# 第六節　佃耕制下的農業經濟的結構

## 一、城居地主與鄉居地主

宋後庶族地主增加，農民與地主只是租佃經濟關係，依附關係削弱。南

宋紹興年間規定：民戶典賣土地不得將佃客名字寫在契約上隨田轉讓，新田主不許強迫繼續佃耕。部曲一類的農奴已不復存在，結束了實行近十個世紀使用農奴的歷史，農奴徹底退出了歷史舞臺。新的佃耕制度的農業經濟結構，由自耕農經濟、地主經濟和佃農經濟組成。自耕農經濟比較簡單，亦稱小農經濟，自給自足爲主。地主一詞原意是在某一地區居住時間比較長，對該地區比較熟悉。所以有「盡地主之誼」。之說。近代引進地主一詞，是泛指具備相對多的土地作爲資本的人。古代未有這個稱呼，相對佃戶、農工來說，有豪民、富人、主戶等稱呼。例如：《漢書》中有：「或耕豪民之田，十則稅五」。地主經濟是本人掌握土地，但需要使用勞動力才能完成生產過程。有的地主直接雇工經營，在佃耕制下多採用土地交佃戶經營，分取產物得利。因之又衍生出佃農經濟。在佃耕制實行時期，三者互相轉化，並不是固化，是其特點。

租佃地主多爲城居地主，城居地主是單純的消費單位。佃農大都擁有自己獨立經濟。因爲地主需要和城市工商業者以及手工業、服務業爭取勞力，有一部份佃農是勞力多，雖有自己土地，但是不足的貧農戶來充任。經濟也是自立的，只是按期交地租而已。據清代方苞《家訓》上說：「金陵上田十畝，一夫率家眾力耕，豐年獲稻不過三十餘石。主人得半，乾暴減十二，米只得六石餘。」他家有親屬及奴僕共計四十口人，需要有百家農戶奉給，佃租土地就是上千畝，平均兩戶半供應一口，主人需要五戶佃戶奉給，主婦爲三戶。每戶佃農奉給六石，在一年地主主人共消費三十石，折合三十兩銀子，根本達不到「養尊處優」的生活，更談不到「錦衣玉食」。而且原生活水平還難以維持，還要遣散僕婢，「俾自食其力」。想要發展必須經營工商業，或者讀書求官，或是官商結合，這是地主發展的必經「陽關」大道。發展到近、現代就是封建、官僚、買辦階級的高形式表現。

經營地主多爲鄉居地主。鄉居地主既是消費單位，又是生產單位。雇農實際應該是雇工，在地主指揮下從事農藝和副業生產，沒有自己的獨立經濟。根據《補農書》記載，經營地主用一個長工一年工錢五兩銀子，吃糧需開支五石五斗。還有盤費、柴酒等開支，供需十三兩銀子。由於農業雇工工價上漲，導致地主經營式農場逐步衰敗。因此，大地主和雇農，特別是在近代人們都矚目於城市，對土地的黏著力不大。地主向城市、工商業投資金；窮人爲城市、工商業投勞動力。土地黏著力大的始終是雇農和稱之爲「肉頭戶」

的小地主。

自古以來農業就是低利潤的產業，受自然條件影響，季節性的生產，而且很容易受自然災害。因為土地收益遠遠的不如工、商業，地主與工商業者爭奪勞動力處於劣勢。尤其是租佃農業，地主並不向土地投資，難得到資本投入利益（級差地租II），還會引起土地肥力下降，收益難以增加。農業雇工、出佃困難。宋代還有賣主在出賣田土之後，不離業而「就租以充客戶」。實際和指地借錢，與用勞力支付利息相同。這種辦法也是依附關係鬆弛的表現。

## 二、佃耕經營與雇工經營

租佃關係：農民從地主處租來土地，自己經營，秋收後，按規定利息繳租。理論上是否天災都應繳租，需要承擔經營風險。承包類似租佃關係。雇傭關係：為人打工，按雇主要求工作，不承擔經營風險，按時間領取薪水。聯繫是都是勞動者，要養活不勞動的人。

改行定租制的地區，不久又衍生出若干新的制度，其中最重的有兩項。第一，在定租制下，地主不必管農田中的實際操作情形，也不必監分監收，只要到時坐收租額即可。因此許多地主便遷入城市中居住，成為不在地地主。地主也不必親自向佃戶收取地租，可以委託代人收租的專業代理商去辦理。清末江南出現許多這類代理商，稱為「租棧」。（注：村松祐次《近代江南之租棧》1970。）第二項衍生的重要變化是永佃權之出現。在許多地區，佃戶通過不同的途徑取得對耕地的永久使用權。這種永佃權有其市場價值，可以轉讓與遺贈。永佃權為佃農增加了一些經濟保障，但也引出新的麻煩。第一，由於永佃權之介入，土地產權變得不明確，經常引起產權糾紛，地方官署要花許多人力與時間去處理這類糾紛。其次，產權被分割而不完整，有財產之人無法得知其財產之各種可能用途及機會成本，因而無法遂行其最大化行為。

雇工經營方式；一般說來，到農場當庸工的人都是自願就雇，有相當的工作意願，但是仍然需要雇主的監督，監督工作的難度要受下列因素的影響：一是地形地貌。丘陵地區的耕地比平原的耕地難以監督；梯田或溝渠縱橫的田地也會增加監督人力。二是耕作制度。相對於多熟耕作制和精耕細作，單一作物和粗放耕作則較容易監督。三是經營規模。雇工經營的地主要考慮租佃地主的淨收益，看哪種經營方式的淨收入高，以定選擇取捨。農場規模愈大，監督愈困難，單位產量的監督成本愈高。如果租佃地主的淨收入（也就

是經營地主的機會成本）上陞或雇工的工資上陞，經營農場的成本曲線便上陞，其臨界面積隨之縮小。當臨界面積縮小到一定程度，經營地主就不願再費心經營這麼小的雇工農場，索性全部轉化為租佃方式。這種轉化首先在南方出現，明末時已有明確記載，經過幾百年的不斷發展，到了清末民初，江南地區的地主已將他們的全部耕地出租給佃戶，難得找到一家經營地主。二千多年來，中國的分益租佃始終以對半均分為基本分益比率。其它分益比率，如四六分、三七分、二八分，也曾偶有實行，但均屬個別案例。

有關此種轉化的明確記載見於明末湖州的《沈氏農書》。該書成書於明崇禎年間，沈氏地主先將自己的雇工農場之經營成本逐條逐項核算，即他所謂的「條對條」，然後與鄰村西鄉的租佃農場相比較。他的結論是：「……所謂條對條，毫無贏息，落得許多早起晏睡，費心費力，特以非此碌碌不成人家耳。西鄉地盡出租，宴然享安逸之利，豈不甚美。但本處地無租例，有地不得不種田，種田不得不喚長年，終歲勤勤，亦不得已而然」。此處具體說明兩種經營方式的比較與轉化過程，西鄉已地盡出租，其本鄉尚未轉化。

佃耕制的收益分配林則徐對晚清江南地區怎麼交租的問題有過實地考察。在《江南催拼科稻編》裏，林則徐這樣描述（譯文）：「吳地的習俗，是地裏所種麥子的收入全歸佃戶，所種的稻穀則要給地主家交租。所以當地的佃農都喜歡種麥子，不喜歡種早稻。……」麥子作為「副產品」不用交租，所以林則徐說，當時江南地區百姓都普遍種一季麥子，再種一季水稻。只有土地上的「主產品」交租，「副產品」不交租，在晚清是社會普遍現象。乾隆年間編纂的《岳州府志》裏就提到，當地政府明確鼓勵佃農多種雜糧，因為種稻穀的最大獲利者是地主，而種雜糧的最大獲利者是佃農。雜糧的產量其實也是很可觀的。以林則徐所調查的江南地區的春小麥為例，小麥七斗可以抵稻米五斗，而稻穀一石才能抵稻米五斗。一麥一稻總收入顯然並不比種雙季稻差，而對佃農而言，種小麥不用交租，顯然更加划算。

## 三、自耕農經濟與地主經濟關係

中國以往的農業經濟應該視為自耕農經濟為主體經濟，地主——佃農經濟屬於第二位。中國在歷史上中農占為經濟主體的問題，還可以從生產力的角度來說明。以中農為主體的自耕農，以牛耕和人合力使用犁、耙、鋤為主耕農具的小規模生產方式為主。自耕農都是親自勞作，用簡單的一鋤一犁，

使中國的農業創造可以在世界上誇耀的成果。自古以來，自耕農在自己的一小片的勞作範圍內不斷的創新。治理過所有的大江大河，開發無數的水利工程，土地開發了十五億多畝，使不少鹽鹼不毛，高低不平，雜草叢生，荊棘滿地之區墾爲良田。農業技術逐步改進，形成舉是矚目的有特色傳統農業技術，培育出無數的優良品種。利用占世界百分之七的土地，養活占世界四分之一的人口，是了不起的貢獻。水稻的插秧等先進技術都是由中國率先使用後傳到國外。中農如在失去一些土地，土地資源不足時，還會提高耕作技術，實行精耕細作，以彌補土地的不足。說明當時在一鋤一犁生產力的條件下，中農是先進的，地主經濟與之無法相比。推動社會是生產力爲主，以往政治家、經濟學家對小農經濟的評論，認爲是保守的落後的社會根源，這種評議實在有失公允。中國的保守落後是多種因素所形成的，如商品經濟不發達，工業技術落後等。根據以上情況，佃耕制下，地主經濟不佔優勢。

### （一）國家社會的影響

地主經濟的弱勢，除了自身存在的問題外，國家的作用也不容忽視。實際上，在中國，自古以來國家就一直懷著均田的理想。過去兩千年來，國家頻繁進行著以均田或「人人有其田」爲核心的土地制度改革。這種努力在中國小農人口迅速增長的背景下，必然會導致土地不斷零細化的後果，從而無法出現大型的農業經營。正是在這種情況下，國家只能與眾多小農直接面對著經濟關係，向農民收稅、派差。

### （二）佃耕制的開荒起科

佃耕制下農田的取得不只是租佃、買地，重要的還有開荒，是無地少地農民得到土地的途徑，也是當時政府提倡的。土地開墾後種莊稼，政府收取農稅，謂之「起科」，「起科」也叫「升科」、「開科」、「起徵」，就是對新墾農田開始計畝徵收錢糧。鼓勵開荒，設立永不升科田。爲了鼓勵墾荒造田，宋代就施行開荒之初，免收錢糧。及免農業稅。

明代前期推行的「永不起科」政策與移民政策以及軍屯，是明初朱元璋所製定的三大開荒政策。其中尤以永不起科政策，對於荒地的開墾、大量果樹的栽培，都起了非常積極的作用，在明代前期社會經濟的恢復和發展過程中佔有相當重要的地位。這樣一種具有歷史意義的重大策略，至今在明朝社會經濟史的研究中卻很少有人涉及。現在重新研究這個問題，不僅是瞭解它

在明朝前期社會經濟發展中所起的作用，還可以追究明代皇莊所佔土地的來源，甚至可以更深入地探討在萬曆九年全國範圍內推行一條鞭法時查出的大量不納糧的緣由。這一政策雖在明代嘉萬時期停止，而它的影響仍是很深遠的，在清初的開荒政策中也有部分的體現。明蔣一葵《長安客話・良鄉行》：「良鄉疆域甚狹，復有軍屯者三，宮勳子粒十二，山水「衝沒者七，起科地不滿三千頃，而民無後占者僅六百丁，其實不及大縣一里。為了鼓勵開荒，前幾年不收錢糧」。

　　明初鼓勵墾殖荒田「永不起科」的法令主要實施於元末遭戰亂災荒破壞嚴重的山東、河南、北直隸（相當今河北省與京津兩市轄境）三地。據《明史・食貨志》：「至宣德間，墾荒田永不起科及下斥鹵無糧者，皆核入賦額，似宜槽年間此法令已經廢止。其實不然，仔細考察即可知道，「永不起科令」實施的時間因地而異．首先，此法令頒佈的年代因省區不同而有前後之分，山東河南頒佈在前，形成定例，後北宜倣此而行。洪武二十八年，朱元璋宣佈，山東河南「二十七年以後新墾田地，不論多寡，俱不起科，若有司增科擾害者，罪之「（《明太祖實錄》卷二四三）。後來到永樂、宣德年間，北直隸八府新墾荒地也相繼獲准照山東河南例在受「永不起科」的優惠待遇，嘉靖《河間府志・風俗》與萍浪言《夢言》卷三有其明確記載。其次，「永不起科令」在各地實施的情況也不一致。北直隸沒有實行多久，即有反覆，「至正統六年，則令北直隸永不起科田從輕起科，實於祖宗之法略有背戾，至景皇帝（年號景泰）尋亦追復洪武舊例，再不許額外丈量起科」（夏吉《勘報皇莊疏》載《明經世文編》卷二〇二．《古今圖書集成・食貨典・明食貨志》）。

　　清顧炎武《日知錄・地畝大小》：「國初有奉旨開墾永不起科者，有因湾下鹻薄而無糧者，今一概量出作數。」《清史稿・聖祖本紀一》：「庚午，詔民間墾荒田畝，以十年起科。順治元年（1644 年）規定：開墾耕地「三年起科」。康熙年間規定「准川省招民開墾，其開墾地畝，准令五年起科。」有的邊遠地區，還規定了六年。乾隆以後，由於農民開墾荒地成熟後「照例升科」，導致墾荒越來越少。道光十一年（1831 年），經廣東省督撫奏請，爰照乾隆年間高、雷、廉、瓊四府墾荒成例，「各府州屬山頭地角荒地，向本地無業貧民報官給照。墾植成熟後，作為世業，永不升科。」實行這一政策後，全國各地興起墾荒熱潮，有利農業的發展。國家還有開荒三年後起科的政策，永不升科田各地都有，一般都是山坡瘠薄小塊田。為了組織移民入川，清代對瘠薄

地「永不起科」，就是不收錢糧。直到民國時期，河南的新安縣山坡地，有許多田，依然「永不起科」。清康熙年間政策是：「十年起科」。

### （三）工商業的發展影響土地兼併規模和速度

近代城市發展，容留大量人口，轉向工商業。農民的分化分明快速加速。其結果：一是大量農民由土地上剝離，從農業產業分化出來而轉向非農產業；二是原先具有一致農民身份的群體，分化爲帶有職業差別分明階層特點、特徵的群體。從資金、勞力方面，不再拘泥於投資土地，減少了「編戶齊民「對農業投資的壓力。

縱觀中國歷史，地主與王朝的興衰和更替有直接關連貫穿其中。當戰亂發生王朝衰亡，地主財富幾乎都會在戰亂中化爲烏有。無論是農民起義，或是外族入侵，或是官府橫征暴斂軍費，首要的目標是奪取財富，富人總是首選的對象，而且首選的是「浮財」。劫奪財物對進行戰爭最有直接現實的作用，對不動產土地等並不十分關心。政府關心稅收，也著眼於富人。宋代以來以財產計稅逐步普遍，宋代農村按財產多寡共分五等，賦稅、勞役負擔最多的是富戶，也起到抑制地主發展的作用。地主經濟雖然在政治經濟都占很大的優勢，但是租佃經營落後，子弟腐敗，家族析產，加上社會動亂等因素，總是「十年河東，十年河西」。

在中國多實行家產分割法繼承制度，實施的是「多子均分」的制度。這種多子均分制度始於商鞅變法時期，在變法中就有「民有二男以上不分異者，倍其賦」。到了漢代這種多子繼承制度成爲了傳統。《唐律》中也有「同居應分不均平者，計所侵坐贓論，減三等」。到了明清時期，家產的分割更加的頻繁。中國古代的富人，幾乎都是妻妾成群，兒孫滿堂，再大的家業，過了三代也會分散到眾多子孫手中。地主與農民之間，尤其是那些處於邊緣的中小地主與富裕農民之間，已不存在不可逾越的鴻溝。一些力農起家的富裕農民有可能很快上陞爲地主，若干地主僅因分家析產便可降爲普通農戶。

富家子弟往往養尊處優，好怡惡勞，又不善經營，造成家道衰落。常言說：「萬貫家財，敵不過敗家兒孫。」以勞動守業創業抵不過自耕農，一般是寄託於「延世澤莫如爲善，振家聲還是讀書」，繼續走考取功名的道路。提倡讀書實際是一箭雙雕，還可以退一步教育子弟守成，不致成爲敗家之子。封建地主家長非常清楚家道有興就有衰，富貧盛衰，更迭不常，而憂心忡忡。

自南北朝《顏子家訓》以後，就有許多地主家長寫出《家訓》，稱爲「垂涕衷言」，告誡子孫守業。流傳最廣的爲明代朱柏廬的《朱子治家格言》。一部分地主自行經營，試圖發展生產，擴大財富積纍。地主發展義學、義莊、善堂經濟，保障它的土地制度，以此調解與貧民的關係。商人一部分資本轉向土地，與土地經濟相結合，與地主經濟合爲一體。地主多採用定額租制，以有利於生產的發展而保障其地租收入。地主經濟雖然能夠根據情況進行應變，具有一定的活力，但潛力不大，從而說明地主經濟正在走向沒落。

# 第七節　宋代佃耕制的稅收政策

## 一、宋代農業稅沿用兩稅法

宋代沿用的是唐德宗時改革的兩稅法，其精華在於確立了「戶無主客，以見居爲簿；人無丁中，以貧富爲差」的徵稅原則。概括爲「唯以資產爲宗，不以丁身爲本」（見《陸宣公集·均節賦稅恤百姓》第一）。這就實現了中國歷代的農業稅收結構由以人頭稅爲主向以資產稅爲主的歷史性轉變，順應了土地佔有關係和階級關係的變化趨勢，具有深遠的歷史影響。

宋朝的田賦稅目共分五類：（1）公田之賦，即對官莊、屯田、營田、學田等田所徵之租；（2）民田之賦，即對私田所徵之稅；（3）城廓之賦，即對都市居民所課之宅稅、地稅；（4）雜變之賦，即對各地所徵土特產品，屬額外苛徵；（5）丁口之賦，即對南方丁男所徵之丁口稅（宋以二十歲成丁納稅，六十歲爲老免稅）。

田賦的徵收，一般以田畝爲標準，田畝通常按土質、色澤分爲若干等，按等定率，夏秋兩次交納。夏稅以錢計，秋稅以米計，故夏稅秋稅，又稱夏稅秋米或夏稅秋苗。宋初曾均定田租，只作中下兩等，中田一畝夏稅錢四文四分，秋米八升，下田一畝，錢三文三分，米七升四合。神宗熙寧五年（公元 1072 年）重新修訂方田法，規定按陂原平澤，赤淤黑壚及肥瘠程度分五等定稅則，後又以土質差別太大，規定不拘五等，以至達到數百種，稅額不可考。「折變」是因爲宋代夏稅雖以錢計，但徵收時，往往轉折變成實物繳納。折變名目繁多，或以錢折綿，或以錢折麥，或折絹之後再折麥，反覆折納，百姓不勝其擾。例如西蜀，初稅錢三百，折絹一匹，宣和時，絹一匹折草百五十圍，草一圍估直一百五十錢，於是徵錢三百，輸納則達到二萬餘錢，又

有以絹折錢，以錢折麥者，絹較之錢，錢倍於絹，以錢麥較之，麥倍於錢。如此輾轉增加，百姓負擔不斷加重。此後雖有合併折變項目的輿論，終未實行。

## 二、宋代的徭役與職役

宋代的徭役，主要有兩類，即職役與雜徭。徵收時，以戶等為標準，以等定役。宋代的職役包括五種：

1、衙前：主管官府財物。

2、里正、戶長、鄉書手：主管督課賦稅。如所管賦稅不足額，則令服此役者賠補。

3、耆長、弓手、壯丁：主管逐捕盜賊。

4、承符、人力、手力、散從官：主管傳送敕令文書。

5、縣曹司至押錄、州曹司至孔目、縣州雜職、虞侯、揩等役：負責縣州雜項事

以上五種職役，按規定由前四等戶輪流差充，所以又稱「差役」。其中衙前役，由資產最多的戶等充當，里正由第一等戶充當，戶長由第二等戶充當，餘下諸役由三、四等戶充當。

宋代諸役中，以衙前役為最苦。衙前役包括義務衙前與職業衙前兩種，由鄉戶充當的是義務衙前。他們負責保管倉庫，運輸糧草、物資，不僅負擔所需費用，如有損失，還需賠補，衙前常因此而破產。為了逃避衙前之役，富戶往往買通官府，或以田假售於形勢戶，詭報佃戶，或假作出家為僧，或親族分居，以避重役，最後差役負擔多落到三四等戶身上，甚至役及五等以下的貧民。貧民無逃役之法，紛紛棄田逃亡。甚至非命求死，以就單丁免役。

雜徭是臨時性差遣，主要從事地方建設項目，如修路、治水、挖渠、築壩等等，有時也承擔修建官府私第、搬運官吏私人物資等。這種徭役，無固定時日，亦無固定名稱，如春天徵調，叫做調春天；應付緊急任務而徵調民力，叫做調急夫。這種雜徭雖然有利於地方建設，但徵調無時，應役者常廢耕稼；又兼富戶詭避，雜役負擔全落在貧民身上，致使民貧役重，困苦不堪。

經濟的發展也使縣以下的行政任務加重。以往各朝是由有「吏」身份的人去執行的任務，宋代卻要「民」執行、辦理公務，稱之為「職役」，是徭役的一種。史稱：「役出於民，州縣皆有常數。宋因前代之制，以衙前主官物；

以里正、戶長、鄉書手課督賦稅；以耆長、弓長、壯丁逐捕盜賊，以承符、人力、手力、散從官給使令；縣曹司至押、錄，州曹司至孔目（管理檔案的小吏），下至雜職、虞侯、揀、掐等人，各以鄉戶等第定差。京百司補吏，須不礙役乃聽」。（見《宋史》十三卷）這些職役也叫差役，由各農戶按照戶口輪流充當差事。宋初農戶按其資產多寡分為九等。一等戶輪充衙前、里正，主管府庫，運送官物，迎接過往官員，責任重，風險很大；二等戶充戶長，課督賦稅；三、四等戶輪流充當其它。下餘五等免役。官宦、僧、道、女戶、不成丁戶免役。後王安石變法中的募役法是：讓「庶人任官」，有行政經驗的人擔任差役為好，各戶輪差，難以完成任務。再是：「釋天下之農，歸於圳畝」，安心務農。而讓各富裕農戶交納「免役錢」、困難戶按半額交「助役錢」。各差役採用招募的辦法。在《水滸傳》上常常反映這些差役的活動情況。像滄州草料場的看守人，就是充衙前役，林沖曾去頂替看守；晁蓋是保正，宋江是押司，裴宣是孔目等。這些工作是「好漢不幹，賴漢幹不了」的差事。他們催討賦稅，分派官差是替統治者服務；但是他們來自人民中間，也有同情農民之心。

正因為上等農戶負擔重，責任大而成為逃戶流民的較多。有些主戶為了躲避徭役或其它原因，逃到外地，或破產喪失了土地，就降成客戶。客戶開始到外地謀生是很艱苦的。宋代詩人樂雷發的《逃戶》詩寫道：「租帖名猶在，何人納稅錢。燒侵無主墓，地占沒官田。邊國干戈滿，蠻州瘴癘偏。不知攜老稚，何處就豐年」。為了改變現狀，此時的起義帶頭人往往就是上等農戶。他們在社會上地位較貧民地位高，有一定的活動能量。起義目的常常是「反貪官，不反皇帝。」「文革」時曾有一段批《水滸》的小插曲，反什麼投降派，正是這些人對歷史沒有瞭解清楚。在北宋除了宋江一夥受海州知府招撫外，京東張萬先、山東賈進、河北的高勝起義後都被朝廷招撫。聲勢很大的鍾相起義軍在開始時稱忠義民兵，還去過南京勤王，荊南知府唐懿曾帶義軍赴任。另一股起義者孔彥舟被朝廷收買任命為荊湖南北路捉殺使。所以當時民間流傳：「要得官，殺人放火受招安」的諺語。其中也不乏有反皇帝者，楊么就立鍾子義為太子。《宋史·童貫傳》載：方臘是「聚貧乏遊手之徒」為骨幹起義的，也反皇帝。所以宋代起義者有兩種類型，一種是只反貪官，並不想改變現有制度；另一種想推翻皇帝取而代之。

# 第三章　金元明清佃耕制的執行概況

## 第八節　金元時期佃耕制的一度倒退

　　在宋代廣泛實行佃耕以後，也曾出現過短時間的反覆、倒退的小高潮。一是北方金人、蒙古人掠取了大量漢人爲奴，嘗試奴耕，但是並不成功。原因是他們很快就發現使用奴婢耕種遠不如其它農業生產方式的效益高，所以紛紛出賣手中奴婢，另行召募佃戶來種田。

　　在金人佔領的地區，出現奴耕高潮。金人在北方原是過的游牧生活，進據中原後企圖從事農業生產。在這同時，金人掠取了大量漢人爲奴，嘗試奴耕，但是並不成功。「金史‧食貨志」載：金世宗大定二十三年（1183），調查猛安謀克的戶口，正口 4,812,669 人，奴婢 1,345,967 人，占猛安謀克全人口的 21%。猛安指的是千夫長，謀克指的是百夫長。是一個簡單的軍事編制單位。這些奴隸最初大半是在農場上操作。不過，猛安謀克各戶主很快就發現使用奴隸耕種遠不如其它農業生產方式的效益高，所以紛紛出賣手中奴婢，另行召募佃戶來種田。金世宗爲了防止這種轉變，下令禁止猛安謀克出賣家中奴婢，也不許將名下土地出租給佃戶。《金史‧食貨志》載，大定二十一年（1181）金世宗對宰臣說：「山東大名等路猛安謀克戶之民，往往驕縱，不親稼穡，不令家人農作，盡令漢人佃蒔，取租而已。……近已禁賣奴婢，約其吉凶之禮，更當委官閱實戶數，計口授地，必令自耕，力不贍者方許佃於人」。

　　金世宗高高在上，不瞭解農場經營實況。其實，並非猛安謀克戶不肯令家人農作，也不是他們的家人不懂農耕。他們的家人大多是在華北地區被俘

獲的漢人百姓，本係農民，善於稼穡。但一旦變爲奴婢，便喪失工作意願，「幹活大湖弄」，甚至存有反抗怠工心理，效率低，管理監督不易，遠不如自動自發的佃戶工作辛勤。猛安謀克戶出賣奴婢，出佃耕地，是在打最實際最自然的經濟算盤。金世宗的一紙禁令是無法扭轉這種制度上的相對優劣，無法挽回這種趨勢，金代後期，奴耕很快絕跡。

蒙古族入主中原，建立元朝。本來是游牧部落民族，在馬背上得天下，不知農耕。入主中原後欲將農田改爲牧地「太祖（指：成吉思汗）起朔方，其俗不待蠶而衣，不待耕而食，初無所事焉》。元太祖近臣別迭曾說：「漢人無補於國，可悉空其野，以爲牧地」。據《元史》載，契丹人耶律楚材上書皇帝，主張勸諫農桑，興修水利，推廣農業技術，得到認可。元代在行政設置上，從上到下均貫徹民族歧視的政策特點。分爲蒙古人、色目人、漢人、南人各等。中央機構均由蒙古人擔任，在科舉選士方面，蒙古人高於色目人，色目人高於漢人，漢人高於南人。地方機構的主官達魯花赤，都由蒙古人擔任。農村統治也是表現歧視壓迫漢人、南人。元朝的土地制度施行倒退，衝擊了宋代奠定的佃耕制，庶民土地權利降低。主要有四種形式。

一是：國有屯田制：元朝統治者大肆圈佔土地，大量官田實行屯田制，保存職田、學田、草田等。如成吉思汗稱汗後的十一至十三年，爲了解決軍需，大批荒廢土地通過種種途徑得到開發。其中以屯田是開發填實大批荒閒土地的主要措施。如阿魯歡地區興辦稱海屯田，中原地區由木華黎部將興辦固安屯田。開始是隨營立屯，忽必烈時逐步成爲重農措施的一項組成部分，發展成遍及全國的規模空前的屯田。到大德年間，全國屯田有一百二十餘處，二十萬頃左右，約占全國墾田數的三分之一。屯田分兩大系統，中央所屬樞密院、大司農與宣徽院屯田，多在腹裏地區。地方所屬有各行省屯田，有經略使司、提舉司統領或路、府、州、縣所轄屯田，再有僻遠地區的一些屯田點。地域分佈之廣，前所未有。北面除和林、稱海之外，更遠有葉尼塞河上游地區的謙州屯田，西南面深入到雲南、廣西邊遠地帶；東北的肇州屯田萬戶府達黑龍江江口，高麗境內也有十多處屯田；南面遠及海南、海北。內地河南行省爲數居首，次爲腹裏地區，《元史·兵志三》所謂「天下無不可屯之兵，無不可耕之地矣！」

二是：領主土地所有制，元政府賞賜給貴族、官僚和功臣的份地，實則是領地，對份地享有世襲權、徵稅權和治民權，實行奴隸制或農奴制的經營方式，

領地內的勞動者佃農成為「驅奴」，是領主的私有奴婢，不在國家編戶之內，但領戶有一定的獨立經濟，為領主服勞役，向領主交納賦稅。在東南沿海「南人」地區，雖地勢低窪，但土地肥沃，河湖港汊密集，南北朝時期已顯示出明顯的經濟活力，逐步成為全國的主要糧倉和財賦之區，因而人民趨之若鶩，人口密度很高，土地與人口的矛盾也很突出。經過長期努力，勞動人民逐步摸索出一些開發土地的特殊形式。元代時，王公貴族大量侵佔。如松江曹夢炎，占澱山湖大半湖田，達九十三圍、數萬畝之多，積粟百萬石，北人稱「富蠻子」。文宗賜給權臣燕鐵木兒嘉興、平江、江陰地區的蘆場蕩山和在沙塗沙地地帶的圩田，達五百餘頃。在黃河流域的一些地帶，因河水「涸露」而形成「水泊淤地」，稱為「黃河退灘地」，多為權豪搶佔，其數量也相當可觀。元代土地兼併、集中的程度十分嚴重。據《元史》統計，貴族、官僚、寺院的賜田數分別為二千七百餘頃、一萬四千七百餘頃和十六萬七千餘頃，共十八萬五千餘頃。如至大二年（公元 1309 年）賜魯國大長公主祥哥剌吉平江稻田一千五百頃，泰定三年（公元 1325 年）賜伯顏河南田五千頃，大承天護聖寺所得賜地至少在十六萬餘頃。一般大地主佔地的數額相當驚人，如延祐年間松江下砂場瞿霆發「有當役民田二千七百頃，並佃官田，共及萬頃」。

　　三是：地主所有制；元代在行政設置上，從上到下均貫徹民族歧視的政策特點。地方機構的主官達魯花赤，都由蒙古人擔任，佔據大量土地，成為土地所有者。既有新形式的蒙古族地主，又有經濟勢力依然存在的漢族地主。佃戶按所屬主人的不同，可分為三類，一是官田佃戶，租額一般是一斗五升至三斗三升。二是職田佃戶，租米由六斗至一石甚或三石。三是私田佃戶，租米有三斗至一石，穀有一石三斗至二石六斗，其中如浙江地區的寺田，少至四、五斗，多至租米一石至三石二斗。按國家規定，上田地租不過畝輸三升，上述租額，至有超過十倍者，究其原因，除地主「恣意多取」外，另有值得注意之點，即「吐退轉佃」現象非常普遍。官田往往由權豪勢要承佃包租（稱總佃），往下再有「分佃」者，另有幫助地主經理田租的管幹（職田稱提控總領），地租由此層層加碼。職田佃戶，九品官員不下三五十戶，三品至五品七百戶。私田佃戶為數更多，「富室有蔽占王民奴使之者，動輒百千家，有多至萬家者」。

　　四是：自耕農所有制：《南村輟耕錄》作者陶宗儀就是典型的自耕農，他可以在完成農事活動後，暇隙自由寫作。元代的農業稅收繼續執行「兩稅法」。

說明必須有大量的「編戶齊民」存在，才能保證稅收的完成。元政府規定土地買賣不得私下成交，必須書寫合同文契，詳載用錢原因，田土四至，田價數目，不僅買賣雙方畫字，而且連其尊長卑幼親鄰亦須畫字。成交後赴官府請驗契文證人，蓋上官府大印，請印花稅契，到稅務機關，推收稅糧，避免逃稅漏稅。這些手續使土地交易法律化、完整化，是封建地主階級土地私有制的進步，減少了土地權屬糾紛和爭議。

## 第九節　明代加強佃耕制

明代的疆域主要是農作區。明王朝建立後，對金、元時期混亂的土地政策進行了調整。明代官方史籍所載田土數字高低懸殊，起伏極大。《明太祖實錄》所載洪武二十四年（公元 1391 年）天下官民田地共 3,874,746 頃餘。萬曆《大明會典》記載弘治十五年（公元 1502 年）田土數為 6,228,058 頃。萬曆《會典》、《會計錄》所載萬曆六年（1578 年）田土數為 7,013,976 頃餘，以私田為主，官田為 0.828 億畝，官田僅占全國耕地面積的 11%。

明代佃耕圖站立者地主在看農民插秧

## 一、明代的民田

一是農民軍在消滅元朝的封建貴族、官僚豪強後，農民包括「驅奴」自發地奪回被元王朝圈佔的田地自己耕墾，明政府承認其土地的所有權。還有大量的原來自耕農，成為「編戶齊民」。

二是政府招誘流民，或遷徙農民墾荒屯田，流民復業，所墾荒地，作為己業，免稅三年。據《續文獻通考》載：「洪武三年（公元 1370 年），招誘流民和失田農民，開墾北方近域荒地，每人給地 15 畝，疏地 2 畝。免稅 3 年，有餘力者不限頃畝。洪武二十七年，詔令「額外墾荒，永不起科」，規定農民除自己納稅土地外，如有能力繼續墾荒，所開墾之土地歸己，永不徵稅。

三是政府有計劃有組織的向土地廣擴的邊遠地區移民，分配土地，培養稅源。為了盡快恢復社會經濟，穩定新的統治秩序，明政府將地少人多地區的民眾遷徙到地多人少的寬鄉，墾荒屯田，並強制遷徙豪民墾荒。凡移民屯耕，官府給耕牛、種子，免徵 3 年租稅，其後畝納賦一斗。洪武二十五年（公元 1392年），明政府從山西洪洞縣發大量移民來河西地區屯墾，實行「三年免稅，發放耕牛、種子、錢和口糧六斗」等政策，開墾了較多的民屯田，使移民得以定居。這樣，最大限度地使勞動力和土地直接結合起來，消除了土著豪強在本地的勢力，也充實了地多人少地區的農戶。同時，明政府還實行罪民屯田，犯人屯墾，成效顯著者，可赦免無罪。此外，還有軍屯、商屯等形式，至洪武二十六年，全國墾田約 5670 餘萬頃，當時全國人口 6054.58 萬餘人，人均墾田約 1 頃。

四是地主所有田地。明初，採取了限制地主勢力的發展的政策。同時，政府以大量人力、物力丈量土地，其規模之大和方法之整齊劃一，均史無前例。經過丈量和編造《魚鱗圖冊》，大量隱瞞的土地被登記、固定，有力打擊了一部分豪強地主，加強了國土的管理。並規定：「凡買賣田土，備書稅糧科則為籍記之。毋令戶去稅存，以為民害」。這樣通過國家干預，對於地主階級通過經濟手段向農民轉嫁賦稅負擔，也起到一定的限制作用。伴隨明王朝建立與鞏固，湧現出一大批新貴族勢力，土地兼併也隨之盛行，特別是一些功臣宿將，依仗手中權勢，通過合法的賞賜和非法的掠奪手段，佔有大批土地和佃戶。明朝初年，自耕農佔有土地數量較大，到中後期則土地高度集中，廣大自耕農失去土地，或者成為地主莊園的佃戶，或者成為流民。同時，明初的國有土地也日益轉化成皇族、勳戚、大臣的私有土地，官僚、縉紳也通過各種手段兼併大量土地。明朝中後期以後，官田日趨減少，國有土地則已

日趨崩潰，民田日益擴大，當時全國耕地的 90%以上是民田。明代田宅無分界，人人得以自買自賣，黃冊制度廢馳後，朝廷對土地兼併不進行干預，任其自貧自富，自有自無，唯知有田則有租，有丁則有庸而已。於是土地買賣頻繁，田主來去無常，家業興亡不定。庶民地主大量增多，也就是小中地主增多。地主制經濟的發展，表明中國封建社會經濟趨於成熟，而土地買賣的自由化，表現私有的佃耕制更為成熟。

明初，首先核實天下戶口，並設置戶帖（戶口簿）、戶籍。戶帖交給本戶自存，戶籍由官府保存。戶帖與戶籍均記載姓名、年齡及居住之地，每年登記一年，將增添和減少之數，上報中央。洪武十四年（公元 1381 年），實行里甲之制，以一百一十戶為一里，推丁糧多者十戶輪任里長，以十戶為甲，甲有甲首，十甲為里，每年里長一人、甲首一人主管一里一甲之事。城市稱坊，近城稱廂，鄉間稱里。僧、道給度牒。鰥寡孤獨不承擔徭役的，附在一甲之後，為「畸零」，在里甲制度的基礎上編製賦役黃冊。賦役黃冊以里為單位，按丁糧多寡為序，十年為一周期，稱」排年」。並於冊籍的首頁繪製戶口、稅糧的總數圖表。賦役黃冊由有關部門十年更換一次，根據丁糧增減變化的情況而重新排列順序。賦役黃冊一式四份，一份交戶部，一份交布政司，一份交府，一分交縣。交戶部的那一份，冊籍封面為黃紙，所以稱賦役黃冊，交地方的三份均以青紙封面。賦役黃冊本來是徵收賦役的依據，以後失去原有作用。有關部門為徵稅編徭的需要，則另為一冊，稱賦役白冊。此外，軍戶有軍戶圖籍，匠戶有匠戶冊籍。

明初，近城之地為上地，以遠中、下地，田以五尺為步，二百四十步為畝，百畝為頃。明太祖即位後，曾派周鑄等一百六十四人，核實浙西田畝、賦稅；又命戶部核實天下土田，以除詭避賦役之弊。洪武二十年（公元 1387 年）命國子監生員武淳等到各州縣稅萬石為一區，劃分徵收租稅的單位，每一區設糧長四人，糧長由富戶充任，負責賦稅的徵收繳納。同時，測量田畝的面積，畫出田地形狀，依次編號，注明田主的姓名、數量，編類成冊。由於冊中地圖形狀如魚鱗，故叫魚鱗圖冊。賦役冊、魚鱗冊在宋朝已經開始在個別地區實行，至明始為完備。明代的賦役黃冊，以戶為主，按四柱式記帳法，詳細寫明舊管、新收、開除、實在之數。魚鱗冊以土田為主，詳細載有土地類別，如平原、山地、水邊、下窪、開地、沃壤、瘠貧、沙荒、鹽鹼等。通過魚鱗冊以解決土地糾紛；通過黃冊，確定賦役之數。兩冊互為印證，成

爲控制百姓和土田的有力工具。

由於賦役黃冊是在清查戶口的基礎上編造的，魚鱗冊是在丈量土地的基礎上繪製的。這些冊籍的編製，保證了農民的土地佔有權，有利於調動他們的生產積極性；同時，清除了隱匿人口和土地，有利於增加國家賦稅，也便於編排力役，在一定時間內限制了賦役不均狀況的發展。而所有這些冊籍，形成強有力的網絡，牢牢地將農民固著在土地上。這是明朝君主專制主義中央集權的強化在賦稅方面的體現。

## 二、農稅推行一條鞭法

明自英宗以後，皇帝多深居皇宮，不理朝政，生活日益侈靡，宦官乘機把持朝政。神宗萬曆初年，張居正爲首輔，全面整頓軍事、政治和經濟，在財政上實行一條鞭法。一條鞭法亦稱一條編法，此法在嘉靖十年（公元 1531年）由御史傅漢臣奏行，嘉靖末，浙江巡撫龐尙鵬施行於浙江，隆慶四年（公元 1570 年）海瑞施行於江西，至萬曆九年通行全國。其主要內容是：「總括一州縣之賦役，量地計丁，丁糧畢輸於官。一歲之役，官爲僉募。力差，則計其工食之費，量爲增減；銀差，則計其交納之費，加以增耗。凡額辦、派辦，京庫歲需與存留，供億諸費，以及土貢方物，悉並爲一條，皆計畝徵銀，折辦於官，故謂之一條鞭。」即：賦役合一，各類徭役隨田賦一併徵收；正雜統籌，所有正稅、雜稅均按照田地、丁額均攤；計畝徵銀，實物徵銀。

一條鞭法其基本精神是：（1）一條鞭法將田賦、徭役合二爲一，統一徵收；（2）計畝徵銀。合併後的應徵賦役總額，全部按土地畝積均攤徵收，以銀交納；（3）一辦於官。徵收解繳全部由官府辦理，包括力役由官府雇人充役。一條鞭法是繼唐代兩稅法後的我國稅法史上的又一次重大改革。改革了歷代賦與役平行的舊制，減少了稅目，簡化了手續，擴大了徵收貨幣的比重，鬆弛了對丁口的控制，因而在一定程度上均平了人民的賦稅負擔。有利於王朝的財政收入，也有利促進社會經濟的發展。它標誌著中國歷史上沿襲了兩千多年的賦役平行徵收的賦役制度正在向著以物爲課徵對象的近代租稅制轉達化；計畝徵收又標誌著實物稅向貨幣稅轉化；國家出銀雇役，則標誌著過去勞動力商品化趨勢的日益加強，這些，既是在商品貨幣經濟發展的基礎上的出現的，又反過來促進商品貨幣經濟的發展，加速資本經濟在中國的萌發，佃耕制進一步鞏固。

## 第十節　清代完善佃耕制

　　清朝在入關以前，即有大量的禁地和官田。入關以後，爲滿足滿洲貴族對土地的貪欲和籠絡八旗將士，派遣官員「跑馬圈地」侵佔民田，又圈佔大量民田和沒收明王朝的官田。清初滿洲貴族大規模圈佔漢人土地的活動，爲清初弊政，先後出現了三次高潮。順治元年（公元 1644 年）十二月下令：「凡近京各洲縣民人無主荒田，及明國皇親、駙馬、公、侯、伯、太監等，死於寇亂者，無主地甚多，……盡行分給東來諸王、勳臣、兵丁人等。」（《清世祖實錄》卷 12）。順治二年九月，圈佔的範圍擴大到河間、灤州、遵化等京東、京南府州縣。順治四年正月下令於順天、保定、河間、易州、遵化、永平等 42 府州縣內圈地。此後，大規模圈地停止，但是零星的圈地、換地，「帶地投充」仍不斷發生。「帶地投充」即農民（包括一些地主）在稅收、政治等壓力下，「自願」將土地交給清政府，自己繼續種植該田地，成爲佃戶。圈地持續了幾十年，共圈佔漢族人田地 224,982 頃。圈佔範圍主要在直隸 6 府 2 州 1 縣，共計 77 州縣，廣袤 2000 餘里。少部分在山西之太原、潞州，山東之德州、徐州等地。所圈之地，最初爲無主荒地，繼之有主無主之地一體圈佔；圈佔還包括廬舍、場圃，使大批漢人地主和農民驟失田產廬舍，生活無著。滿洲貴族用圈佔的土地設立皇莊，賞賜王公勳臣，分給八旗兵丁。對王公勳臣的賞賜，按宗室、王公、官員的等級和所屬壯丁數目，給以不同數量的莊田和壯丁地。八旗士兵按照「計丁授田」的原則，分得一定數量的土地。他們依靠這些田土解決生活所需及出征的軍事裝備。八旗官兵的旗地約 14 萬餘頃，占圈佔土地的絕大部分。清初圈地是野蠻的劫掠，致使百餘萬人破產失業，流離失所，激化了民族矛盾和階級矛盾。同時也破壞了農業生產，阻礙了社會進步。由於壯丁逃亡和漢族人民不斷反抗，康熙八年（公元 1669 年）下詔停止圈地。清政府也再三明令，不許旗地領地將土地出賣或出佃。然而這些旗地農場都連年虧損，許多旗人就暗地將土地出售。清政府曾下令禁止旗地買賣交易，甚至將出售的旗地贖回，賜還原主。然而這種趨勢也是無可阻遏，到咸豐二年（公元 1852 年），清政府不得不全面開放旗地，准許公開自由買賣。

### 一、更名田與攤丁入畝鞏固了佃耕制

　　康熙年間，清政府將明代宗室藩王所遺田產改歸原耕種佃農所有的土地。又稱更名地。原是明代的藩封之產，散佈於直隸（今河北）、山東、山西、

河南、湖北、湖南、陝西、甘肅等省，總數約近 20 萬頃。清初，原明代藩封之產有些因戰亂荒蕪；有些因藩王勳戚逃亡，為農民佔有，或為豪強侵佔。在畿輔地區，還有被圈佔為旗地的。清朝統治者從順治元年（公元 1644 年）起曾幾次下詔，將這些土地收歸國家所有。康熙七年（公元 1668 年），清廷為了加速墾荒，增加賦稅收入，下詔將廢藩田房變價，照民地徵糧。次年，將土地無償給予原種之人，令其耕種，照常徵糧。這些改入民名的田土，稱為更名田。雖然詔諭中宣佈更名田無償給予原種之人，但實際情況並不完全如此，有的百姓得到更名田，是要向封建國家納價的。清朝政府通過更名田形式把一部分藩產無償地交與原耕佃農承種，使其成為擁有合法土地所有權、只繳納封建國家賦稅的自耕農民。

「攤丁入畝」是一項重大的賦稅改革。人丁稅，在中國有著相當長的歷史，成年男子，不論貧富，均須交納人丁稅。雍正實行改革，將人丁稅攤入地畝，按地畝之多少，定納稅之數目；地多者多納，地少者少納，無地者不納，是謂「攤丁入畝」，一舉取消了人頭稅。總的來說，這項政策有利於貧民而不利於地主，是我國賦稅史上的一項重大改革。賦役制度作為社會的重要經濟制度，它的變革自然會產生重大的影響並具有重要意義。首先，它標誌著國家的賦役制度向統一的賦稅制的轉變，對促進社會經濟的發展也有了一定的作用。其次，保障了財政收入的相對穩定，也為清朝中央集權的統一與多民族國家的統一和發展創造了經濟力量。第三，在一定程度上有利於減輕人民的賦役負擔，鬆弛了對人民的封建束縛，促進了資本主義萌芽的增長。總之，從封建社會的角度看，這一切緩和了社會矛盾，加強了封建統治，促進經濟發展和人民生活的輕微改善，具有一定的積極意義。

清代初期實行了一些改善農民狀況的政策，諸如「攤丁入畝」、「更名田」在農業生產方面擴大了甘薯等高產作物，獎勵精耕細作，流民問題稍緩和。但是清代是人口增加較快的時期，土地兼併依然嚴重。佃耕制雖然是土地自由買賣，有錢人企望買地生財，使地租、地價不斷上漲，窮人購買土地只能望而卻步。據《履園叢話》記載，乾隆初年，南京一帶每畝地價為七、八兩銀子，到乾隆末年已經達到五十餘兩了。明末清初由於戰亂，荒地增加，耕地反而減少。康熙年間逐漸恢復，特別是清末民初，由於東北、西北開禁實邊，土地開發量達到鼎盛時期。解放前全國耕地達到 1468 萬頃，比光緒十三年 911.97 萬頃，增加了 60% 強。但清代人口增加很快。明末全國為一億人，

到清末增至四億多，人均田地大大減少，必然使土地的零細化加劇。

佃耕制清雍正年代耕織圖地主在看農民登場

## 二、清代佃耕制的地租地價

漢代農田的地價較低，普通農田一緡錢就能買十畝地。租佃制的實行，使地價會上陞和不斷發生變動，特別是與國家的治亂有關。據《履園叢話》記載：「前明中葉，田價甚昂，每畝值五十餘兩至百兩，然亦視其肥瘠。崇禎末年，盜賊四起，年穀屢荒，咸以無田為幸。每畝只值一、二兩。或田之稍下，送人亦無有受諾者。至本朝順治初，良田不過二、三兩。康熙年間，長至四、五兩不等。雍正間，仍復順治初價格。至乾隆初年，田價則長。然，余五、六歲時，亦不過七、八兩，上者十餘兩。今閱五十年，竟亦長至五十餘兩矣」。這是作者錢泳所敘述的南京一帶地價，原來每畝地價為七、八兩銀子，經過五十年的「太平」年景，到乾隆末年已經達到五十餘兩了，上漲六倍之多。

到發生太平天國戰爭的時候，在戰亂中心南京一代，地價又有大的波動。由於土地荒蕪很多，地價非常便宜。當稍事平定之後，一些人，特別是在戰

爭中發跡的軍官、官僚趁機購買便宜的土地。陶煦所纂的《租核》提到太平天國戰後的地價：「今（1884 年）畝止一、二十貫，……金寶廬舍，轉瞬灰燼，惟有田者，巋然而獨無恙。故上至紳富，下至委巷工賈胥吏之儔贏十百金，即莫不志在良田。」

　　中國租佃制的理論地價，其「購買年」為十年，即十年的地租為正地價。一般比西歐高一倍。中國歷來是高地租率，一般是對半租。《租核》中的一章節《重租論》揭露了江蘇蘇州、松江一帶地租的苛重和太平天國失敗後還鄉地主對農民的殘酷壓榨和迫害。《重租申言》進一步申述減租的意義，《減租瑣議》則提出了一個具體的減租方案。書中以大量材料展示了蘇、松等地農民在重租壓榨下的悲慘處境，指出當地畝產最多三石，少的僅一石有餘，而實際地租通常為一石二斗。按平均畝產二石四斗計算，除了補償生產資料耗費（每畝合稻穀七、八斗），交租後餘下的只有四、五斗，已遠不足維持佃農一家的最低生活需要，地主又經常採用大斗收進或折價收銀等辦法加重盤剝，還使用私刑並勾結官府酷刑逼租，在佃農身上實在壓榨不出時，則逼使他們的伯叔兄弟甚至親戚代出，這不但使佃農一家陷於「窮且獒」的慘境，往往還迫使他的族人親戚許多家連帶破產。陶煦主張按照土地肥瘠和人口稠密程度，分三種情況減租：上等每畝租額減至一石（原來一般約一石五斗），中等減至七、八斗，下等減至四、五、六斗。他認為只有實行減租才能有利於農業生產和緩和階級矛盾，改革當時自都會以至鄉邑的「條蕭荒索之景狀」。他還進一步分析了減租對整個國民經濟發展的積極作用，提出要使國家、社會由貧變富，應該「效外夷」開發礦藏，興修火車鐵路，但只有「農有餘財」，農村才有購買力來銷納城市的工業品，工商業的發展才有可靠的基礎，而要使農有餘財就要實行減租。如不減租，餘財都掌握在地主手中，他們會把很大一部分窖藏起來或用以購買奢侈品，這最多只能對少數工商業有利。只有通過減租使餘財的一部分保留在農民手中，才能更普遍地增加社會購買力，為更多的工商業提供市場，既有利於「市集之工賈」，也有利於「都會之工賈」。

　　但是，農業生產與工商業相比是低利潤的，高地租仍然滿足不了地主的欲望，特別是中小地主更是如此。清代方苞纂寫的《望溪先生全集》中《家訓》曾說：「金陵上田十畝，一夫率家眾力耕，豐產獲稻不過三十餘石。主人得半，乾燥減十二，米之得六石餘。已給下吏之食與衣，不贍也。……計中人之家，主人一身調度，必殫上農夫五家之力，妻子一人所費，役三家，僕婢

半之。吾家親屬及僕婢近四十人，常役上農夫百家，終歲勤功以奉給，果何德以堪之。今與汝等約：僕婢唯老而無歸者勿遣，傭者散之，少壯個人其事，能留則留，不則縱捨，俾自食其力。」設想：一個小地主如果沒有其它產業來路，土地租給一農戶，按照「對半租」兩家平分收成。地主扣除田稅，則這東、夥兩家的生活水平基本相當。

經濟規律對地主經濟起抑製作用，佃耕制是將大部分物資和人力資源推向市場，地主經濟和自耕農經濟是有競爭。各個時期物價不斷調整，不會像名田、均田兩制較為固定，土地資源不通過市場。葉夢珠的《閱世編》記載，清代前期的地價就不斷變化，大致可劃分為三個時期。順治康熙年間，由於多種原因，主要是戰亂，加上清初的「圈地」，地權不穩定，地價與明初一樣十分低賤，有時甚至以田送人，人且不受，上等土地每畝不過數兩。康熙後期，地價略見上漲，雍正攤丁入畝，又一度下落。乾隆時，其價穩定上陞，但截至末年，每畝價未有達三十兩者，從十八例檔案分析，每畝過二十兩者僅有四例，僅夠全部材料的四分之一。道光時，所取檔案十六例，每畝超過二十兩者已達十例，超過了全數的六成，其中廣西興安每畝價高六十八兩，浙江紹興也每畝價將近六十兩。

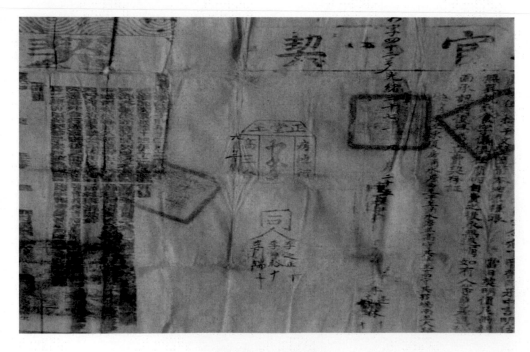

清乾隆年間地契

人力資源市場變化更大，使用人力就需要選擇合宜。日工和月工的工價應比長工高的多，因爲日、月工全是在農忙勞動持續緊張的時刻應雇，無忙閒的調節機會。明代日工工價最少者爲日銀二分，合當時制錢十五六文，最多者日六分。清代順治康熙時期，一般的也是日銀二分至七分。明代人謂日取傭金四分，腹且不飽，清代也是如此。順治康熙間，雖每日傭金有二至七分不等，個別高的城市傭工甚至高達每日一百文、二百文之多，但多數是每日傭金三至五分，即制錢三十至五十文。清初的月工工價有一月二錢、三錢、一兩和一兩八錢者，相差三五倍至十倍。

清代嘉慶、道光年間的各種工價與清初比幾乎沒有什麼兩樣。日工工價最少者爲三十文，最多達二百文，但一般的爲五十文至七十文，月工最少者爲三百文，最多達一千五百文，但以八百文、一千文爲常價，長工最少爲三千文，最多至二十弔（注：一弔即一千），但以十弔一年者爲多。城市或城郊工價高，農村低。南方特別是江、浙、閩、廣等商品經濟最發達的地區，其工價特點是懸殊不大，而且比較穩定。北方則有的很高，有的相當低，如道光三年，陝西甘泉長工一名高達二十千，同時候，甘肅、河南一帶，則三千、五千者亦復不少。

# 第四章　近代佃耕制的發展

## 第十一節　太平天國維持佃耕制

### 一、太平天國的土地政策

　　太平天國奠都天京後，爲了鞏固農民政權，實現「天下一家，共享太平」的理想，於咸豐三年（1853 年）冬頒佈《天朝田畝制度》。咸豐十年又曾重刻刊行。它是一個以解決土地問題爲核心，包括政治、軍事、經濟、文教和社會生活等各方面制度和政策的農民起義綱領，是太平天國其它各項制度、政策的依據。《天朝田畝制度》以宗教語言提出了否認一切私有財產權、廢除一切私有制的總原則。一切土地和財富都屬於上帝所有，「天下人人不受私，物物歸上主」。根據這個總原則，提出了廢除封建土地所有制，把全部土地平均分配給天下人耕種的土地制度總方針。「凡天下田，天下人同耕。此處不足則遷彼處；彼處不足則遷此處。」「凡天下田，豐荒相通。此處荒則移彼豐處，以賑此荒處；彼處荒則移此豐處，以賑彼荒處。」又據此制定了平分土地的具體方法：把全國土地按產量分爲尚（即上字）尚、尚中、尚下；中尚、中中、中下；下尚、下中、下下九等，規定每畝一年兩季可產 1200 斤者爲尚尚田，以下每減 100 斤即減一等，每年畝產 400 斤者爲下下田。再按人口多寡、土地等級，以戶爲單位平均分配。凡 16 歲以上者，無論男女，均分田；15 歲以下者減半；每戶分田，「好醜各半」。《天朝田畝制度》又規定了全國農民仿照太平軍軍隊編制組織起來，建立縣以下的地方基層政權——鄉官制。具體形式是：每五家爲一伍，設伍長一人；每五伍爲一兩，設兩司馬一人；每四

兩爲一卒，設卒長一人；每五卒爲一旅，設旅帥一人；每五旅爲一師，設師帥一人；每五師爲一軍，設軍帥一人。各級鄉官組成縣以下的地方基層政權，既管理地方軍政、民政，又負責組織經濟生活和文化生活。與鄉官制並行，還實行鄉兵制，即每家出一人爲伍卒，有警則爲兵，殺敵捕賊；無事則爲農，耕田生產。全國農戶均按此編制組織社會生活，非常整齊劃一。其次，又規劃了農民的政治、經濟和文化生活制度，規定每 25 家（即一個兩司馬，太平天國基層組織單位）設國庫一所、禮拜堂一所，成爲一個政治、經濟、文化生活的基本單位，由兩司馬統一管理，這 25 家又以一家一戶爲單位進行個體農業生產，除了耕種每家分到的土地以外，還必須進行副業生產：種桑、養蠶、縫織衣裳；每家養五母雞、二母彘；每五家中的「陶冶木石等匠」，由「伍長及伍卒爲之，農隙治事」。這 25 家又是一個統一分配的基層單位，規定每個農戶生產的農產品，除留下口糧外，餘均歸國庫；副業產品如苧麻、布帛、雞犬各物及銀錢，亦均交國庫。各家婚喪彌月等項開支，都由國庫統一按定制發給，「給錢一千，穀一百斤」，「通天下皆一式」。鰥寡孤獨病殘者，由國庫統一供養。由 25 家農戶組成的基層單位——兩，同時還是農村的司法、文化、教育、宗教等各方面社會生活的基層組織，兩司馬不僅是農、副業生產的領導者，而且也是教育、司法和宗教等一切社會生活的組織者和領導者。各戶兒童每天須到禮拜堂聽兩司馬講書傳教，兩司馬就是教師；每禮拜日，伍長率各戶男、婦到禮拜堂聽講道理；各種宗教儀式，亦由兩司馬主持；各家發生訴訟情事，必先由兩司馬裁決、處理；兩司馬還負責保舉人才；遇有婚喪嫁娶之事，也由兩司馬主持祭告上帝。總之，《天朝田畝制度》規定的農民生活的基層組織，就是這樣一個以 25 家爲單位，把土地、民政、軍事、財政、宗教、教育、司法、選舉等等社會職能統一起來的基層組織。同時又是一個廢除了一切私有制、絕對平均主義的經濟單位。

## 二、太平天國的稅收政策

《天朝田畝制度》是一種農業社會主義空想，是不可能實現的。實際情況迫使太平天國改弦更張。落實的政策毅然回到佃耕制。

第一是「照舊交糧納稅」政策。咸豐三年到四年間，天京極度缺糧，洪秀全批准。所謂「照舊交糧納稅」，就是仿照清朝舊制收徵田賦。地主是田賦的主要承擔者，而「賦由租出」，既要向地主收田賦，必須維持地主收租的權

利，亦即承認租佃關係的合法性，承認佃耕合法性。

　　第二是：承認土地私有權。官僚豪紳的土地均作爲「妖產」而予以沒收，以其租入充作郡縣政權的軍政費用。並同樣「著佃交糧」。逃到外地的地主土地、財產「目爲妖產」，「注明原籍，田盡入公」。未遷避的地主大戶，採取「打先鋒」，「派大捐」等名目，以他們作爲攤派的對象。承認了地主對土地的所有權和允許地主繼續收租，必然要承認千百年來「佃戶交租、業主完糧」的合法性。給地主與自耕農發給「田憑」、「蕩憑」。

　　第三是：「著佃交糧」是太平天國作爲補充的錢糧政策「著佃交糧」政策的產生，是因爲在太平天國轄區內，一部分佃戶已成爲實際的土地所有者，應向天國合法交糧，有一部分佃戶因爲太平軍的到來，腰杆挺了起來，進行自發的抗租鬥爭，不向原來的地主交租，地主收不到租，也就交不出錢糧，太平軍也只好向他們的佃戶直接徵糧。另外，在一些地區，一些地主憑藉殘餘的軍事力量與太平天國對抗，或逃匿，或抗糧，使太平軍無法在這些地區實行「照舊交糧納稅」的政策。這就只有直接依靠佃農群眾的支持，「著佃交糧」。一般講，「著佃交糧」主要有三種形式。一是太平天國向佃戶收糧，地主自己則向佃戶收租，但必須從租額中扣去佃戶交納錢糧的部分；二是太平天國州縣政權規定按一定比例分配土地產量，確定幾成爲應交給太平天國的田賦，幾成爲地主所得的淨地租，餘下幾成歸佃農所有；三是太平天國州縣政權或下級鄉官委派人員設立租糧局，向佃農收取地租，扣除地主應交的田糧捐等數額之後，其餘額交地主領取。

　　第四是：收租局的設立，多是由太平軍命令鄉官，吸收當地有名望的地主縉紳和原來管理一方財政文書檔案的書吏、司事組成一個班子，用武力作其後盾，形成半軍事、半官方性質的地方特殊政權機構，專事催租。如在浙江桐鄉在 1861 年規定「糧米歸局經收，蓋因鄉人不肯納租，產戶無所取給，」，第二年另設南局，「會紳衿各出辦事」，並發出布告，要求佃農交租，並威脅「抗糧與抗租同辦」。收租局遵照「照舊交糧納稅」的原則，依靠清政府原地方官吏和清政府舊章收租。在桐鄉以原官吏李鳳「素辦衙門公事，爲長毛局主，因引用故衙門吏胥，一切皆仍舊章」，不僅收正租，而且「照舊」收「陋規」、「茶費」、「解運」費、「折色」費等，其租稅之額比清政府收得還多。

　　太平天國政權設立收租局受到了農民的反抗，佃農拒不交租、自耕農拒不交糧的情況屢屢發生。太平天國將領及鄉官提出，「如佃農匿田抗租……由

本人處斬，田畝充公」。另一方面，太平軍還發給地主「護憑」。佃戶不交租可持憑赴監軍衙門控告。佃戶被告，查出抗租實情後，「犯者處斬」，拖欠者「與抗糧同辦」。由此可見，太平天國所要建立的「禮法規模」和從前的「總如一轍」。它標誌著太平天國政權封建化的加深。在設局收租後，一些太平天國地方政權宣佈：「如有頑佃抗還吞租，許即送局比追」。一些租局「發勇擒拿」抗租的佃農。更有甚者，某些主持租局的太平天國地方官員竟規定對抗租者處以死罪。由於設局收租對立於農民的抗租鬥爭，所以一經施行，便遭到農民的激烈反對。常熟佃農曾聚眾向租局索還租米；錫金的佃農打毀了城業地主的租局；吳江佃農將租局局董擒去痛懲。佃農折局毀屋、懲治租局主持者的記載屢見不鮮。

清同治二年（1863 年），太平天國戰爭已經接近尾聲，清軍收復了蘇南一帶。太平天國設局收租辦法地主嘗到了甜頭就繼承延續下來。收租局有官府的仗勢，又省力。首先蘇州大地主與清官府勾結繼續繼承太平軍的辦法設局向佃戶共同逼收地租，由官府直接派吏役協助收租。以往官府只收國稅不管私租，官府派人參加更使佃戶深受其害。收到租金後，抽出部分繳納錢糧，補貼官用。此後，蘇南地區隨即仿傚實行，一直存在到解放前。

# 第十二節　永佃制的產生與發展

永佃制是在封建社會歷史上依約向地主交納地租取得永久佃種地主土地的權力的一種租佃制度。其特徵是土地所有權與土地使用權永久分離。這種租佃方式可追溯到唐、宋，是農民起義作用的結果，是對封建依附關係的一種反抗和衝擊。

## 一、永佃制的租佃關係

土地分為田底和田面兩部分（亦稱田骨與田皮，裏子與面子，下盤與上盤等），其特徵是土地所有權與土地使用權永久分離。地主佔有田底，其權利是向佃農收租；佃農佔有田面，其權利是永久使用土地。田面權可以繼承，也可以出租或出賣。田面權的價格一般低於田底權的價格。有永佃權的農民如將田面權出租，並以收取地租為其主要生活來源，就成為二地主了，他向租種者收的租叫做小租，而他向地主交的租叫做大租。地主田底權可單獨轉讓，不影響佃戶的田面權，如田底、田面合一出賣，「田價必田主與佃農兩議

而瓜分之」。永佃田的租金也比較低。且農民對土地有較大的支配權和生產經營權，有利於生產發展。

　　一般是在災荒或戰爭之後，地主為了招民墾荒，給農民以永佃權。也有因農民貧困破產或不堪捐稅重負而出賣土地的所有權，保留土地使用權，結果形成永佃制。有的佃戶在佃耕的土地上進行土壤改良，使原來貧瘠的土地成為肥沃的土地，因而取得了永佃權。有的是由地主向佃戶收取押租演變而來。地主出租土地時，先收一定數額的押租，佃戶交了押租即取得土地的耕種權，地主不能無故撤佃，或隨意增加租額，這種習慣相沿而成永佃制。

　　唐宋間已出現萌芽狀態的永佃制，《宋刑統卷二十七》記載：「私田宅有人借得作」，說明佃權可以轉讓，而田主只要有人繳租，不干涉佃戶耕作之事。李誠莊上已出現「常為佃戶，不失居業」的永佃制。明代中葉以後特別在清代乾隆時期，永佃制在江蘇、江西、福建、廣東、浙江、安徽等省擴展起來，廣西、湖南部分地區還出現有關永佃制的「鄉規」、「俗例」。永佃制為農業生產領域產生資本經濟萌芽創造了條件。永佃制的進步意義正在於：在封建土地所有制下，使農民永久佔有「租來的土地」，它使土地所有權與土地經營權徹底分離，從而導致耕作者的生產積極性。

　　太平天國起義以前，江南一帶也曾施行永佃制，其產生原因不外是在某些條件對招佃不利時而施行的。一種是地主為了招農民墾荒，給農民永佃權，再一種是農民出賣土地，保留使用權；還有原來是瘠薄土地，經過農民的種植，變為良田，而獲永佃權；或者在農民租耕土地時，先交了押租，不能無幫撤佃和加租而成為永佃權。在永佃制下，農民對土地有較大的支配權和生產經營權。

　　太平天國革命戰爭失敗以後，在一些地區，特別是在戰爭最激烈的江南一帶，勞力嚴重不足。地主、官僚、軍閥又佔據大量土地，無人開墾種植。為了盡快的恢復封建統治秩序，得到田賦地租，不得不採用永佃辦法來招徠佃客。當地勞力不足就招收客籍佃戶。據李文治《中國近代農業史資料》所載，江浙一帶官府亦推行永佃制，如同治八年（1869年），馬新貽的奏摺上談到：「南來的饑民，在當地開荒無利可圖，往往就棄田回鄉，熟田又荒。」為了穩定佃戶施行永佃制。左宗棠在浙江招集荒民開墾，佃戶可以永佃。採用永佃制，既是作為招徠佃客的一種誘餌，也是控制佃客的一種手段。取得永佃權的佃戶，對於地主的人身依附關係，有所鬆弛，也帶來地權的複雜性，

一方面不利土地兼併；另一方面往往又增加二地主的二重剝削。明清兩代盛行於江西、安徽、江蘇、浙江、福建等地。清代後期有進一步發展。直到民國時期仍在農村沿用。永佃制發展得最完備、最典型的是蘇州地區。1937 年國民政府土地委員會曾調查過各省「永佃制」所佔的比重，結果發現，江蘇 40.9%、浙江 30.6%、安徽 44.2%、察哈爾 78.7%、綏遠 94.0%這幾個省份，「永佃制」的比重相當高。察、綏兩省解放後大部劃成內蒙古自治區。察、綏兩省是農田新開發區，需要勞動力而推行「永佃制」。特別是王同春開發後套與從蒙旗王爺和召廟喇嘛手中包租大量土地，有的契上寫著租地期限爲一萬年。灌溉之後，除自己的牛犋（耕作單位）耕種外，其餘的全部轉租給別人，在他新開的水渠流域內，開墾荒地達 2.7 萬頃，耕種的熟田有 8600 餘頃。

## 二、永佃制的契約

永佃制是中國土地制度史上一個相當奇特的制度。它的起源不一，因地而異，但是發展到後來，這些不同起源的土地制度，逐漸同一化，具有共同的特色與內容。直到清末民初，各地區對此一制度及其措施尚保留著不同的名稱。在這裏我們統稱爲「永佃制」；享有永佃權的農戶稱爲「永佃戶」；永佃制下分離出來的所有權稱爲「田底」；分離出來的耕作權稱爲「田面」。

福建及安徽皖南地區，民間曾留下爲數眾多的田皮買賣契約。現抄錄安徽歙縣的一張田契，以爲歷史的見證。

> 歙縣黃瑤珍退小買田契
>
> 立退小買田契人黃瑤珍，今因欠少使用，自情願將自己作種場字號小買田一業，計稅一畝五分，土名金線充，憑中立契出退與家堂兄名下爲業，三面言定得小買田價之絲銀二十四兩整。其銀當即收足。其田即交過割管業作種，無得異說。此係兩相情願，並無威逼、準折等情。倘有親房內外人等異說，俱係出退人承當，不涉受業人之事。今恐無憑，立此退據久遠存照。
>
> 嘉慶元年十月
>
> > 立退批人黃瑤珍
> > 憑中黃福興
> > 黃福招
> > 黃雙喜
> > 黃綏衡

據美國威斯康辛大學趙岡教授研究：田皮的買賣契書與通常田地買賣所立之契大體相同，但是不稱買契，而稱「退契」，這與永佃制的來源有關。永佃權是由普通佃權演變而得，佃權是從田主手中取得，佃戶退佃時將佃權交還給田主，所以一直稱爲退契，也就是放棄永佃權。不過永佃戶放棄永佃權時要取得金錢，形式上是退佃，實際上是出售產權，故售價被稱爲「退價」，而不稱賣價，出售田皮者稱爲「出退人」，買者稱爲「受退人」。退田契上也有若干細節之規定。契上要說明田之現狀。收割後出賣者要寫明「光板田」或「空田」，已下種後出賣則寫明「青苗田」，這點與退價多寡有關。出退人要寫明田皮來源「自置」、「自退」（即自買、自種、「承祖遺受」、「承父遺受」），清代乾嘉時期，安徽境內永佃制已行之有年，故田皮買賣文書上大多是「承祖遺受」，可見田皮久已被視爲合法產權，可以遺贈後人。退契中通常都寫明「未曾出典」或「無重複交易」，「倘有親房內外人等異說，俱係出退人承當」之句。退契的標準格式與規定是十二年內出退人不得回贖田皮，但十二年以後可聽憑原價贖回。一如干嘉時期的田地買契，賣者常有多年後的原買主「找價」之事，田皮退契也常有此現象出現，主要是反映乾嘉時期田價上漲太快，賣田者心有不甘，賣了田皮後仍要再三找價。

田皮價格根據安徽省博物館收藏了歙縣地區田契看：清代由雍正十二年到光緒三十年，田皮（田面）價格起伏波動遠大於一般田價。這顯示田皮市場遠爲活躍。田皮價格在雍正十二年只有 1.388 兩一畝，遠低於當時的田價（約每畝 7 兩）。田皮市場看好，到嘉慶元年，田皮價格漲到與田價看齊，每畝都要 17 兩以上，60 多年間，田皮價格增值 10 倍以上，而田價不過漲了一倍。到道光八年田皮每畝市價 40 元以上，竟是田價的兩倍。

地主握有法定的所有權，永佃戶握有田地的使用權。比較之下，使用權比所有權更實惠，更重要。永佃戶耕種田地，有實物收穫；沒有使用權的地主只剩下收租權，但是因爲種種原因，收租權沒有十分保障，故田皮更受人重視。在太平盛世，田皮價值高於田骨，地主逐漸邊沿化。

社會發生戰亂，地主與佃戶都要逃亡，但是田地的所有權是法定的，登記在案，戰亂過後，地主可以回鄉收回田骨舊業。永佃權是民間慣行形成的，法律上並無明文規定，戰亂過後，永佃戶是否能重新取回永佃權，則是未知之數。在土地市場上，一旦戰亂發生，田皮價格便要比田價降落的更快，咸豐十年（公元 1860 年）太平天國之亂波及到皖南。歙縣田皮價格從咸豐九年

（公元 1859 年）的 36 兩一畝驟降到每畝 3、4 兩，最後降至同治二年的谷底，田皮每畝不值 2 兩。而在同一時期，太平軍在皖南的戰事只迫使歙縣地價由 12 兩多一畝降至 4 兩多一畝。

# 第十三節　佃耕制保持千餘年

辛亥革命後永佃制並未發展。沒有改變土地所有制。民國成立後，迎合國內外資產階的利益需要，「永佃制」成為國內外農業資本家、金融銀行家、資產階級房地產開發商等發展的障礙，往往因土地所有權和使用權的不統一而為難。如 1929 年最高法院在判案時規定：對於永佃權，若有短租現象可足以成立撤佃之理由。並於《民法》第 845 條規定：永佃權人不可將田皮轉租給他人。隨後各地紛紛禁止永佃農民參與田產交易或出賣使用權（田面）。在浙江等地，佃業仲裁委員會經常會否定新產生的永佃權或否認佃戶單獨出賣使用權的權利，極力維護所有權與使用權的統一。實際上是變相否定了永佃權，從而使「永佃制」失去了存在的意義。基本上到抗日戰爭前夕，曾經實行「永佃權制」的大部分地區在土地交易中都是一賣全賣，一買全買，基本上不存在只購買田產權而沒有使用權的現象。

自北宋開啟「不立田制」、「不抑兼併」的先河，放任民間土地自由買賣，此後各朝大體沿襲成例。按「常理」，土地既然可以自由買賣，兼併理當愈演愈烈。但事實卻相反。北宋時，地方政府登記在冊的佔地 400 畝以上的「一等主戶」為數尚且不少，但到明、清兩代的黃冊和編審冊裏，這類規模的地主卻已很難看到。以河北獲鹿縣為例，據該縣編審冊統計，佔地百畝以上的「大地主」占農戶總數的比例，康熙四十五年只有 1.19%，雍正四年只有 1.54%。考慮到這些「大地主」大多幾代未曾分家，其人均佔地數與平常農戶間的差距只會更小。正如臺灣學者趙岡所說：「對明、清農村從事實證研究的學者都同意，到了明、清，大地主已經消失，田產是分散在自耕農及中小業主的手中

進入民國，農村土地這種「越來越分散」的趨勢仍在繼續。南滿洲鐵道株式會社（簡稱滿鐵）是日本為侵略中國而設立的特殊企業，其重要業務之一是對中國國情做細緻的實證調查。1935 年，「滿鐵」調查了華北 453 個村落的土地分配狀況，並記錄了每個村莊最大地主擁有的田畝數。其中，占田千

畝以上的地主只有兩戶，2/3 村莊的最大地主占田不超過 200 畝。同期，南方土地的分散狀況更嚴重，據安徽、浙江的土地冊檔顯示，各地最大業主占田都在百畝以下。1939〜1940 年代「滿鐵」還調查了江蘇南部 4 縣 11 村，結果顯示，這些村莊裏，「地主戶」有 173 戶，「佃戶」卻只有 159 戶，平均每戶「地主」只出租 4.92 畝地。換言之，民國時期，中國農村的大地主已經非常之少。一個占田 200 畝的 10 口之家的「地主」，和一個占田 20 畝的 3 口之家的「自耕農」，區別其實沒多大。把前者劃歸「大地主」，把後者劃歸「自耕農」，不過是政治意義上的文字遊戲罷了。

　　1928 年 11 月，毛澤東在《井岡山的鬥爭》中寫道：「邊界土地狀況：大體說來，土地的百分之六十以上在地主手裏，百分之四十以下在農民手裏。江西方面，遂川的土地最集中，約百分之八十是地主的。永新次之，約百分之七十是地主的。萬安、寧岡、蓮花自耕農較多，但地主的土地仍占比較的多數，約百分之六十，農民只占百分之四十。湖南方面，茶陵、酃縣兩縣均有約百分之七十的土地在地主手中。」另 1930 年在興國調查，地主佔有土地達百分之四十，富農佔有土地達百分之三十，地主、富農所共有的公堂土地爲百分之十，總計地主與富農佔有土地百分之八十，中農佔有百分之十五，貧農只佔有百分之五。但是，地主人口不過百分之一，富農人口不過百分之五，而貧農、中農人口則占百分之八十。一方面以百分之六的人口佔有土地百分之八十，另方面以百分之八十的人口則僅佔有土地百分之二十。此後，中國馬克思主義歷史學家、社會學家、經濟學家都據此而斷言，在中國，「地主土地私有制占主導地位」，而自耕農經濟不占重要地位。持地主經濟論者原來估計，中國地主佔有的土地至少占總耕地的六七成。如 1935 年，薛暮橋在其《舊中國農村經濟》中所作的統計是：地主、富農人數占全部務農人員的 9.9%，享有 63.8% 的總耕地面積。其中地主只占總人數的 3.5%，佔有耕地 45.8%。1950 年劉少奇在政治協商會議上說「占鄉村人口不到百分之十的地主和富農，佔有約百分之七十至八十的土地，他們藉此殘酷地剝削農民。而占鄉村人口百分之九十以上的貧農、雇農、中農及其它人民，卻總共只佔有約百分之二十至三十的土地，他們終年勞動，不得溫飽。」

　　事物在事前爲了追求某些目的，典型材料往往估量過高。過後經過落實，比原來設想一般都會偏大。像「大躍進」時期爲了顯示人民公社的優越性，而把豐收產量報得出奇。根據現有材料已經證明的歷史和現狀，地主土地的

佔有量遠不像原來設想的那麼多。

根據山東省臨淄縣 1946 年的典型調查推算，全縣有土地 707771 畝，地主 1730 戶，9830 人，佔有土地 117161 畝，為 16.5%，人均 11.91 畝；富農 1303 戶，7504 人，佔有土地 55066 畝，為 7.7%人均 7.84 畝；中農 25107 戶，109956 人，佔有土地 366942 畝，為 51.8%，人均 3.34 畝；貧、雇農 24891 戶，108219 人，佔有土地 168602 畝，為 24%，人均 1.55 畝。

江蘇省嘉定縣（現屬上海市）1949 年土改前各階級（階層）佔有耕地統計為：全縣有土地 587254 畝，地主 1759 戶，6411 人，佔有土地 128450 畝，為 21.9%，人均 20.0 畝；富農 2106 戶，10855 人，佔有土地 62580 畝，為 10.7%，人均 5.76 畝；中農 18900 戶，88864 人，佔有土地 228065 畝，為 38.8%，人均 2.6 畝；貧農 30788 戶，130939 人，佔有土地 124722 畝，為 21%人均 1.0 畝。雇農 2053 戶，6540 人，佔有土地 3823 畝，為 0.7%，人均 0.6 畝。因為嘉定縣地處上海附近，土地佔有者階級成分比較複雜，土地佔有還包括其它成分者，有小土地出租者、資本家、小商販、自由職業者、手工業者、工人、城市貧民。共佔有土地 4142 畝，亦為 0.7%，人均 0.34 畝。

陝西省關中地區 41 個縣在土地改革前各階級（階層）耕地佔有情況：共有土地 27128022.56 畝，地主 17254 戶，185505 人，佔有土地 2152582.84 畝，為 17.8%，人均 11.6 畝；富農 13991 戶，165784 人，佔有土地 1400898.65 畝，為 5.1%，人均 8.4 畝；中農 511234 戶，3204015 人，佔有土地 15161052.58 畝，為 54.0%人均 4.7 畝；貧農 629666 戶，2672350 人，佔有土地 6997213 畝，為 24.8%，人均 2.6 畝。雇農 144120 戶，427340 人，佔有土地 575209.27 畝，為 2.1%，人均 1.32 畝。其它為工商業戶、小土地出租者等，約占 3%左右。

1942 年至 1944 年對北嶽、太行等五個抗日根據地調查的數據表明，戶數比為：地主占 2.4%、富農占 6.7%、中農占 38.0%、貧農占 47.0%、雇農占 2.5%、其它占 3.4%。土地佔有量比為：地主占 13.5%、富農占 17.5%、中農占 42.5%、貧農占 22.5%、雇農占 0.6%、其它占 3.4%。

安徽省鳳陽縣立斌區西三十里店六村在劃分階級成份時，中農占 59%，地主占 5%、富農占 5%、貧農占 15%、雇農占 6%，餘為其它成分。浙江省在土改前對 64 個縣的社會階級階層做了調查，發現當時這些地方的社會結構是：地主占 3.4%，富農占 4%，中農占 30.7%，貧農占 45.3%，雇農占 7.5%，其它占 9‧1%。河北省定縣 1947 年實行土改，全縣 86556 戶，人口 472919 人，

其中地主占 3.01％；富農占 4.43％，中農占 53.68％；貧、雇農占 35.03％。定縣是老解放區，是 1947 年土改的，劃定的地主多一些；浙江是新解放區，是在 1950 年以後搞土改的，劃定的地主富農比例小一些。從上列資料分析，中農占由土地約 50%，其次是貧農，雇農和地主都占少數，地主佔有土地約爲20%，雇農在 10%以下。又據河北省政府秘書處編《河北省統計年鑒》（1934年版），解放前河北省 83 個縣統計，出租耕地數量占總耕地的 13.6%。

　　這是在全國大部分地區的概數，具體到一個單位情況就更加複雜。有的村全部是地主土地，佃農、雇農爲其耕種；有的村全部是中農；在自然條件較差，土壤瘠薄村莊往往集聚著貧農。像這樣的村子，在土地改革時，爲了發動群眾，奪取基層政權，而出現錯鬥中農的問題。而依靠對象貧雇農又不占大多數，在建立農村政權時，又把下中農擴大在內。受條件所限，雖然統計數字難以準確，但是分析農村經濟成份還是可以參照。

　　國家統計局根據 1950 年農業生產年報資料及各地土改前各階級比重推算，地主戶數占 3.79%，人口占 4.75%，佔有耕地 38.26%。1953 年劉少奇在土地高級會議上曾經宣佈：除少數民族地區西藏、新疆、以及臺灣外土地改革基本結束時的結果：「有三億無地少地的農民分得七億畝土地。」這是迄今爲止最爲可靠的數據。當時土地改革是採取「中間不動兩頭平」的政策，按照中國的人口數量和耕地面積，另七億畝耕地屬於「中間不動」的占人口一半的中農。1950 年以前 150 年間世界城市人口從 4000 萬增加到 7 億，增長了16 倍，同期中國人口也存在向城市緩慢集中的趨勢，但到全國解放時城市人口從 2400 萬僅增爲 5700 萬，增長了 1.4 倍。農村人口占 90%以上。當時全國人均耕地面積只二畝多不超過三畝，在土改後農村基本是中農化。這個數字是全國土改後的土地狀況的實際結果，即中農佔有土地在百分之五十以上，這個基本是一塊塊量出來的土地數字根據，是最具可靠性。對上述數據做簡單平均化處理，得出的結論是：中國近代地主、富農佔有土地比例大致在 30%～40%之間，不可能超過 40%；地主戶數占總戶數的 3%～4%，人口約占 5%，其餘的土地爲中農、貧農所有。

　　另外，土地改革中提到「雇農」問題。雇農成分應該指無土地的「雇工」。在中國農村無土地的人員，大多流入城鎮，從事工商業、服務業，很少留在農村。農村農忙時雇工頻繁，勞力多的富農也出工，所以土改時政策就有一條規定，出工的同樣劃爲富農成分。由此，貧農在農村並不是絕對多數，土

改後，就把下中農也拉人基本隊伍，稱爲「貧下中農」。貧農中很多是「佃農」，地主很少採取雇工經營

# 第十四節　清末民初佃耕制改革的探索

## 一、君主立憲派學者看土改

譚嗣同極力倡導的社會平等思想，對後世影響極大。他在《仁學》中他公開把民權平等作爲維新變法的綱領提出，他闡述了「君權民授」的學說，明確提出了「廢君權，倡民主、變不平等爲平等」的綱領性口號。針對等級森嚴的封建社會，他提出要建立平等、自由的人際關係，並極力讚美具有平等意義的朋友關係。在中國近代思想史上具有啓蒙意義。但是，譚嗣同認爲封建綱常禮教是不平等產生的社會制度原因。在文化、心態的意義上，譚嗣同把不平等產生的根源歸結爲「有對待」和人們「泥於體魄」而沒有探究其物質的、經濟的根源。他對封建社會的批判也僅限於制度層面，而沒有觸及作爲封建社會的基礎—封建土地制度，因而這種批判也是蒼白無力的。他雖然思想激進，爲人類設計了美好的前途，卻沒能找到一條通往未來的現實路徑。

康有爲的《大同書》說：「夫人事之爭，不平則鳴，乃勢之自然也；故近年工人聯黨之爭，挾制業主，騰躍於歐美，今不過萌蘗耳。又工黨之結聯，後此必愈甚，恐或釀鐵血之禍。其爭不在強弱之國而在貧富之群矣。從此百年，全地注目者必在於此。故近者人群之說益昌，均產之說益盛，乃爲後此第一大論題也。」認爲搞工人運動要釀成鐵血之災禍，平均地權是後來的事。「大同」社會的空想是反封建的呼聲，而非對資本主義社會的批判。維新變法和義和團運動的失敗，辛丑條約的簽訂，中國存在著淪爲殖民地的危險。康有爲的預言到後來得到印證，「鐵血之禍」應驗爲國共兩黨幾十年的殘酷內戰。

## 二、孫中山的平均地權主張

孫中山在革命運動不斷普及和革命力量迅速壯大的形勢下，於 1905 年在日本成產立了「中國革命同盟會」，提出了「驅逐韃虜，恢復中華，建立民國，平均地權」的民主主義的十六字綱領，並在同盟會機關報《民報》的發刊詞

中，把十六字綱領概括爲三民主義，即：民族主義、民權主義和民生主義。孫中山的革命思想主要是民生主義學說。民生主義包括平均地權和節制資本兩個綱領，其中平均地權思想是其民生主義思想主要內容。

　　孫中山的土地政策來源於 19 世紀美國經濟學家亨利·喬治的土地國有和地稅學說。所著的《進步與貧困》一書，對孫中山的影響很大。認爲土地是人類的財產，人人應有平等使用土地的權利，主張土地國有。但是他沒有反對沒收地主的土地，主張徵收土地稅。其學說：一方面，土地國有有利於反封建，發展資本主義；另一方面，由於中國民族資本主義發展不充分，民族資產階級力量弱小，對帝國主義、封建主義有依賴性，不敢用革命的手段廢除地主土地所有制。再者，民族資產階級與封建勢力有密切的聯繫，甚至許多人「工商致富，以末守之」，在農村有大量的地產，更是難以割捨。亨利·喬治的主張使土地國有可以實現溫和的過渡。到 1903～1905 年間，他把自己的這種思想概括爲「平均地權」，並作爲政綱載入了同盟會的宣言中。列寧則對平均地權評價認爲是「純粹資本主義的、十足資本主義的土地綱領！」

　　孫中山的想法是：實行這種辦法，地主所報地價、會趨向合理。因爲報價高，徵稅多，報價少，國家收買時地主會吃虧。通過土地國有，向國家繳納單一土地稅，就可以廢除苛捐，廢除地主階級土地私有制，避免地主壟斷土地，避免貧富懸殊，使國富民強。所以，孫中山說：「行了這法之後，文明越進，國家越富，一切財政問題斷不至難辦。現今苛捐盡數蠲除，物價也漸便宜了，人民也漸富足了，把幾千年捐輸的弊政永遠斷絕。……中國行了社會革命之後，私人永遠不用納稅，但收地租一項，已成地球上最富的國。

　　孫中山認爲發展農業生產，除了平均地權使農民獲得「解放」以外，還要制訂增加農業生產的方法，他當時預計世界大戰結束後，各資本主義國家一定會尋找新的投資場所和銷售市場，他認爲這是中國利用外資，加速發展實業的良好時機。於是，他在 1919 年提出了包括農業在內的實現中國工業化在宏偉藍圖——《實業計劃》，發表了自己振興實業的一系列見解和主張。孫中山在晚年的一些著作和講演中，對自己這方面的思想，又作了進一步論述和發揮。

　　《實業計劃》是孫中山本人振興實業思想的集中表現，也是中國近代振興實業思想的總結。孫中山發展生產的基本思想主要有以下幾個方面：其一，農業的地位和作用方面。孫中山以發展交通運輸爲重點，把農礦和鋼鐵原材

料工業看作是發展各項事業的基礎。他說：「蓋農礦工業，實爲其它種種事業之母也。農礦一興，則凡百事業由之而興矣。」其二，解決社會問題的出發點方面。他主張「一定是要根據事實，不能單憑學理。」要把事實和學理結合起來，作爲解決問題的出發點。他認爲中國的事實是「大家所受貧窮的痛苦」。其三，生產的目的方面。孫中山說「生產糧食的目標不在賺錢，要在給養人民」。他又說：「所以，民生主義和資本主義根本上不同的地方，就是資本主義是以賺錢爲目的，民生主義是以養民爲目的」。

孫中山振興實業的經濟思想還有：（1）採用機器生產。他說：「中國兩種革命必須同時並舉，既廢手工採機器，又統一而國有之……中國正需機器，以營其巨大之農業」。（2）「中國實業之開發應分兩路進行」：一個是發展私人企業，國家給以支持，獎勵和法律保護；一個是發展國家經營企業。（3）制訂國營企業計劃的出發點應「以獲利爲第一原則」，還要考慮人民的需要。

孫中山在他晚期發表的著作和講演中，都明確地、直接公開地提出了「耕者有其田」的主張。這反映了孫中山對農民的土地問題有了新的更深刻的認識，也反映了他在土地綱領方面取得了顯著進步。「平均地權」與「耕者有其田」的主要區別，在於前者是針對包括城市、交通等解決國家整體用地問題；而後者是針對農用地問題。

孫中山的「耕者有其田」含義是：「非耕者不得有其田」，並不意味著無條件的分有土地。孫中山早在舊民主主義革命時期，已提到過「耕者有其田」。但這是私下的議論，在公開發表的著作和講演中，他沒有直接公開的提出過這一主張。直到 1924 年年初，孫中山在《中國國民黨第一次全國代表大會宣言》中，才第一次公開提出，以後又多次進行了具體論述。從孫中山的著作和講演中可以看出，他對中國土地問題的認識有了明顯的提高，這表現在於：他對農村土地佔有狀況和地租剝削的程度有了實際認識。他說：「中國的人口」中，農民「至少有八九成」。現在農民「都是替地主來耕田，」農民耕田所得糧食，「十分之六是歸地主，農民自己所得到的不過十分之四，這是很不公平的。」他又鮮明的指出：中國「最辛苦的是農民。享利益最少的是農民，擔負國家義務最重要的也是農民」。他改變了過去認爲中國土地問題不嚴重，只是將來才會「一天緊似一天」的看法。這無疑是個大的進步。

並且，開始認識封建土地所有制阻礙著農村生產力的發展。他說，如果農民種田所得的糧食歸自己，農民一定高興「去耕田」，便可以多生產。

## 三、列寧干預中國土地改革

近來俄羅斯對原蘇聯的檔案解密，透露出列寧曾猛烈批判過孫中山。二人從未謀過面。

辛亥革命後孫中山定都南京，1912 年元旦在那裡就任中華民國臨時大總統。四天之後，即 1912 年 1 月 5 日，俄國社會民主工黨的大會上通過的那個《關於中國革命的決議》，是列寧及其領導的社會民主工黨對孫中山的聲援。

此後，事情發生了變化，1912 年 3 月 31 日，孫中山在卸任臨時大總統前夕，發表了題為《民生主義與社會革命》的講演。三個多月後（1912 年 7 月 12 日）此文被譯為法語發表在比利時的《人民報》上。

中山上述講話，重點談的是社會革命和各國特別是英美等國革命道路問題。他認為辛亥革命後中國的「民族民權革命成功之時，若不思患預防，其壓制手段恐怕比專制君主還要甚些」，他的「思患預防」，指的是不能等到資本家大量出現，才不得已「再殺人流血去爭」，「重罹其禍」，要預防用激烈手段進行暴力革命。通過流血和暴力完成社會革命，不是他的選擇，他開出的良方是實行「平均地權」，使中國農民問題在發展中逐漸解決，「若能將平均地權做到，則社會革命已成七八分了」。他認為實施這個土地綱領的具體辦法是國家按地價收稅，「貴地收稅多，賤地收稅少」。

列寧強烈關注孫中山的觀點。孫中山在比利時《人民報》上的文章發表後僅僅三天，便被翻譯為俄文，於 1912 年 7 月 15 日發表在布爾什維克的《涅瓦明星報》上。同時，列寧在這天的報上發表了其著名的評論孫中山及其政治主張的《中國的民主主義和民粹主義》。

列寧極其嚴厲地批評了孫中山的主張。列寧的《中國的民主主義和民粹主義》一文把國際社會主義運動中關於革命道路的分歧與中國聯繫起來。他認為孫中山是遠離俄國的情況下提出了與俄國民粹主義者類似的主張。列寧的確抓住了孫中山的思想的核心：追求社會主義，說孫「主觀上是社會主義者」，「熱烈地同情被剝削勞動者，相信他們是正義和有力量的」。但是他為孫的理論定性：「從學理上來說，這個理論是小資產階級『社會主義者』反動分子的理論，因為在中國可以『防止』資本主義，認為中國既然落後，就比較容易實行『社會革命』等等，都是極其反動的空想。」列寧遵循的基本是馬克思《共產黨宣言》中關於通過暴力革命和階級鬥爭徹底砸爛舊世界的觀點。他借用孫中山關於數十個先進的上海的提法，說要達到這個目的，道路只有

一條，那就是必須「在土地方面實行國有化以保證資本主義最迅速的發展」。至於中國的前途，列寧認為必須「批判孫中山的小資產階級空想和反動觀點」，同時保留他政治綱領和土地綱領中的「革命民主主義內核」。

在動盪的局勢中，1905 年後俄國出現了兩種政治主張、兩條道路，一種是中產階級的自由主義改良派的道路，他們主張進行和平改革，用君主立憲取代沙皇專制。另外一種是以列寧為首的布爾什維克。列寧遵循馬克思《共產黨宣言》的精神，反對任何改良主義道路，認為那是「遷延時日的、遲遲不前的、使人民機體中腐爛部分的消亡過程緩慢得引起萬般痛苦的道路」。他主張走「迅速開刀、使無產階級受到的痛苦最少的道路」，即推翻沙皇制度，直接由無產階級掌握領導權。這個觀點成為 1919 年成立的共產國際的理論基礎和政策依據。也是後來國民黨與共產國際間齟齬不斷的根本原因之一。

由近來前蘇聯檔案揭秘，列寧曾猛烈批判孫中山看來，事實上無論對於俄國 1905 年的做法還是 1917 蘇俄革命後的一系列政策，孫中山都是持有異議的。1912 年盛夏孫中山和列寧的同時亮相，不僅加大了孫中山的知名度，更加重要的是兩人亮明了各自的旗幟。值得注意的是，在蘇聯史學中，《蘇聯共產黨（布）歷史簡明教程》把列寧的觀點固化為國際共產主義運動的圭臬，成了相當長時間裡不可逾越的經典：「為了政治上不犯錯誤，便要做革命家，而不要做改良主義者。」這就是為什麼到 1927 年國共分裂後，孫中山的三民主義成為共產國際嚴厲批判的物件，國民黨與共產國際關係圍繞革命道路問題，一直在嗑嗑碰碰中演進。在中國大地上，國共兩黨從 1927 年到 1949 年內戰一直打個不停，造成生靈塗炭，民受禍殃。

## 四、蔣介石對地權的看法

《蔣介石日記》載：「余少年自先父歿後，即隨余先慈受社會劣紳之壓迫，貪吏之剝削，以過孤兒寡母之悲境。余憶自亡弟瑞清亡後，余兄介卿受惡訟與劣友之挑撥，思分亡弟之遺產不遂，幾至涉訟，而以訟詞恫嚇先慈。先慈朝夕惕勵，憂患備嘗，但毫不為其所動，以其已出繼於伯父，而且已經分拆產業，授其家室。余當時知胞兄不甘心，而又恐獲罪於先慈，乃以私書寄胞兄，屬其勿爭瑣屑，如余長大，必以全產交彼。惟此時勿使母親多憂也」。

「以後，吾鄉以錢糧不足，須由甲首賠償，而田畝在十畝以上者，須幫助甲首賠款，其所賠之數，多寡不一，概由胥吏與劣紳串通，隨意攤派。是

年適族人興水當甲，而余陪甲，其款數逾常，先慈不能承認。不料興水聽胥吏鄔開懷之主使，而又見吾家內不和，胞兄雖有勢力，亦毫不幫助，袖手以觀余孤兒寡母之涉訟，竟使差役到家勒逼，以牌票傳余，以為鄉間最污辱之事，是余母子所最痛心而不能忘也。後卒以賠錢了事」。

「自此，吾母望余讀書成業更切，而余則自知非讀書立業，亦無以雪此恥辱。此約余十五歲之事也。當時只覺孤寡，備受貪官污吏、土豪劣紳壓迫之苦狀，非改革推翻，不能出頭，且不能雪此奇恥。而不知吾之革命思想，即基於此」。

# 第十五節　佃耕制的改良實驗活動

中國的「鄉村建設實驗」活動，可以追溯到 1904 年在河北省定縣翟城村的「村治」和辛亥革命後山西省的「村治」。五四運動後又有新村運動與平民教育運動等。到抗日戰爭前，從事這種實驗活動的單位不下一百多處，人員二千多人，多是從事社會、經濟工作的知識分子。各處的「鄉村實驗活動」的出發點和目的各有不同。有的是用近代知識普及農民教育以改善農村狀況；有的以自衛為目的改善鄉村的治安；有的專門從事農村合作事業；有的為推廣農業科學技術。形式有學校、民團、合作社、推廣技術等。但其非出偶然的共同性是；農村秩序的維持和重新建立，提高農村的購買力，推廣新的農業技術，以某種精神的涵養緩和、化解農村的內部矛盾。其中有較大影響的是：梁漱溟在 1929 年在河南輝縣百泉辦的村治學院和山東鄒平的鄉村建設研究院。晏陽初 1926 至 1929 年在河北定縣籌建的中華平民教育促進會（簡稱：平教會）。南陽鄉村自治則是屬於梁漱溟思想體系的。

## 一、新派定縣實驗

「定縣實驗」屬於中國鄉村改良派中的新派。國外學者稱為「定縣主義」。其實同樣以國學為基礎而發展的。主持人晏陽初是四川巴中人，在塾師兼鄉醫的父親教育下而受儒家文化的薰陶。而也深知西學乃潮流所趨。毅然將他送到基督教會創辦的西學堂學新學。後出國留學，1944～1945 年，美國錫拉丘茲等三大學授予他榮譽博士學位。畢業後，立志獻身平民教育。他立志不做官，不發財，將終身獻給勞苦的大眾。回國後他首先在上海基督教青年會全國協會智育部主持平民教育工作，期間編製刊行了《平民千字科》等教材。

認爲中國的大患是民眾的貧、愚、弱、私「四大病」，主張通過辦平民學校對民眾首先是農民，先教識字，再實施生計、文藝、衛生和公民「四大教育」，培養知識力、生產力、強健力和團結力，以造就「新民」，並主張在農村實現政治、教育、經濟、自衛、衛生和禮俗「六大整體建設」，從而達到強國救國的目的。

晏陽初發起全國識字運動，號召「除文盲、做新民」，他到湖南長沙組織平民教育，籌資組建了 200 所平民學校，先後招生 2500 餘人，1923 年來到北京，在文化名人張伯苓、蔣夢麟、陶行知以及時任北洋政府總理的熊希齡的夫人朱其慧等社會名流的支持下組織成立中華平民教育促進會，任總幹事。平教會成立後先後在華北、華中、華東、華西、華南等地開展義務掃盲活動。

平教會選擇河北定縣作爲平民教育的實驗試點。1926 年晏陽初與志同道合的一批知識分子來到定縣翟城村，推行他的鄉村教育計劃，「以文藝教育攻愚，以生計教育治窮，以衛生教育扶弱，以公民教育剋私」四大教育連環並進的農村改造方案。

晏陽初在河北定縣推行的各項平民教育活動都從農民的切身需求出發，著眼於小處：爲減少通過飲用水傳染的疾病，平教會指導農民修建井蓋與圍圈，適時消毒滅菌；訓練公立師範學生與平民學校學生進行免疫接種；訓練助產士代替舊式產婆，向舊式產婆普及醫學常識；建立各區保健所，培訓合格醫生；從平民學校畢業生中培訓各村診所的護士與公共衛生護士；爲村民引入優良棉花和蛋雞品種；組織成立平民學校同學會，建立村民自治組織；改組縣鄉議會，改造縣鄉政府。

1930 年代初，晏陽初在定縣的鄉村教育實踐得到國民政府民政部次長的肯定，並決定將晏陽初的經驗向全國推廣，設立了鄉村建設育才院，在中國各省劃出一個縣進行鄉村教育試點，期間先後成立了定縣實驗縣、衡山實驗縣、新都實驗縣和華西試驗區等鄉村教育實驗區。1940 年鄉村教育育才院改名爲鄉村建設學院，晏陽初任院長。

1936 年，日本對華北的侵略步伐步步逼近，晏陽初和平教總會在戰爭威脅下離開定縣，向南撤退。1937 年晏陽初接到湖南省政府省主席何鍵的邀請，希望他協助動員三千萬普通民眾參與抗日，在任上晏陽初撤銷了將近三分之二的縣級官員，招募了近五千名學者和科學家參與政府工作，這是中國歷史上最大規模的一次基層政治改造試驗。

　　1945 年抗日戰爭結束後，晏陽初曾試圖遊說蔣介石爲鄉村教育投入更多資源，但是由於國共內戰的因素而遭到蔣的拒絕，在蔣介石處碰壁的晏陽初轉而尋求美國的支持。他遊說杜魯門總統和美國國會議員爲中國鄉村教育運動提供資助，最終美國國會通過了一條名爲「晏陽初條款」的法案。法案規定須將「四億二千萬對華經援總額中須撥付不少於百分之五、不多於百分之十的額度，用於中國農村的建設與復興」。

## 二、舊派的鄉村建設運動

　　梁漱溟的鄉村建設運動被稱爲農村改良派的舊派，也稱村治派，日本學者稱之爲農業社會主義，以區別於晏陽初平教會的新派。新與舊並非是時間的概念，而是活動的指導思想。梁漱溟的鄉村建設依託於中國的傳統的文化，故稱爲舊派。其動機有二：一是我們多數是鄉村出身的人，身受一切痛苦，非自救沒辦法。而要農民有自覺，有組織，必須知識分子下鄉；二是現當過渡時代，我們必須創造新的社會，這社會必須從農村做起。（1）其理論建立在特殊的中國文化，即高度的鄉村文化。其特徵就是「倫理本位和職業分立的社會」。曾闡明「中國問題的內涵包有政治問題，經濟問題，而實則是一個文化問題」。又說到「外國侵略雖爲患，而所患不在外國侵略；使有秩序則社會生活順利進行。自身力量可以禦外也。民窮財盡雖可憂，而可憂不在民窮財盡，使有秩序則社會生活順利進行，生息長養不難日起有功也」。（2）發展教育，改造客觀境地以解決問題；取消問題爲問題的解決；調和於我和對方的問題。其理念除了儒家中庸之道外，還揉進了佛家、道家學說。

　　梁漱溟先生逝世後，1988 年 6 月 25 日紐約《世界日報》發表特稿評論稱：「在民國初年，西學輸入不足，中學出現斷層的時代，梁漱溟憑其個人才慧，能獨樹一幟，爲維護傳統文化，從而思有所作爲，轉而向內求取文化的提振，一時之間，儼然成爲對抗西方文化思潮的砥柱，爲文化的民族主義成一家之說，自有其時代的意義。」

　　鄉村建設的措施主要是辦「鄉學」、「村學」。在發展教育的基礎上使鄉村「政、教、富、衛合一。政、教合一的實施辦法就是「行政機關教育化」和「社會教育化」，用村學代替鄉公所，用鄉學代替區公所。從而使村學、鄉學、縣政府、鄉村建設研究院等組織成爲「小家庭對大家庭之倫理的關係」。擴充到全國，全國成爲一個大家庭，「民族自救的最後一著」也就完成了。「富」

的方面實施是組織各類合作社，主要辦運銷合作社」，從事農業優良品種推廣。「衛」則是訓練「聯莊會」，辦地方自衛，防匪防盜。

　　鄉村建設梁漱溟雖說是依靠「鄉村自己的力量」，但是主要是依賴於「擁擠都市」的知識分子回鄉推動鄉村建設。村學、鄉學的鄉董會、教員、輔導員由縣政府禮聘、任命。鄉村的「領袖」應該是「有信用有威望」的。學長要「齒德並茂，群情所歸」。

## 三、南陽鄉村自治

　　南陽地處豫、鄂、陝三省交界處，情況複雜。具體說來，南陽鄉村自治是在宛西鎮平、鄧縣、內鄉、淅川各縣。史學家常稱為「宛西鄉村自治。」民國初年宛西群雄並起，拉杆建團，各霸一方，亦兵亦匪。一些就是純粹打家劫舍，綁票殺人的土匪，巨匪老王太、李長有等能糾集上萬人。各路「諸侯」像吳佩孚、李宗仁、劉峙、劉鎮華、憨玉昆、樊鍾秀等都曾插手其間，利用地方的各種勢力，相互攻伐。因此，各類人物的面貌難以琢磨。如在豫鄂陝邊區人們所熟知人物鄧縣的戴煥章，是學生出身，1933 年曾在家鄉領導過民團，又與土匪火拼。後因受另一民團頭領別庭芳的擠壓，到宜城縣拉杆闖蕩。抗日戰爭期間，又參加抗日戰爭，隨抗日名將張白忠進行襄東戰役，打死打傷日寇數百名。其並同情共產黨，其部屬隨後被解放軍改編。1947 年戴煥章被鄧縣民團司令丁叔恒（丁大牙）唆使兇手殺害在樊城。

　　宛西鄉村自治的主要創始者是彭禹廷。他是鎮平縣人。北京匯文大學肄業。曾從梁漱溟在河南百泉村治學院教書，對梁漱溟的鄉村建設思路有較深刻的認知。並在馮玉祥部當過軍官，懂得軍事。他是中國共產黨著名的抗日將領彭雪峰的族叔，彭雪峰「出山」初到北京，就是投奔這位叔叔的，並予以關照。

　　1927 年彭禹廷由塞北軍中回鄉奔母喪，為母搭庵守墓。連續看到土匪殺人越貨，為非作歹，人民苦不堪言，他僅以秋稼掩護得免。自守墓以後，父老鄉親們紛紛前來弔唁。安慰之餘，訴說土匪的肆虐殘忍。鄉親們都希望彭禹廷出來剿匪清鄉，保境安民。他既熟悉軍事，又通教育，是「天降大任於斯人」的「應運而生」最佳人選，符合天時、地利、人和條件。他看到人心所向，眾情難卻，就決定接下此任，在鎮平剿匪，為民除害。同時推行梁漱溟的主張，實行鄉村自治，幹出一番事業。名義是鎮平縣侯集區區長。

　　在剿匪戰鬥中，屢建奇功。1931 年臘月打死打傷悍匪老王太部下七百多人，俘虜二百多人，名聲大振。次年春，匪徒不甘失敗，捲土重來。糾集兩三萬人，近千馬匹。結果在各方的配合下擊潰了匪徒，只剩五千多人逃竄。從此彭禹廷名聲大振，連驃悍的內鄉地方梟雄別庭芳也折服在門下。

　　在辦民團剿匪的同時，舉辦教育事業，開辦學校，以期培養出有才幹的辦理地方自治的骨幹力量。並使廣大民眾都有一定的文化知識，以達共同自治，促進自富的目的。試圖以鎮平為地方自治為重點，擴展到全區、全省、全國，最後實行「鄉村建設救國」的目的，為國為民的心胸抱負很大。在全縣發展小學教育，1927 年全縣只有小學 43 所，在校學生 1200 人。自辦鄉村自治後，小學教育大發展。到。1933 年彭禹廷遇害時，小學發展到 497 所，在校學生 23,901 人。學生由原來的只占全縣人口的千分之三，上陞為百分之六。普及小學教育的同時，成人們上「夜班學」掃除文盲。

　　高一層的辦了宛西中學和在天明寺辦了宛西聯立鄉村師範。鄉村師範成為培養鄉村自治骨幹和學校教師的基地。為了社會的需要，成績好的學生可提前畢業。師範學校成為宛西自治的主要力量和支柱，充分體現了政教合一的精神。師範學校是由鎮平、內鄉、淅川三縣聯合成立的，從而使彭禹廷的自治事業，通過學生由鎮平擴展到宛西。所有鄉村自治的辦事人員必須要通過鄉村師範學習培訓。教育的宗旨基本是按照梁漱溟辦鄉村建設的政、教、富、衛合一的思路，具體到教育方面貫徹教、養、衛合一，即筆桿、鋤桿、槍桿合一。使學生在自治、自衛、自富諸方面獲得知識和技能。

　　校舍主要用寺廟、祠堂和鄉公所。為了使教師安心教學，給以適當的工資保障，鄉村初小教師，月薪十元（銀洋），完小教師月薪十四到二十元，校長三十元。當時每月伙食費約三元，教師可養三到六口之家。辦教育的經費由以下幾方面籌措；一是原寺廟、家祠的公產收入；二是集市的專項稅收，如牙行稅等；三是富戶、商號的捐款；四是有關罰款歸學校；五是縣政府的補助；六是收繳學生學雜費，但數量很少，鄉村小學大部分免交。最多是上初中，每期交三元學費。

　　農業生產方面實行治河擴地，種「雁翅柳」擴大耕地。點種橡樹，發展柞蠶，振興手工業，成立絲綢改良委員會。辦婦女草帽傳習所，傳授編織技術。成立農民借貸所，發行地方紙幣。自治經費用累進制，二畝以下的窮戶免交。中等戶每畝收二升小麥，大戶每頃再加二斗到六斗。閭里之間通電話，

鄉村道路暢通。商業上提倡國貨，禁止洋貨，不吸洋煙，不用「洋靛」。

社會改革方面剷除陋俗，戒鴉片，婦女放足，剪辮子，禁止溺嬰。成立息訟會，調解鄰里糾紛，這是中國漢代的「父老制」和明代的「申明亭」的延續，達到村村無訟，家家有餘。發放村民證件，連乞丐也發乞丐證，無證不准在自治區內行乞。

## 四、鄉村自治的結局

彭禹廷的宛西自治由 1927 年籌辦，到 1933 年遇害共計七個年頭，是非成敗，只能由歷史來評說。

鄉村自治的行動受到國民黨政權的猜忌和不滿。主要是影響國民黨政權的權力實施，減少稅收。息訟會活動使縣司法不起作用。發行地方紙幣影響地方金融，但不違反金融政策，到 1935 年國民黨政府才實行法幣制度。1933 年初，當地劣紳楊瑞峰受河南省國民黨政權的指使，買通彭禹廷的馬弁楊天順，將彭禹廷暗殺。

後來雖然兇手和指使人被地方處以極刑，人們建立了祠堂以爲紀念，但是鄉村自治運動落在了地方勢力土梟雄內鄉縣的別庭芳手中。由別庭芳控制的民團和原來彭禹廷辦的鄉村自治顯然不同，他對民眾實行高壓政策，所說的「路不拾遺，夜不畢戶」是血腥的鎮壓。很像《老殘遊記》中所述說的清末山曹州知府裕賢，用「站籠」酷刑，來達到路不拾遺的。人們只能「道路以目」。

在當時的國際、國內政治環境是使鄉村自治難以繼續進行下去。生前彭禹廷就已經有了覺察，曾對人說過，他是鄉村自治的失敗者，還寫過一份對聯，表明心跡。

上聯：

社會事業，原無了期，即使再幹三五十載，依然富者富，窮者窮，仍所難免。何如就此撒手，落得一身乾淨。

下聯：

菩薩心腸，寧有止境，雖然多救千百萬家，還是哭者哭，笑者笑，哪能普遍。不如屠刀早放，猶可立地成佛。

彭禹廷所遵循的梁漱溟改良主義思想在那個時代注定要失敗，爲社會所不容。正如紐約《世界日報》評論說：「就作爲一位儒者而言，梁漱溟有其功

夫及實踐，但完全掌握不住今天中國問題的癥結。在相當程度上新儒家固然不欣賞他，接受西方思想洗禮的知識分子更不能接受他。畢竟，梁漱溟是時代悲劇中一位令人尊敬的文化人，代表傳統儒家，卻陷於思想困境的知識分子」。

　　彭禹廷的鄉村建設實踐與梁漱溟的理論是同一命運，當時改良主義是行不通的。農村改良運動中國共產黨也不認同，毛澤東曾說過：「他（指梁漱溟）搞所謂『鄉村建設』，有什麼『鄉村建設』呀？是地主建設，是鄉村破壞，是國家滅亡！」可是，破壞鄉村最甚者，是人民公社化。

## 五、對南陽鄉村自治的思考

　　曾與之合作過的是別廷芳，內鄉人，當年在中原軍閥混戰戰，農村土匪橫行，他在宛西號召有丁出兵，有地出槍組織民團。至 1929 年，別廷芳併吞各小股民團，被舉為鄧、鎮、內、淅四縣民團司令。人槍約計五萬。彭禹廷推薦別廷芳參觀河北省定縣霍城村創辦的國民學校，介紹其實行村治和製定村治條約，以及 20 年成為模範村的情況，還介紹了梁漱溟創辦百泉鄉村師範學校，推行鄉村建設，實行地方自治。他採納彭的建議，進行「鄉村建設」改良活動，在內鄉設立內鄉師範學校，和自治班，培養骨幹。別廷芳名噪一時。但是，他完全違背民主自治的原則，儼然就是個「土皇帝」，自立法條。雖然消除了地方匪患，但歪曲諸葛亮「治亂世用重典」的法家治國原則，濫殺無辜。搞得「路不敢拾遺」，類似《老殘遊記》所寫的清末曹州知府裕賢的酷政。他和軍閥鎮嵩軍、中央軍、新四軍都發生過衝突。至全國抗戰軍興，別廷芳擁有訓練有素的壯丁 20 餘萬。這批壯丁，不僅是前線抗日軍隊的來源和後方維持社會秩序、防止漢奸敵特破壞的一支重要力量，而且在直接配合正規軍與日作戰中，發揮了重要作用。如日軍發動隨棗戰役時，一度侵佔河南的新野、唐河。別廷芳一方面命令唐河、泌陽、桐柏、新野四縣民團投入戰鬥，一方面從南陽、內鄉、鎮平、淅川調集民團七千人，配合第二集團軍孫連仲部勇猛前進，強襲敵人，一克新野，再克唐河。然後進行總反攻，大破敵軍，斃敵七千餘人，繳獲戰利品很多，受到第五戰區司令長官李宗仁明令嘉獎。並對中共在宛西地區發展提供了方便。抗戰後期，奉衛立煌在洛陽參加的軍事會議，唇槍舌戰後，腦充血症而死，年不過五十七、八歲。

　　不管成敗如何，彭禹廷的獻身事業精神是可貴的。他廉潔奉公，工作了

七年，沒有買過一畝地。全家二十三口，只有祖上留下的八間茅草房，六畝半薄田，兩間藥店鋪。他的力量是很單薄的，僅僅憑著個人的努力，即無黨派又無團體的支持，苦撐了七年的社會改良實驗是失敗了，解放後全國性的人民公社不是也失敗了嗎，應該是無可厚非的。事經七十餘年，社會環境發生很大的變化，原來影響中國政治經濟，影響鄉村改良的國際社會環境已經大不相同了。例如日本已經戰敗，蘇聯解體，國民黨政權退出大陸，中國實行了改革開放政策。以上諸多變化，南陽宛西鄉村自治是否還有可以借鑒的東西後人思考呢。自治心理在南陽已經紮根。2013 年 9 月，鄧州市源於汲灘鎮一個城鎮開發項目的處理問題，以鄧州市人民政府不作為為由，張海新、馬香蘭等幾個婦女為主，宣佈將其予以撤銷，並在位於市政府旁邊的古城廣場對面，成立一個「新鄧州市人民政府」，發佈文件。散發招聘公告，招聘大學生到「新政府」任職，已有十多名不明真相的大學生報來申請簡歷。據知，當地公安部門已經介入，會採取疏導、勸解、取締、鎮壓哪種措施，不得而知。

利用農村自治的力量搞好社會治安是可取的經驗之一。社會穩定經濟條件雖然很重要，但是社會道德風尚改善也很重要。我國古代農村就有「出人相友，守望相助，疾病相扶持」的良好風尚。村民之間難免產生矛盾，利用息訟會排解糾紛是個好辦法。許多事情不一定要訴諸法律，法律並不完整無缺，法網恢恢是疏而有漏的，還有「網漏吞舟之魚」。

利用農村自己力量辦學也是要提倡的。南陽鄉村自治辦學的目的首先是為農村當時的社會需要設置教學方案，學以致用。學習內容為農村實踐服務，培養農村的有用人才。在那個時期許多知識分子下鄉也是可貴的，像陳翰笙、孫曉村、薛暮橋等在鄉間調查中，對農村問題寫出了不少有價值的論文。當今許多幹部、知識界大多來自農村，離開農村以後往往就脫離農村，忘了農村，厭煩農村，農村的前途怎麼辦呢。中國農村始終是國家的需要處理的中心大事，而且歷代總沒有一介很好的模式使農村安定下來。

鄉村自治仍然是當前農村的重要問題，對自治顧慮重重，有各種擔心。有的人擔心宗族會把持，有的人擔心封建主義復辟，華中師範大學農村問題研究中心賀雪峰教授曾纂文，擔心出現富人治村的局面，基層權錢結合。這種思潮在社會上確實出現，基層領導打擊富人治村。《經濟參考報》2002 年 4月 6 日報導，河南省溫縣北平皋村主任朱高峰先後為村裏辦了十二件大事，

爲辦學、種樹墊付了十一萬元，竟遭牢獄之災二十個月。說明有許多人對村民民主自治並不感興趣。梁漱溟所提到的政教（育）合一，選「齒德並茂，群情所歸」的人主持鄉村事務，不是沒有一點道理。年長一些的人，經過時間考驗其行爲、道德可靠性比較大。自治的領導人首先必須有善行。

　　農村眞正達到民主自治，首要的必須擴大農民的資源權限，沒有資源支配權的人，難有人權。再是發展教育事業，提高農民的民權、民主意識，才能實現民主自治。還要精簡、改革現有的鄉村機構和冗員，減少行政開支。吸取南陽鄉村自治的教訓，鄉村自治的權限不宜過大、過濫，鄉規村約不能超出國家法律的範圍。自治權力過大，就會出現權力鬥爭，你爭我奪，村無寧日。鄉村自治主要任務是樹立良好的道德風尚，搞好鄰里關係，協助政府管好農村治安。經濟工作則是一些類似合作社、公司等經濟組織的任務，自治機構基本不插手。鄉規模不宜過大，一般不超過千戶，而且鄉是自治單位不應是一級政府，鄉、村自治機構的人員不屬於國家公務員。縣是政府的最低基層，縣下可以設區作爲縣政府的派出單位。

　　按照中國古代市、坊區別管理的經驗，工商業爲主的區域要建鎮，按照鎮的管理辦法管理。這是今後農村改革的簡單構劃。

## 第十六節　近代佃耕制向資本化發展

### 一、佃耕制的地租形式

　　佃耕制的形式主要有兩種；即分成租和定額租。

　　分成租歷來以主佃對半均分最爲普遍，根據生產條件，分成比例變化很大，已訂立的合同爲準。也有主六佃四，主七佃三或者主四佃六，主三佃七，甚至比率更懸殊的。分成的比例，必然與誰提供生產資料有聯繫。此外，土地肥瘠、地權集中程度、人口密度也有關係。一般說，佃農自備耕畜、農具、肥料的，多爲主佃對半均分；地主供給肥料、種子，佃戶自備耕畜、農具的，佃戶要交納農田產品的六七成；地主供給耕畜、農具、肥料、種子，佃戶只出勞力的，主八佃二，如此等等。到了近代，據20世紀20年代的一些調查，北方、東北以及少數民族的一些地區，人口稀少，土地貧瘠，地租往往占農田產品的四成或三成，南方、東南、西南一些地區，人口密集，土地肥沃，地租往往占農田產品的七成、八成。這主要指主產物，另有副產品，例如稿

稈等一般歸佃戶。另外還有「小春」，係指在生產季節間隙種植的非主產物，大多主家不計較分成。分成租制是同農田經營好壞直接相關聯的。地主為了取得更多地租，往往干預佃農的生產活動，包括作物種植品種等。此外，地主家有婚喪喜慶等事，佃農要到地主家服役，主佃間保持著勞役地租的殘餘。在這種情況下，佃農難以充分發揮獨立經營的優越性，不利於生產積極性的發揮。因此，在租佃制沿革過程中，分成租逐漸向定額制轉化。定額租的實行，佃農要有完備的生產資料與生活資料，有的要押租金。經過充實財產和明晰財產權，完成土地所有權與經營權的分離，佃農就可更獨立自主地進入市場，發展商品生產了。

佃耕制既要保證地主、佃戶都有合理的收入：並且要保證土地肥力不能下降。佃戶為了利益，通常採取不施肥，剝削地力的辦法，是地主所不願看到的。一般說，實物分成租先轉化為實物定額租，而後實物定額租改折為貨幣定額租。定額租歷史很長，漢代軍屯就是定額租。宋元時代在學田、祭田中已大量存在。土地一般都是公產或半公產，地主不是私人身份。隨著商品經濟和貨幣關係的發展，明代定額租普遍發展，到清代，定額租在地租形態中逐步占居統治地位。中華民國時期，據 1934 年 22 省 879 縣調查材料，實物定額租占 50.7%，貨幣定額租占 21.2%。定額租，不論年歲豐歉租額固定不變的，稱為硬租或鐵板租；在歉收年景主佃雙方可以協議酌減的，稱為軟租；前者不及後者普遍。

在定額租制下，由於地租數量與農田收穫量一般不再直接發生聯繫，地主對佃農生產活動的干預減少，佃農可能全面合理地利用自己一家的勞力，安排生產。與分成租制相比，佃農獨立經營的優越性比較能夠發揮，生產積極性有所提高，他們更關心改進生產技術、改良作物品種、使用肥料等，這對生產力的發展是有利的。但是，由於定額租制下租額較高而固定，一遇歉收年景，會有沉重的負擔，對生產力的進一步發展又是不利的。定額租是走向農業資本經濟的基礎。

## 二、農業雇工經營有發展

清代以降，面對外力促迫，中國政治經濟急劇轉型。鴉片戰爭以後，外國資本主義大量從中國掠奪農產品原料，因而促進了商業性農業的發展，同時也加速了農民分化，使大多數農民貧匱破產，為資本主義生產提供了充足

的勞動力。據同治十一年《巴陵縣志》記載：湖南巴陵縣，山多地少，「農民世業難以自給，多營生於湖北，……土工、農工、染工、酒工，巴陵人不下數萬。」當時在一縣中就有「數萬」以出賣勞動力爲生的雇傭勞動者，可見，這種雇傭勞動力的買賣已不是偶然的了。當時還出現了一些固定的勞動力買賣的市場，如浙江嘉興府「緣禾地鄉民稀少，須蠶事畢然後種田，故較別處略遲，刻下東路鄉民陸續到齊，每日清晨在北麗橋上以俟雇主」。並且雇工的工資已以季節和勞動者能力的高低按質論價。如湖南桂東縣「凡工作，日給四十錢，佃田者亦然。暇時或減半，收穫忙迫，價或倍之。其長年者曰莊頭，月計日月工，日計日零工。即其人之能否，定其價之高下。」可見當時已有不少直接生產者從土地上被排斥出來，成爲比較自由的勞動力的出賣者，並在農村申形成了廣大的勞動力市場。另一方面，也有極少數農民上陞爲富有者，即富農。這種富農近代中國農業中雖不很多，但畢竟顯現了農業中資本主義生產關係韻發展。這種發展「是以農業勞動者的土地被剝奪，以及農業勞動者從屬於一個爲利潤而經營農業的資本家爲前提。」

在鴉片戰爭以後，中國農業中也出現了土地所有者、佃農、自耕農、農業雇工並立的狀態。馬克思說：「資本主義生產方式的前提是：實際的耕作者是雇傭工人，他們受雇於一個只是把農業作爲資本的特殊使用場所，作爲在一個特殊生產部門的投資來經營的資本家即租地農場主」。這種情況在舊中國已有不同程度的發展。據山東大擎對山東 42 個縣 197 個自然村的調查，19 世紀末，在 28,020 個農戶中，雇農戶數竟占總戶數的 16%，雇傭一至九個雇工以上的富農和經營地主占總戶數的 5.1%。可見，在當時山東省農業中已出現一些使用雇傭勞動進行生產的農業經營者了。

這種使用雇工從事農業生產的情況在其它省份亦屢見不鮮。據光緒元年檔案記載：四川邛州夏紹棕向地主租田若干，然後雇傭三個雇工進行水稻生產。另外，在清朝來年內蒙、東北和熱河一帶的官荒牧場已准許開墾，當時有許多富有者攜帶一定資金到上述地區領取官荒地進行開墾耕種。又據光緒元年檔案記載：熱河建昌縣有宋青禾，原籍山東人，於同治五年（1866 年）因家中土地不好，將家產折變得銀 2 百兩，至圍場用 2 百兩銀子領取荒地五、六頃，並雇工連年開墾耕種。從上述材料可見，在 19 世紀後半期，中國農業生產中已出現了使用雇工進行生產的帶有資本主義性質的農業經營。其經營規模有的較小，有的使用百頃或幾百頃土地，而且是租佃來的。使用的雇工

也不止一、二個。這些經營者當然不是小農，而是佃富農，已是帶有一定資本經濟性質的農業經營。

## （一）生產力開始發生了一些變化

19 世紀末，新式耕種機械已開始傳入中國，特別是在輿論界鑒於機器生產優於手工生產，便大力宣傳和提倡使用機器從事農業生產。1877 年申報曾刊登一篇《論籌購機器以開墾荒田》的文章，文章申說：「機器一具可當五百農民之力」，宣傳機器生產的先進。以後的 19 世紀八、九十年代又屢有文章提出：「扣國之效西法也，當自機器始。中國之製機器也，當自耕織始」。在19 世紀下半葉，一些比較開明的知識分子開始為使用機器耕種田地製造輿論，這與過去那種把機器和機器產品視為「奇技淫巧」的思想相比，已有很大進步。正是在這種情況下，天津附近已有「客民」，「批租荒地五百畝，概從西法，以機器從事，行見翻犁鋤耒，事半功倍」。可見當時對農業機器的使用已不僅停留在輿論界，已經有實際應用到耕種上去的例子了。

到 20 世紀初的二、三十年間，中國農業無論在生產關係或生產力方面都有一定的發展。在這期間，引進了一些新的農業技術和優良品種，同時也輸入了少量農業機器和化肥。這些先進技術的應用，主要是帝國主義為在中國取得大量優質的農產品原料而引進和推廣的，但是，它在不同程度上也推動了中國農業生產力的發展。

## （二）農業資本經營的局限性

鴉片戰爭以後，商品經濟較發達的地區，農民分化加劇，農業經營申使用雇工進行生產的也日益增多。到 20 世紀隨著工業資本主義的發展，在農業中的資本經濟也得到了一定的發展。據 30 年代的統計，全國富農大約占總戶數的 6%，占耕地總數的 18% 左右。另外，一些含有一定資本主義性質的經營地主和農牧墾殖公司還未計算在內。當時雇農占全部農村人口的 10%，即 3000萬人左右。這就是近代中國農業資本主義的水平。我們一方面要看到它從鴉片戰爭以前資本主義萌芽的基礎上有了一定的發展；另一方面，還應當看到它發展的微弱、畸形和不充分。這也決定了中國農業中資本經營形式的特點。

農場規模愈大，監督愈困難，單位產量的監督成本愈高。因此，經營地主要先找出一個合適的規模，我們可以稱之為雇工農場的臨界面積，超過這個面積，雇工耕種就不經濟，地主會覺得監督不到，照料不來。景蘇和羅侖

著的《清代山東經營地主底社會性質》一書，列有 131 家經營地主，每戶地主平均擁有耕地 1780 畝，但大部分耕地都是租佃戶去耕種，雇工耕種的面積平均每戶只有 360 畝，而且沒有一家的經營農場面積超過 500 畝。也許 500 畝就是山東地區經營農場的臨界面積。這個臨界面積愈向南愈縮小；在東北奉天地區大約是 900 畝上下（見：李文治編《中國近代農業史資料》第一輯，頁 682。），山東是 500 畝左右，河北則在 200～300 畝之間。

有關此種轉化的明確記載見於明末湖州的《沈氏農書》（注：沈氏《農書》成書於明崇禎年間。）。沈氏地主先將自己的雇工農場之經營成本逐條逐項核算，即他所謂的「條對條」，然後與鄰村西鄉的租佃農場相比較。他的結論是：「所謂條對條，毫無贏息，落得許多早起晏睡，費心費力，特以非此碌碌不成人家耳。西鄉地盡出租，宴然享安逸之利，豈不甚美。但本處地無租例，有地不得不種田，種田不得不喚長年，終歲勤勤，亦不得已而然」。此處具體說明兩種經營方式的比較與轉化過程，西鄉已地盡出租，其本鄉尚未轉化。較晚，山東地區也有這種轉化的現象。景蘇、羅崙書中述及山東章丘縣歸軍鎮矜恕堂孟家的轉化過程。孟家擁有 2140 畝土地，除在歸軍鎮少量土地上雇工種菜，供家內消費外，其餘的土地全部採用租佃方式。但孟家的許多佃戶原係矜恕堂長工，後與帳房商妥，由東家暫時藉以農具、種籽、牲畜住屋，並佃以小塊土地，變成為佃農。可以看出，當地主決定要由自我經營改變為租佃經營，他們不但鼓勵長工轉化為佃農，而且多方協助他們轉變。

到了清末民初，這種轉化過程加速，尤其是在南方。《中國近代農業史資料》有專門的報導。清末民初，在蘇州、無錫、宿縣、浮梁等地都有地主雇工經營虧本，乃改以土地出租……完全靠雇工耕作的大農場在南方已經絕跡。江蘇無錫都覺得把自己土地的一部分出租更為有利。他們認為收租比較在農業利潤上的冒險更為安全。鹽城甚至有自耕農寧願把土地出租給別人。湖北襄陽有些情形較好的富農，他們鑒於自己耕種反不值得，便將農田出租，自己便做小小的地主。

廣東番禺三十年前的富農還有租進一千畝以經營稻作的。他們所用的雇農都聚居在一屋，俗稱園館。現在田租加倍，工資又不能有同比例的低落，園館的面積便逐漸減縮了。如今早被消滅了。

1996 年曹幸穗論《舊中國蘇南農家經濟研究》一文提出：「南方由於新式工業興起，要雇用工人，帶動農村雇工工資上陞，經營地主的成本曲線上陞；

另一方面做爲機會成本的租金也上陞。於是經營地主紛紛轉化。不但如此，
自耕農也跟進，將自己的小塊田地租佃出去，自己進城當不在地小地主。許
多研究者已經注意到，清末民初江南地區地主普遍是租佃地主，絕少雇工經
營者；在華北，或者說整個北方，經營地主相對的多。最近，曹幸穗先生更
以大量的統計資料，詳細說明蘇南地區的這種現象。」

## 三、富農經濟的發展

舊中國農業中資本主義經濟的主要形式是指富農經濟。這種富農經濟又
根據其經營情況的不同分爲兩種；一種是新式富農，即馬克思所說的農業資
本家或租地農場主。隨著商品經濟的發展和城市發展的需要，有些地區，特
別是在大城市附近，從事某些經濟作物和園藝種植以及飼養奶牛、家禽、蜜
蜂等的資本主義農業有所發展。首先在這些生產領域出現資本主義經營，這
是符合一般經濟發展規律的。據記載：在 1915 年廣東商人楊某，「在江灣租
地六十畝，仿照西法種植靛青（即蓼藍）」，三個月就得淨靛 30 餘桶，比種稻
穀可多得兩倍的利益。到第二年他就租了 200 多畝土地，進行了擴大經營。
又據調查在 20 世紀初，廣東博羅縣就已經是一個盛產水果的地方，在當地有
個姓張的曾以種果樹而出名。他用 20 餘畝土地種殖荔枝、柑桔、和番石榴等，
全年用長工 3 名，到 1921 年已經經營了 10 年，很賺了點錢，在 1920 年僅柑
桔一項就類 T600 多元錢，約計每年出賣水果可得千餘元。再如竺某在上海附
近康家橋租地 24 畝，地租每年 80 元，雇長工 7～3 人，種植蔬菜，經營得很
好，一年可得淨利 500 元。這樣的例子還有，就不一一枚舉了。

從上述可見，在 20 世紀以後，舊中國農業中那種完全意義的資本主義農
業經濟，農業資本家或租地農場主已經存在了，雖然數量不多，規模不大，
多數還是使用手工勞動，但它不僅說明了中國農業中資本主義生產關係確已
存在而且還有了一定的發展。

另一種是舊式式富農，這是舊中國富農經濟的主要經營形式。這種舊式
富農佔有土地不多，由於自家勞動人手不夠，經常雇傭一個或幾個雇工耕種，
自己也參加些勞動。他們有的還出租一部分土地或兼營商業和放高利貸，所
以有人說，這種舊式富農實際上是小地主，更確切說是小經營地主。

整個富農階級（新舊兩種富農都包括在內）在舊中國農業經濟申所佔的
比重並不大，其中新式富農的數量就更小了。據 30 年代的統計，我國富農大

約占總農戶的 6％，占土地總數的 18％左右。不僅數量少，在全國發展也不平衡，東北、山東、河北等省比較多些，而江南，特別是華南更少。據 1925年對吉林、黑龍江 2 縣的調查，富農占該地總農戶的 14％，占耕地總面積的52％。據 1930 年河北保定調查，富農占總農戶的 8％，占耕地總面積的 27.9％，平均每戶佔有土地 56 畝。據 1929 年無錫的調查，富農占總農戶的 5.6％，占耕地面積的 17.9％，平均每戶佔有耕地 21 畝，廣東省富農所佔比重更小，僅占總農戶的 4％，占耕地的 13％，平均每戶佔有耕地 25 畝，從經營規模看也是北方的富農較大些，經營土地在百畝以上，雇傭十幾個雇工以上的在東北或內蒙墾殖區還可見到，在其它地區幾乎是沒有的。

　　富農經濟在當時代表了農業中一種比較先進的經濟成份。他們的經營規模比中農或佃農大，資金比中農或佃農多，有充足的勞動人手，擁有較完善的生產工具和較多的肥料，也比較注意改良生產按術，故生產率較高。但是舊式富農大都帶有濃厚的封建性。在舊中國富農經濟中那種純粹資本主義性質的新式富農是很少的。而舊式富農的發展前途，不是去掉其「封建性」向完全的純粹的資本主義農業發展，而是資本愈加積纍，土地愈擴大，土地出租部分也愈多。首先是向經營地主發展，甚至最後退變爲租佃地主。這幾乎是舊中國富農經濟的一種發展規律。所以，這種舊式富農經濟的特點是與經營地主基本上相同的。所不同的僅僅是規模小些，本人參加部分勞動罷了。

## 四、經營地主的發展

　　經營地主是一種自己經營農業的較大的土地所有者。它們大部分土地雇工經營，另有部分土地出租，本人不參加勞動，一般稱這種土地所有者爲經營地主。這種經營地主若與舊式富農比較，不同的地方是他們佔有較多的土地，土地出租的部分也較大，本人不參加勞動，雇工經營的規模也較富農大。規模比較大的經營地主，其土地往往由「大夥計」或管家代爲管理，本人過著地主式的剝削生活，這種經營方式的「封建性」更加嚴重些。例如山東省淄川縣粟家莊樹荊堂畢家，在光緒二十年（1894 年）前後，共擁有耕地 900畝，除在外村的 300 畝採用租佃方式經營外，在本村周圍的 600 畝全部採用雇工經營方式。當時共雇長工 30 多人，除長工外，在春、夏、秋三季一般農忙時節經常雇短工 50 餘人，特別是在種收農忙季節需雇短工 120 多人。樹荊堂備有比較充足的生產和運輸等各類生產工具。由於樹荊堂資金、畜力和肥

料充足，畝產量約高出當地畝產量一倍左右。樹荊堂所產糧食除用於種子、家內人口消費、牲畜消費和供給長短工伙食外，餘糧都當作商品糧食運到集市上去出賣。同時樹荊堂還開設一個擁有 72 架織機，100 餘人的絲織手工工場。從上述可見，樹荊堂是一個比較典型的兼手工工場主的大經營地主。這種經營地主在華北和東北一帶，特別是山東和河北兩省比較多些。據山東大學對山東 42 縣 197 個自然村的調查，清末民初，經營地主在山東各地普遍存在。可見，清末民初，山東省使用雇傭勞動進行農業經營的已不是個別的，也不是少數的，而是比較普遍的現象。也就是說，在山東使用雇工進行生產的經營地主是比較發達的。

當時經營地主採用雇工經營方式的土地面積是有一定限制的。存在兩種情況：一種是有的地主只把全部耕地中的一部分耕地採用雇工經營，另一部分則仍然採用分散的租佃經營方式，屬於這種情況的，多因土地在「外莊」，即便在本村，也因耕地面積大，不便全部採用雇工經營方式。另一種，有的地主把全部土地統統採用雇工經營方式，屬於此種情況的，多因土地集中在本村，而且面積也不太大。據山東調查的 131 家經營地主中使用雇工經營的耕地面積在 100 畝至 500 畝之間的占 80%以上。這個數字絕不是偶然的，它反映了與當時生產力的水平相適應的雇工經營規模。當時農業生產工具仍是簡陋的鐵木工具、動力仍是畜力、運輸工具仍是人力或牲畜拉的車輛和船隻，這對於季節性和時間性很強的農業生產來說，其生產規模必然要受到一定限制。所以，在當時經營地主所使用土地的面積在 100 畝至 500 畝之間是比較適宜的。經營地主與租佃地主的比較，有以下優勢：

第一，經營地主都備有較充足和較好的生產工具、運輸工具，各種畜力和肥料。比起租佃制下的小農經營要優越得多。如耕地時使用鐵犁，播種時用耬車，收場淨粒有扇車，車水有水車，有數量較多和質量較好的牲畜和備有運輸用的大小車輛。這些都是貧苦佃農所不能相比的。

第二，經營地主使用了較充足的雇傭勞動，不僅常年雇有長工，在農忙時還雇傭大量短工，從而增強了生產過程中的勞動協作，保證耕種收割適時，有利於提高勞動生產率，這一點對一般小佃農來說也是辦不到的。

第三，經營地主的土地經營面積較為集中，便於組織生產。經營地主的土地多半集中在自己住村附近，他們採取了較大規模的經營方式。而租佃地主不是採用大規模經營方式，而是把邑經集中起來的大片土地再劃分若干細

碎的小塊，或保持土地兼併前在農民手中的地形，分別出租給佃農分散經營。大面積經營比小塊土地經營有許多優點，它消除了大量地界，擴大了耕地面積，特別是便於統一調配生產工具和勞動力，統一計劃作物播種面積，可因地制宜統一安排生產進度，使耕構鋤割、施肥灌溉等各類農活能夠及時完成，這樣可以做到不誤農時，同時還節省了勞力，提高了勞動效率。

第四，經營地主的土地單位面積產量比較高。由於經營地主比租佃農戶具備上述各方面的優越性，這就使他們的單產超過了一般中農和佃農的水平。據山東的調查經營地主的主要農作物——麥子、高梁、穀子的單產都比一般農戶的產量要高。現以山東章丘縣經營地主太和堂與當地一般農戶單產比較如下：從上述可見，由於經營地主採用雇勞動工和較大規模經營，雖然在勞動工具方面並沒有什麼改進，仍然是使用一些古老簡陋的生產工具，在生產關係方面還存在濃厚的「封建性」，但也稍稍解放了生產力，提高了勞動生產率，顯示了資本主義性質的經營優越性。這種經營地主經濟具有封建的和資本主義的兩重性質，下面我們具體分析一下經營地主的兩重性。

首先，經營地主所具有的資本主義性質：（1）經營地主所採用的是雇工經營，即直接生產者不是佃農，而是雇傭來的長工或短工。這種長工或短工已基本上具有自由無產者的身份。經營地主與雇工之間基本上是一種雇傭關係。（2）經營地主的生產目的，不僅是為了供給自己家庭的需用，同時也是為了出賣。有的主要是進行商品生產以獲取利潤。這兩點正是資本經營方式的重要特徵，經營地主在一定程度上是具有了這兩種特性的。

其次，經營地主還存在著嚴重的保守落後性，主要有以下幾點；（1）生產目的還殘留著不同程度的自給性。在經營地主的農業生產中一部分甚至大部分是為地主家庭的消費而生產的，只將剩餘的部分拿到市場上去出賣。（2）在生產管理上存在著家長式的統治而沒有採用資本主義農業企業的經營管理方式。據山東的調查還沒有發現一個經營地主的經營脫離開他的家庭，單獨組織得象資本主義企業那樣的生產組織。經營地主的家長支配著家庭的一切，它把農業生產事務和家庭生活事務做為一回事來處理。（3）經營地主都有一部分土地出租，即兼有租佃地主的身份。（4）經營地主都兼營商業和高利貸，進行前資本主義行為。（5）在其使用的雇傭勞動中有的帶有某些舊的殘餘。地主擁有的土地面積愈大，土地出租的數量也愈大。

## 五、農牧墾殖企業的狀況

在 20 世紀初出現了一些農牧墾殖企業，到第一次世界大戰期間和戰後幾年有所發展。據不完全統計，歷年註冊的農業墾殖公司在 1912 年共有 171 家。又據江蘇、安徽、浙江、山東，河南、山西、吉林、察哈爾 8 省統計，在 1912 年共有 59 家，資本約爲 286 萬元，到 1919 年增爲 100 家，資本約有 1,215 萬元．這些農牧墾殖企業多數分佈在墾殖區和工商業比較發達的地區，經營的範圍農林牧漁都有。經營比較好的，如黑龍江呼瑪有一農場，資本有江洋（黑龍江省地方貨幣）60 萬元，土地面積爲 36000 畝，並備有大型拖拉機、打穀機、割禾機、播種機、大型犁等若干農機具，有雇工 45 人，種植小麥和燕麥，還附設有麵粉加工廠。這是一個典型的資本主義大農場。再如在吉林長嶺縣有一畜牧股份公司，1910 年創辦時資本總額原定 20000 元，經營成績很好。3 年後，將獲得的利潤進行了追加投資，總資本額增至 10 萬元，增加了 4 倍。蘇北墾區主要種植棉花，但經營的成績都不好。就連張謇那樣一個大企業家所創辦的通海墾牧公司也經營不善，負債累累。其經營方式除 10%的土地進行雇工經營外，其餘土地墾熟後都分給各股東，然後各股東再分散地租給佃農耕種，收取高額地租。通海墾牧公司主要不是採取資本主義經營方式，而仍是進行剝削。還有的墾殖公司不僅規模很大，而且還購置整套的新式農機具，但是卻將機器放置一旁，仍然採取租佃經營，進行分散的落後的手工勞動。這些公司不是資本主義股份公司，實際上是掛著公司招牌的收租機構。廣東、廣西、海南島一帶多有商人、華僑等開墾荒山荒地種植各種林木，如松樹、桐樹、茶樹、橡膠樹、果樹和咖啡等，其中有些經營果園的成績還比較好。在一些大城市附近，如上海郊區也創辦了一些菜園、奶牛場、養蜂場等，這些多是小規模經營，一般經營成效較好。如甲國最早的民族資本家穆湘瑤、葛敬中在上海郊區創辦了一個蔬菜種植場，資本爲 2 萬元，租地 180 餘畝，雇傭了 3 個職員，40 多個雇工，專門種植蔬菜和花卉，並且使用化學肥料，仿照外國資本主義的方法進行經營。再如上海附近寶山縣的陳森記畜牧場，專飼養奶牛，出售牛奶，經營較好。還有彭浦的江南養雞場，上海附近的青青養蜂場，松江的亨達養蜂公司等經營得都比較好。

這些農牧墾殖企業，規模大小不一，規模大的有幾百萬資本和幾十萬畝土地，多爲墾牧企業。小的僅有百元或幾百元資本，自有或租賃幾十畝土地。雇傭幾個或幾十個工人，這種多是種植和養殖業。只有這些小的種植業和養

殖業經營的還比較好，而一些大型的墾牧公司經營較好的寥寥無幾。到 20 世紀 30 年代，這些新式農牧墾殖企業，除了因為本身經營管理不善外，還受社會其它條件的影響，紛紛破產，曇花一現的新式農牧墾殖企業從此衰落下去。

根據近代中國國家性質，決定了這些農牧墾殖企業具有許多特點。

首先，這些農牧墾殖企業並非都是資本主義的。新式農牧墾殖企業名思義應當是資本主義性質的。但是，在舊中國社會條件下所產生的牧墾殖企業中很大一部分，特別是一些農墾公司基本上屬於「封建性」的，經營是不成功的。如有些公司的經營方式很少採取雇工生產，絕大多數是將領墾的土地分割成若干小塊租給貧苦佃農耕種，然後按照對半或四六分成，所交納的仍是「封建性」的實物地租。所以在這些企業中地租收入佔了絕大部分。根據蘇北七大公司收入項目，可見一斑。七大公司收入項內各種性質所佔之百分數，地租收入佔 55～99%。再如有許多墾殖公司左它們的章程中都規定，荒地墾熟後，必須按股將土地分給股東。股東領得土地後，再分散地租給小佃農耕種，榨取地租。因此，這些公司年代久了必不成為公司。因為隨著荒地變為熟地後，股東領得土地愈來愈多，公司就被股東所瓜分，公司也就不再成為公司，股東則變成了地主，公司實際上成了地主們的管家或收租棧。關於這點就連張謇也承認「管佃而已，無墾之可言」。所以這種墾殖公司實際上不是進行農牧生產的資本主義企業，而是一種蒙在資本主義外殼下的剝削組織；不是資本主義股份公司，而是掛著公司招牌的收租機構。

近代大型農牧墾殖公司未得到發展，主要有幾個方面原因：

首先，農牧墾殖公司的投資者多屬一些大官僚、大地主、大商人以及資產階級的上層人物，以往在農村中進行著傳統的地租、高利貸經營。外部勢力的壓迫，經營企業困難多，危險大，而農村的地租率又極高，又對農村中經營方式不僅熟悉，走老路熟悉方便。就連張謇這樣一個革新派民族資本企業家，在戊戌政變前，也曾嚮往資本主義機器農場。提出「振興農務」的主張，要求把「久荒之地，聽紳民招佃開墾，成集公司，用機器墾種」。但在他以後辦「通海墾牧公司」及其它鹽墾公司時，對採用資本主義農業經營方式，卻是徘徊猶豫，顧慮重重。最後提出一個「公司自墾」，「墾熟又佃」的主張，必然不會使墾牧公司找到擺脫困境的道路，最後是負債累累，以失敗告終。

其次，在這些新式農墾企業中，在大城市郊區的一些小型農牧企業經營較好。如茱園、果園、奶牛場、魚塘、雞場、蜂場等還能獲得一定利潤，企

業並有所發展。這些小企業的經營者多是一些商人或華僑。這些人對資本主義思想和經營方式接觸較多，他們都有一定的資本主義經營管理知識和才能，這種小企業由於規模小，較容易管理，生產周期短，利潤率也較高，所以經營的比較好。

再次，這些農牧墾殖企業資本有機構成都很低。一般企業都不使用機器生產，所使用的仍是極簡陋落後的鐵木工具。甚至有的農墾企業本來購買了大量新式農機具，卻放置一旁不用，仍然採取租佃生產方式。只有在東北有些農墾公司，還採用了一些新式農業機械。我們前面所舉的兩個例子資本有機構成是比較高的。還有的企業在開荒時使用機器，種植時完全使用人工。因為當時存在著大量廉價勞動力，30 年代更有人力代替畜力的現象。總之，這些農牧墾殖企業的資本有機構成和生產力水平都是很低的。

最後，這些農牧墾殖企業，多數利潤率較低。由於經營管理不善，特別是一些大型企業機構龐大，人浮於事，像個衙門，加以 30 年代以後農產品價格不斷下降，地租很高，苛捐雜稅繁重，所以利潤率低是比較自然的。這些農收墾殖企業 30 年代以後便走下坡路，經營不振，到抗日戰爭和解放戰爭期間所存已寥寥無幾了。

# 第五章 針對佃耕制的現代土改

## 第十七節 國共兩黨改革佃耕制的異路

這幾年國人出現回味民國初年的情結，就像思念竹籬茅屋故鄉似的，繞過「高樓大廈」時代，回念往事，形成了「民國熱」。有人追念詹天佑修建的京張鐵路；有人回味蔡元培領導的北京大學：有人談論發展國家經濟有功的狀元張謇：有人感歎國學大師陳寅恪、吳宓的國學成就和文革時的淒慘人生；有人述懷當年敢於堅持儒家理念的社會學家梁漱溟；更有人回憶起「北洋政府」的「三造共和，六不總理」段祺瑞。說明國人在認眞地回顧往事，思索歷史。

### 一、北洋政府經濟改革

「北洋政府」（公元 1912 年～1928 年）是當時革命黨人對眞正中國中央政府的「蔑稱」。

他是繼清王朝被推翻後第一個正式形成，並被國際承認的中國合法政府。這是中國歷史上唯一一個解除黨禁、報禁的時期，從而自「五四運動」火燒趙家樓以來，成爲革命黨（國民黨）人和後來革革命黨命的黨（共產黨）人，共同反對「北洋政府」。至今兩岸官方對北洋政府的評價都以負面居多，並冠以「黑暗」「反動」「獨裁」等詞彙。袁氏主政下的北京政府，還是一個可以號令全國的政府。可是到袁氏一死，那才是眞正的「王綱解紐」，全國皆兵，政客縱橫，中國近現代史才正式進入一個所謂「軍閥時期」了，大家都

是軍閥。北洋系的軍人如曹錕、段祺瑞等，在一個時期取得國家元首的地位，得到國際上承認，在革命者眼中，仍然是「北洋軍閥政府」。

民國建國之初，儘管因爲袁世凱稱帝，引起蔡鍔各省獨立，軍閥勢力形成，內戰不斷，但已經出現了三權分立、地方自治等制度的雛形。中國民主政治、思想解放、踏入國際社會的開端，容納了共產黨、國民黨和梁啓超的進步黨的發展活動。此時期，更是中華民族資本積纍的黃金時期，趁著歐戰，民族工業有很大的發展，農業水平大大提高，沒有出現國民黨 1942 年河南的大饑荒和 1960 年共產黨的全國餓死上千萬人的慘劇。同時，北洋政府是中國歷史上第一個通過和平的方式完整繼承前朝疆域的政權，沒有丟失一寸國土，還行使了對蒙古包括唐努烏梁海的國家主權，海軍佔領了海參崴。事實上，徐世昌政府是民選的，曹錕因爲賄選就很快下臺了。內閣成員大多是專家，廉潔奉公，辦教育的是蔡元培，辦外交的有顧維鈞，辦軍事的有徐樹錚。尤其是段祺瑞譽爲「六不」總理，不抽、不喝、不嫖、不賭、不貪、不占，自己沒有房產。「三一八事件」使他徹底退出政界，魯迅一篇文章使他名聲掃地，但是該文沒有說，發生前段祺瑞並不知情；發生中跪地痛哭；發生後辭職並戒齋至老不移。

1914 年第一次世界大戰爆發，北洋政府在段祺瑞主導下，中華民國加入協約國參與第一次世界大戰，並以「戰勝國」的身份出席巴黎和會。北洋政府時期是中國民族資本發展的黃金時期。依經濟學家許滌新研究，1912 年至 1920 年，按照總產值計算，每年經濟增長率爲 16.5%，按淨產值計算，每年增長率爲 13.4%。依珀金斯所引資料，計算 1912 年至 1921 年淨產值的年增長率爲 11.7%。官僚資本的發展自 1912 年以後開始衰敗，外國資本也在 1914 年後受挫，惟有民族資本始終保持了兩位數的增長率，整個北洋政府時期平均發展速度爲 13.8%。

1915 年美國舊金山舉辦的「巴拿馬萬國博覽會」上，中華民國展品獲得各類獎章 1218 枚，是各國獲獎之冠，僅此一點就可以看出北洋政府非凡的工業成就。第一次世界大戰期間民族工業有了發展機會，西方商品進口額比戰前減少一億一千萬兩，而出口額，沒有減少。由一億至二億兩，降至二千六百萬兩到八千三百萬兩。抵制日貨對發展民族工業也起一定作用。無敵牌牙粉代替日產的金剛石牙粉，著名的杭州傘改爲彎把，代替了東洋傘，明確宣稱「民國成立，宜以實業爲先務」、「以開放門戶，利用外資，爲振興實業之

方針」。1912 至 1925 年間，中國的通商口岸進一步增加，新開口岸 21 處，這些新設立的口岸幾乎全部位於內地，極大地便利了商品的傾銷和從中國更廣闊區域攫取原材料，中國的對外貿易隨之迅速發展。北洋政府將中國帶入經濟高速發展的軌道，一戰爆發、西方列強無暇東顧是外在因素，但主要原因是北洋政府建立了市場經濟。袁世凱請出張謇等一批經驗豐富的企業家管理中國經濟，並實現了財政平衡，經濟得到快速發展。日後國民政府的黃金十年，實際上是直接得益於北洋政府建立的市場經濟。

北洋政府的幣制改革是在清末傳統的銅錢和銀兩復本位制及新式銀行開始建立基礎上進行的，對貨幣金融做了些有利於國家經濟發展的改革。改組整頓中國銀行和交通銀行。辛亥革命爆發後，大清銀行停業清理。1912 年 2 月 5 日，經其商股申請，北洋新政府批准，中國銀行在上海原大清銀行的舊址開業。設總行於北京，在上海的中國銀行改為分行。北洋政府規定中國銀行為國家中央銀行，代理國庫，募集和償還公債，鑄造和發行國幣，「袁大頭」銀元是迄今為止的最穩定的貨幣。發行鈔票，實為銀元的代金券。民族資本銀行和錢莊，全國有 186 家，平均每年增加 11.6 家。著名的銀行有：上海商業儲蓄銀行、浙江實業銀行、浙江興業銀行、新華信託儲蓄銀行（以上為南四行）；金城銀行、鹽業銀行、中南銀行、大陸銀行（以上為北四行）。中國通商銀行、四明銀行、中國國貨銀行、中國實業銀行（以上為小四行）。開辦信託公司和交易所。1921 年上海信託公司設立，同年 5～7 月，上海成立了12 家信託公司，資本總額 8100 萬圓。證券交易活動，早在 19 世紀後半期就在外商間進行。

北京政府駐庫倫（注：今烏蘭巴托）都護使陳毅總督（注：非後來的陳毅元帥）與外蒙王公經過艱苦的談判，終於達成了《改善蒙古未來地位六十四條》，但條約遭到了外蒙「議會」的否決。這使北京政府意識到必須加快速度解決蒙古問題。1919 年 10 月，徐樹錚將軍率領步兵二旅，騎兵一團，揮師出塞，向庫倫進發。徐樹錚一到庫倫，立即讓陳毅回內地，也否定了《六十四條》。他把外蒙古偽政權的「內閣總理」巴德瑪多爾濟「請」到了自己的司令部，並將其它王公及哲布尊丹巴活佛加以軟禁。1919 年 11 月 17 日，外蒙古正式上書中華民國總統徐世昌，呈請取消「自治」，廢除中、俄、「蒙」一切條約、協定，回到中華民國懷抱。同時為了保衛國家主權和領土完整，徐樹錚將軍隊派駐外蒙各地，如買賣城（注：今恰克圖以南）、烏里雅蘇臺、科

布多、唐努烏梁海，完成了對外蒙古的統一。尤其是唐努烏梁海，被沙俄侵佔達七年之久，終於回到中國懷抱，這也是徐樹錚一項偉大而短暫的功績。徐樹錚在外蒙古做了許多有益的事，如引種蔬菜、修建公路、開辦銀行、創刊日報、加強中華文化教育等。

　　同年，北洋政府還派遣海陸軍兩路挺進西伯利亞，陸軍第九師先遣部隊在團長宋煥章、營長蘇炳文帶領下到達海參崴。至 10 月 26 日，先後共有 6 批 2000 多名官兵，乘火車經哈爾濱赴海參崴。分駐於海參崴、伯力，廟街等地，保護當地華僑，維護社會秩序，清剿白俄潰軍。中國海軍海容號巡洋艦隨後也到達海參崴。由林建章海軍代將（相當准將），節制全局。但是，經過五四運動，北洋政府勢衰，蘇聯革命軍與外蒙匪幫聯合進攻買賣城。1921 年，蘇蒙聯軍 3 萬人向買賣城中國守軍發動總攻，守軍共 2713 人，另有武裝商人約 3 千人。蘇蒙聯軍在損失 9000 人後，憑藉重炮，毒氣，飛機優勢歷時一周攻陷買賣城，全城守軍與商人全部殉國，寧死不降。城中婦孺也在城破前夕全部自殺。

## 二、革命黨的興起與北伐

　　在近代東方「革命」一詞逐漸流行起來。日本「明治維新」便被稱爲「革命」1895 年，孫中山來到神戶，見到當地的報紙，上面說「支那革命黨首領孫逸仙抵日」。曾對陳少白說，這個意思很好，以後我們就叫革命黨罷。「革命」和「眞龍」就等同起來了。加上這頂帽子，等於加晃。馬克思主義基於階級鬥爭理論，其觀點爲：革命是階級矛盾和社會矛盾激化的產物；革命是一個階級推翻另一個階級的暴力行動；革命是政治的最高行動。毛澤東有一句劃時代的名言，把「革命」說得更清楚，達到頂峰。「革命不是請客吃飯，不是做文章，不是繪畫繡花，不能那樣雅致，那樣從容不迫，文質彬彬，那樣溫良恭儉讓。革命是一場暴動，是一個階級推翻另一個階級的暴烈行動。」所以，從五四新文化運動到文化大革命，近百年來，「革命」成了人人想佔有的香餑餑。實際上說，革命就是拋棄倫理、道德、法律、人情。掌握了「革命」，不論是「一分爲二」的政治理論，還是「歷史分期」的學術研究，都可以稱爲「金科玉律」，等同眞龍的「金口玉言」。

　　革命是個寶，掌握了革命的寶，還有許多的好處：一、可以當遮羞布。一旦出現不光彩的事，既不能掩蓋，也不能掩飾的時候，最好的理由是：「革

命運動是新生事物，前進中的錯誤，很難免」，「大方向是正確的」，「是九個指頭和一個指頭的問題，成績是主要的，缺點是次要的。」二、出問題可以向敵人方向推，是敵人破壞，內奸的破壞，革命永遠立於有利、有力的不敗之地。革命必須樹立敵人，好處大極。既可以團結內部，又可以打擊外部。凡是反對領導、退出組織，另有異議均可視爲叛徒。革命還可以爲所欲爲，他打別人是革命；別人打他是反革命，兩頭都有理。不受任何約束，不論道德還是法律。正如毛澤東所說的，我就是：「和尙打傘，無法無天」。孫中山是倡導資產階級民主革命者，所以，建立的黨，成爲「革命黨」軍隊稱之爲「國民革命軍」。共產黨則是革革命黨命的黨，革命更上一層樓。這是借用林彪文化大革命時說過的那句蹩腳話：「革革過命人的命」。

國共兩黨在政治舞臺嶄露頭角時，還打得火熱，像夥穿一條褲子。五四運動以來。民主和科學是兩位革命黨重要的兩面旗幟，形象的稱呼爲德先生和賽先生。一同火燒趙家樓，一同衝擊鐵獅子胡同，一起到蘇聯學習，一起辦黃埔軍校，一起發動北伐戰爭，一起辦農民講習所，一起辦農會，一起接受孫中山的「平均地權思想」準備土地改革。

北伐中間因爲政治取向不同，爭執權力而好友成仇，惡化到刀槍並起，不共戴天。1927 年 3 月 6 日發生贛州反共事件，第一師黨代表倪弼，槍殺了贛州總工會陳贊賢；4 月 12 日北伐軍與工人武裝發生衝突，釀成大屠殺；同年 5 月不到四天時間，在汪精衛武漢政府管轄地區，就發生兩次革命軍叛亂。第一次，1927 年春天，農民協會是在哥老會的把持下，土地問題侵犯軍官士兵個人財產引起軍隊不滿。夏斗寅獨立第 14 師，在宜昌 5 月 13 日發表了《討共通電》，夏斗寅出身貧苦，父親早亡，靠母親縫補漿洗，維持生計，並非富人。第二次，5 月 21 日，許克祥在長沙製造反共事變，稱爲「馬日事變」，距離夏斗寅叛亂只有四天時間，許克祥三代貧農。由共產黨夏曦、滕代遠領導的長沙的農民協會赤衛隊和工會糾察隊等，展開階級鬥爭和屠殺政策。一些知名人氏就地槍決。被各地農運，赤衛隊屠殺的北伐軍官兵家屬不計其數，引起軍內極爲不滿，北伐軍官兵憤恨極大。第三十五軍三十三團團長許克祥率兵 1000 餘人，突然襲擊湖南省總工會、省農民協會、國民黨省黨部、省黨校及其它革命團體二十多處，賈雲吉、李異雲等共產黨員、國民黨左派及工農群眾百餘人被殺害，4000 多人被逮捕。隨後，兩黨分道揚鑣，內戰打了幾十年，而已改革佃耕土地制度爲其打鬥的焦點。其眞正的目的是權力鬥爭，

用冠冕堂皇的口號來掩飾。

北伐結果，國民黨首先奪取政權，實行「訓政」。二十二年後共產黨革國民黨的命成功，建立起人民民主專政政權。中國的「是非成敗」都爲斯者承擔，這是不容置疑的。軍閥打得差不多的時候，就是兩個革命黨打，一打就是二十多年。中間只有八年抗日是正義戰爭，兩黨都立下戰功，凡是參加抗日的都是英雄。根據孫中山的「耕者有其田」的革命精神和蘇聯的土改實踐經驗，國共兩黨「嗆嗆」著，「忽悠」著老百姓，都進行了不同形式的去改革已經實行千年的佃耕制。土地改革製定的「土地法」還只是側重某一方面的單項性質，並不全面。其它政黨，如民盟、九三學社等他們原本都是各行各業的精英人士組成的政黨，一般是沒有頒佈成文的土地政策，也沒有形成相對有效的綱領。

# 第十八節　國民黨實施的土地改革

## 一、國民政府製定土地法

國民黨並非不重視土地問題。其革命先驅孫中山早在同盟會成立時，就提出「平均地權」的民生主義主張，後來又加上了「土地國有」政策。1924年，孫中山又提出「扶助農工」和「耕者有其田」的口號。孫中山逝世後，蔣介石爲爭取民心，於 1930 年頒佈了《土地法》，聲稱要進行土地改革，由此失去了農民的支持而遭慘失敗。

「土地法」是國家的重要大法，內容也很廣泛。1928 年 7 月，國民政府建立之初，出於強制使用民田的需要，頒佈了一項單行法規，即《土地徵收法》。同年 11 月，國民黨中央政治會議討論了胡漢民、林森草擬的《土地法原則草案》，並提交立法院。這一草案的目的之一，是爲使土地本身非因施加勞力和資本獲致改良所得的增益歸國民政府所有。1930 年 6 月，立法院根據中央政治會議所決定的原則，製定並通過了《土地法》至此，國民黨在大陸的土地改革序幕已基本拉開。《土地法》是根據胡漢民等人的草案製定而成的。胡漢民認識到制訂土地法的必要性，訂立土地法，實在是一個很重大的問題，不能不十二分鄭重。因爲形成一個國家，必有三個要素，即土地、人民、主權。將「土地」提到一個同「人民」和「主權」同樣重要的地位，說土地法是：規定一個土地稅法和土地的登記使用、徵收種種的法律。對於土改的具

體內容，這份《土地法》作了系統說明。關於土地所有權，《土地法》第七條規定：「中華民國領域內之土地，屬於中華民國人民全體所有，其經人民依法取得所有權者，爲私有土地，但附著於土地之礦物，不因取得土地所有權而受影響。」在進一步闡釋中，承認了地主（是泛指地主即地的主人）佔有土地的合理性：「土地公有權屬諸人民全體。至於私人，如得法律上的許可，也可以承認他有土地私有權，這是我們土地法所確定的。」由此可見，既然地主能佔有土地，「土地公有權屬諸人民全體」就不可能付諸於實踐。《土地法》又規定：「地方政府對於私有土地，得斟酌下列情形，分別限制個人或團體所有土地面積之最高額，但應經中央地政機關之核定：（一）地方需要，（二）土地種類，（三）土地性質。」國民政府對於私有土地所有權之轉移，設定負擔或租憑，認爲有妨害國家政策者，得制止之。在 30 年代初期社會階級矛盾異常尖銳，尤其是地主與農民間矛盾最爲突出的情況下，《土地法》雖規定了「土地公有」，但同時又承認地主的土地私有權，因而對私有的限制是不可能奏效的。1927 年，大革命失敗後，全國工農運動陷於低潮。從 1929—1930 年，蔣介石通過 4 次大的戰爭消除了各地軍閥割據狀態，但且不說當時各派軍閥對名義上統一了中國的蔣介石貌合神離；被他視爲心腹之患的中國共產黨已轉入農村，建立了十餘塊根據地，開展了如火如荼的土地革命，廣大翻身成爲土地主人的農民對國民黨的怨恨情緒日盛。蔣介石除了多次派重兵前去圍攻根據地之外，不能不考慮緩和與農民的尖銳矛盾。經過黨內幾次激烈爭論而出臺的《土地法》就是適應這一需要而採取的改良措施，是作爲國家徵用土地的法律依據。

　　1927 年國民政府成立，農村經濟已瀕於破產。有識之士爲之急呼「農村復興」。在此建國十年期間，雖因土地立法過程浩蕩、遲緩，但仍推動試驗各種土地改革運動，幾遍及其所能直接控制之地區。如有江蘇、廣東、福建、貴州等地之土地整理；山東、江西、察哈爾、河南等地之地稅整頓；浙江、安徽、廣西等地之減租，以及各地之農村合作運動，更是極爲興盛普遍。雖過程坎坷，但不無有成效者，另外除官方主導的政策之外，學界與民間亦熱心從事農業的現代化。這一時期，即爲史稱之爲「農村復興運動」。

## 二、臺灣強制性贖買式土改

　　20 年後，在內外交困的新條件下，蔣介石重新推行「土地改革」政策，

為逃到臺灣的國民黨在政治、經濟上的生存創造了條件。

17 世紀初，荷蘭殖民者乘明末農民起義和東北滿族勢力日益強大、明政府處境艱難之時，侵入臺灣。不久，西班牙人侵佔了臺灣北部和東部的一些地區，後於 1642 年被荷蘭人趕走，臺灣淪為荷蘭的殖民地。荷蘭殖民者實行強制統治，把土地據為已有，強迫人民繳納各種租稅，掠奪臺灣的米、糖，把其收購到的中國生絲、糖和瓷器經臺灣轉口運往各國，牟取高額利潤。鄭成功收復臺灣後，重視土地開發和興修水利，發展對外貿易，促進了臺灣經濟的發展。農業主要是以屯田為主，分官田、營盤田、文武官田、私田四類。到鄭氏政權末期，臺灣的漢族人口已達 12 萬人。清政府佔領臺灣後，1684 年兵備道及臺灣府，隸屬於福建省。至 1811 年，臺灣人口已達 190 萬，其中多數是來自福建、廣東的移民。清政府將官田、營盤田、文武官田按照更名田政策，改為民田，並大量移民開墾荒地，使臺灣成為一個新興的農業區域，並向大陸提供大量稻米和蔗糖，由大陸輸入的日用消費品和建築材料等，使臺灣的經濟得到相當程度的發展。1840 年英國發動侵略中國的鴉片戰爭以後，西方列強逼迫中國開放通商口岸。19 世紀 60 年代，臺灣的淡水、雞籠、安平、打狗相繼開港，進口以鴉片為大宗，出口則以茶、糖、樟腦為主。甲午戰爭清政府戰敗，被迫簽訂喪權辱國的《馬關條約》，把臺灣割讓給日本。在經濟上，實行「農業臺灣、工業日本」的政策，由臺灣向日本提供稻米和蔗糖。

第二次世界大戰結束後，臺灣回歸祖國。東北亞地區政治形勢也起了很大的變化。大部份國家進行了不同形式的土地改革。

朝鮮解放後，於 1946 年 2 月成立人民政權──北朝鮮臨時人民委員會。3 月 5 日，朝鮮頒佈「關於土地改革的法令」，沒收了日本人和朝鮮人地主佔有的土地，共計 100 多萬町步（一町步約合十五市畝），占耕地總面積 53%，占原出租土地的 95%。政府將 98 萬多町步土地無償地分給 72 萬多戶無地或少地農民，1.9 萬町步作為國有土地。

日本戰敗後，農地改革是按照佔領軍 GHQ（聯合國最高司令官總司令部）的指示來進行的。很多從事農業的人士也認為是麥克阿瑟一聲令下進行了農地改革。但事實農地改革是由日本政府自主提出改革方案的，其主要內容為：（1）不在村地主的所有農地，以及在村地主持有的超過 5 公頃以上的農地，由地主與佃農直接協商，賣給佃農。地主出讓土地時，允許地主與佃農進行

協商，協商不一致時，按照知事的「裁決」轉移農地所有權。（2）佃耕費的貨幣繳納化。（3）地主從佃農那裏收回農地必須經過農地委員會的認可。農地改革從 252 萬戶地主手裏強制收購了 177 萬公頃農地——這相當於全部農地的 35%、佃耕地的 75%，包括財產稅實物繳納制農地在內，共將 194 萬公頃農地出售給了 420 戶農戶。到 1950 年農地改革結束，農地收購價格很低（水田 760 日元，旱田 450 日元）。

新生的韓國政府首先實現農地改革，把耕地分配給農民。1950 年 3 月完成修改的《農地改革法》明確規定，用 5 年的時間分期償還從分配農地上產出的年產量的 150%。從 3 月到 5 月份，用於分配的農地有 70 至 80%被有償分配給佃農手中。由此，佃農比例從 63%下降到了 12%。

臺灣地區的土地改革始自 1949 年，推行強制性的贖買政策。當時全臺農業人口占總人口的 50%強。農業人口中自耕農占 34%，半自耕農占 23%，佃農占 36%，雇農占 7%。佃農耕地占總耕地的 41%。地租約達年收穫量的 50～70%。還有押租、預租等額外負擔。且租期多為不定期，租約多為口頭約定，地主可隨時撤佃或任意加租。鑒於以上情況，蔣介石去臺後，為了緩和島內佃農與地主的矛盾，從 1949 年到 1953 年，採取「和平漸進」的方式，進行了一次改良性質的「土地改革」。但也是屬於「強制性的」，引起地主階級的不滿。1947 年臺灣「二二八」暴動領導者之一陳明忠曾提出：「二二八事件」並非「臺獨」的起源。而是國民黨在 1949 年到臺灣後施行的土地改革，觸犯了地主階級的利益。主事「臺獨」的，多為來自「嘉南平原」農業產區的一部分地主子弟。惹起後來的麻煩。

土地改革具體執行是由臺灣省政府出面，在中國農村復興聯合委員會（簡稱「農復會」後改為行政院農業發展委員會）的協助下進行的。製定、推行了《實施耕者有其田條例臺灣省施行細則》，共五章八十一條。臺灣的土改，是通過層層遞進的三步曲進行的，於 1953 年完成。

第一步：臺灣於 1947 年 3 月 20 日「從字第一○○五○號」訓令規定：佃農應繳之耕地地租，依正產物 1000 分之 375 計算，是為「三七五減租」。但當時各級政府推行不力，1949 年 4 月 14 日公佈實施「臺灣省私有耕地租用辦法」，更陸續訂定「臺灣省私有耕地租用辦法施行細則」、「臺灣省辦理私有耕地租約登記注意事項」、「臺灣省推行三七五減租督導委員會組織規程」及「臺灣省各縣市推行三七五減租督導委員會組織規程」等法規，以貫徹三七

五減租政策。後爲確保推行三七五減租已獲得之初步成果，即於 1951 年 6 月
7 日製定公佈「耕地三七五減租條例」，作爲法律依據。實行「三七五減租」。
意思是地主對佃農的租額不得超過全年收穫的 37.5%，所以簡稱「三七五減
租」。爲什麼要定這個比例呢？當局是這樣計算的：農田普通收穫量中，種子、
肥料和耕作中其它成本費用要耗 25%，扣除這部分，餘下的 75% 地主與農民
平分，各得 37.5%。所以就叫「三七五減租」。此外還規定，地主出租土地，
租期不得少於 6 年，期滿必須續租，不得隨意撤租升租，保障佃權的相對穩
定。農業歉收時，地主應臨時減免地租。同時對佃農也作了一些規定，如佃
農地租積欠兩年的總額時，地主可以撤佃。「三七五減租」從 1949 年 4 月開
始。「三七五減租」和在大陸所施行的「二五減租」、「四一減租」是一個道理，
減租的數量也是相同的。「二五減租」的經濟政策，即在對半租（50%）地租
的基礎上減收 25%，也就是四分之一。地主對佃農的租額就不超過全年收穫
的 37.5% 了。根據當時的統計，因爲減租而受益的佃農有近 30 萬戶，占全省
農戶總數的 44.5%。「三七五減租」提高了農民的生產積極性，有利於農業生
產的恢復和發展。由於租率下降，也導致了地價下跌。這爲進一步實行土地
改革創造了條件。

　　第二步：1951 年至 1976 年間分九期實施先辦理公地放領，連同 37 年試
辦部份，共計放領 138,957 公頃，承領農戶 286,287 戶。政府收得放領公地地
價稻穀 367,366,416 公斤，甘薯 1,254,768,525 公斤，全數由臺灣土地銀行經收
後撥作扶植自耕農基金。實行「公地放領」。臺灣光復後，從日本人手裏接收
過來的耕地叫「公地」。臺灣省政府將國有的和省有的耕地所有權，從 1951
年開始，將這些「公地」陸續賣給農民，地價爲耕地正產品全年收穫量的兩
倍半，爲了不受貨幣貶值的影響，以實物計算，全部地價由農民在 10 年內分
期償付，不負擔利息。受領農民只要連續交納 10 年地租，每年交納的租額正
好等於每年應交納的地價，10 年期滿，耕地即歸農戶所有，公地放領到 1961
年辦理完畢。共放領公地 144 萬畝強，由 156,443 戶承領，平均每戶受領 9.2
畝。

　　第三步：後全面實施耕者有其田，規定地主保留中等水田三甲、旱田六
甲及免徵耕地。政府徵收地主超額之出租耕地，附帶徵收地主供佃農使用收
益的房舍、曬場、池沼、果樹、竹木等定著物的基地，放領給現耕農民。於
1953 年 12 月順利完成，計徵收放領耕地 139,249 公頃，創設自耕農戶 194,823

戶。

實行「耕者有其田」。爲了防止地主隱瞞耕地，臺灣省政府從 1952 年 1 月到 1953 年 4 月將全省地主耕地進行重新丈量，登記造冊。隨後頒佈了「實行耕者有其田法條例」，主要內容有：地主可以保留相當於中等水田 3 甲（43.5 畝）或者旱地不超過 6 甲，超過的耕地一律由政府徵收後放領給農民；徵耕地價也是按耕地主要產物全年收穫量的 2.5 倍，放領的地價，以耕地正產物（稻穀、甘薯）全年收穫總量 2 倍半，分十年均等攤還。徵收方面，補償地主 70% 爲政府發行的實物土地債券（分十年均等償付，並加給年息 4%），30% 爲水泥、紙業、工礦、農林等公營事業股票（一次給付）。政府用發行的土地債券和臺灣水泥公司、造紙公司、工礦公司和農林公司四大公營企業資產作價爲股票的形式支付給地主。對於地主來說，「耕者有其田」政策，帶有一定的強制性，除按規定予以保留的土地外，其餘全部徵收放領。政府以徵收的同樣價格，轉賣給當時實際耕種該耕地的佃農。佃農購買後即取得其所有權並准佃農在十年內分期付清地價，農民如果沒有現金購買土地或認領公地，可以申請無息貸款，分十年還清本金，並可用稻米和甘薯亮相實物代替現金。實施了「耕者有其田」。

據 1980 年統計，經過上述三個步驟的土地改革，臺灣耕地屬於自耕農者，已達總耕地的 84.8%。因爲地主還保留一部分土地要出佃，其它人因爲勞力少或又有其它事業等種種原因也會出佃，都屬於正常，所以佃租田者仍占總耕地的 15.2%，佃農向地主交納租金就按照「三七五減租」的規定辦理。「農復會」的負責人沈宗瀚曾說：「倘純粹從農業經濟之立場言，維持現有的租佃關係，或徹底實施耕者有其田，均無不可。……世界除共產主義國家外，普遍皆有租佃制度之存在。此一制度之本身有許多優點。所以徹底研究臺灣目前之租佃制度條件，使之更臻合理，似爲當務之急。」

縱觀臺灣的土地改革，基本上是以有利於農民的方式解決了農村的土地問題。但是，臺灣的土地改革對「封建勢力」的打擊是十分溫和的。臺灣的土地改革是在「威權體制」下進行的，地主強烈抵制土改，有的地主逃到國外，組織反抗運動。土地改革雖然使得地主失去了土地，但他們搖身一變，成爲持有股票的資本家。後來，隨著臺灣經濟發展，股票不斷增值，這些人也都發了財。所以有人說，臺灣土地改革是在很大程度上保護了地主尤其是大地主的經濟利益。

　　有人說：國民黨政府在大陸統治時，與地主有著千絲萬縷的聯繫，地主是國民黨的重要社會基礎，它不可能觸及到地主階級的利益。而國民黨退臺後，與當地的地主勢力幾乎沒有什麼經濟聯繫，當地的地主階級不再是它的社會基石。這樣，國民黨在政治上便獲得了較大的靈活性。另外，國民黨退臺後，意識到解決土地問題，就會獲得大多數農民的支持。有了農民的支持，才能在臺灣站住腳跟。國民黨在臺灣的土地改革，使大量無地農民成為自耕農，刺激了農民生產積極性，使臺灣農業很快恢復到二次大戰前的最高水平。同時也緩和了社會矛盾，解放了生產力，為臺灣後來的經濟迅速發展奠定了基礎。

　　由於社會的發展，經濟、科技都發生了深刻的變化。現代土地問題就不會只限於像歷史上的井田、名田、均田等農用地的制度問題，牽扯面更廣。臺灣土地改革後，還有其它相關的制度。孫中山先生的闡述「平均地權」時，就涉及了工業、商業、交通等用地問題。現有的臺灣土地制度主要包括三方面內容：

　　1.農地農用制度。土地改革後農民的農用地只有農用權利，不得他用。農民出售土地，不能作非農地用，耕地只能在農民之間進行交易。這樣是農業發展計劃可以有序的節能行，保護了農地。

　　2.農地轉非耕地制度。土地由農地轉變用途必須嚴格按照土地規劃執行，這是土地制度的重要組成部分。依法出售的土地一半「充公」用作城市、交通等公益建設。

　　3.非農地交易制度。農地轉為非農地正如孫中山所預計會是地價大幅度的上漲，所增值的收益分配，有嚴格的規定，就是漲價歸公，並實行土地累進稅。

　　臺灣土地改革後，幾十年來並沒有出現「兩極分化」問題，有效保護了小農，促進了當地農業的發展。臺灣農業發展的成功，得到大陸官員的認可。如 2014 年 12 月海協會會長陳德銘訪臺說：臺灣每個農民所能創造的農產品增加值是大陸農民的六七倍。農會模式更是「小農」變「大農」。「小農」變「大農」就是使用了「租佃制」。

## 三、臺灣土地法的逐步完善

　　土地管理的原則主要包括「地盡其利、地利共享」「平均地權、照價納稅、照價收買、漲價歸公」等。這些原則細化於「土地法」、「土地稅法」、「土地法實施法」、「土地徵收條例」、「平均地權條例」、「土地登記規則」、「地籍測

量實施規則」、「地價評議委員會組織規則」、「土地稅減免規則」等一整套規定中，貫穿於土地登記、土地使用、土地稅收、土地徵收、土地市場管理全過程。土地管理進一步完善。

### （一）地權制度

實行公私兼有的地權制度。公有土地包括國有土地、直轄市有土地、縣（市）有土地、鄉（鎮、市）有土地。公有土地收益列入政府預算。據臺灣《經濟日報》2013 年報導，目前「國有地占臺灣土地總面積超過 60%」。私有土地包括公司、團體和個人所有土地。為保持私人與社會土地利益的平衡，防止私有土地危害社會利益，臺灣當局「憲法」規定：「私人取得的土地私有權，應受法律限制。」「土地法」對此進行了細化。例如，「限制私有土地面積最高額」、「規定土地分割最小面積」、「扶持自耕農」，還規定了海岸一定限度內的土地、公共交通道路、名勝古蹟等 10 種土地不得私有，已經私有的，要徵為公有；林地、漁地、狩獵地、鹽地、礦地、水源地及要塞軍備及領域邊境土地不得轉移、租賃給外國人等。

臺灣地區設立的土地物權，除土地所有權以外，還包括地上權、永佃權、地役權、典權、抵押權和耕作權。

### （二）房地產統一登記制度

1999 年年 6 月 29 日發佈執行的「臺灣土地登記規則」規定：「土地登記，謂土地及建築改良物（以下簡稱建物）之所有權與他項權利之登記。」「土地登記，由土地所在地之直轄市、縣（市）地政機關辦理之。但該直轄市、縣（市）地政機關在轄區內另設或分設登記機關者，由該土地所在地之登記機關辦理之。」「建物跨越二個以上登記機關轄區者，由該建物門牌所屬之登記機關辦理之。」臺灣地區土地登記採取托倫斯登記主義，進行實質審查。登記具有絕對效力，「不動產物權，依法律行為而取得設定、喪失及變更者，非經登記，不生效力」。臺灣的地政部門從所收取登記費中提存 10%作為土地登記儲金，專門用於因地政部門登記錯誤給權利人造成損害的賠償。

### （三）土地稅收制度

土地稅收的目的，不僅是財政來源，還包括促進土地合理利用，抑制土地投機。在不動產保有環節，臺灣地區不僅徵收房屋稅，還徵收地價稅、田

賦。地價稅以市縣每年公佈的標準地價爲主要徵稅依據。地價稅運用累進稅率及加徵空地稅的方法來調整土地分配，促進土地利用。具體內容：（1）地價稅每年徵收一次，採用一般累進稅率，共七級。未超過累進起點地價時按基本稅率千分之十五徵稅；超過累進起點地價在百分之五百以上者，以每超過百分之五百爲一級距，每一級距內各就其超過部分，逐級加徵千分之十，以加至最高稅率千分之七十爲止（臺灣「土地稅法」第16條，臺灣「平均地權條例」第19條。）（2）優惠稅率。對自用住宅用地、工業用地、公共設保留地、公有土地採用優惠稅率（臺灣「土地稅法」第17、18、19、20條。）（3）對超過期限未建築使用的私用空地要加徵空地稅。空地稅額爲應繳地價稅的3倍以上10倍以下。

在不動產轉讓環節，購買者繳納契稅，出賣者繳納土地增值稅。土地增值稅按其移轉現值減除原規定地價或前次移轉時申報之現值，再減除土地所有人爲改良土地已支付之工程受益費、土地重劃費用等全部費用後，就其餘額，即土地自然漲價部分課徵。政府出售之公有土地、因繼承移轉之私有土地、及私有土地贈與政府供公共使用者，均免徵該稅。納稅義務人是：土地有償移轉時，以原所有人爲納稅義務人；土地設定典權時，以出典人爲納稅義務人。土地增值稅稅率有一般累進稅率（共三檔：40%、50%、60%）、自用住宅優惠稅率、改良利用優惠稅率（改良荒地與重劃土地）、被徵收土地優惠稅率、另行購買土地退還原繳土地增值稅、土地投機加重稅率。此外，還設有遺產及贈與稅、所得稅、印花稅等相關稅種。

### （四）土地徵收、徵用制度

根據臺灣「土地法」規定，因公共事業需要，或者政府機關因實施國家經濟政策，可以徵收私有土地。但徵收範圍，應以公共事業所需或者以法律規定爲限。一是爲興辦公益事業的需要。包括：國防事業；交通事業；公用事業；水利事業；公共衛生；政府機關、地方自治機關及其它公共建築；教育學術及慈善事業；國營事業及其它由政府興辦以公共利益爲目的之事業。二是因實施經濟政策。所謂實施經濟政策，其範圍很廣，因此，特別明確以法律規定徵收私有土地爲限。如「土地法」第29條、第89條、第92條，對私有土地超過最高面積限制、對私有空地及荒地，對新設立都市的用地，規定了市、縣政府可以依法徵收。

徵收種類。一是區段徵收，爲實施經濟政策、新設都市地域或者舉辦國防事業、公用事業，應當實行區段徵收。區段徵收是城市的一種開發模式，它是將城市劃定範圍內的土地全部予以徵收，並重新分宗整理、規劃開發，由政府取得開發目的所需要的土地，其它土地再進行放領、出賣或者租賃，以償還開發成本，改善地區土地開發利用。區段徵收的土地，被徵收土地者可以選擇申請現金補償、抵價地補償或者申請優先買回土地，使其能夠共享區段徵收後的土地開發利益。二是保留徵收，爲開闢交通路線、興辦公用事業、新設都市地域、國防事業可以實施保留徵收。所謂保留徵收，是指爲將來需用的土地，在未需用以前，預爲呈請核定公佈其徵收之範圍，並禁止妨礙徵收的使用。但保留徵收的期間，不得超過三年，逾期不徵收，視爲撤銷。但因舉辦交通路線或國防事業的，可申請核定延長保留徵收期間，但延長期間至多五年。三是其它徵收。

臺灣「土地徵收條例」規定，徵收土地由市縣主管部門公告，並書面通知土地或土地改良物（地上附著物）所有權人及他項權利人。公告期爲 30 日。補償費應於公告期滿後 15 日內發給。報經行政院核准，准以土地債券搭發補償。對徵收補償價額不服的，由地價評議委員會復議。對復議結果不服的，可依法提起行政救濟。

臺灣「土地徵收條例」還規定，「因興辦臨時性之公共建設工程，得徵用私有土地或土地改良物」，「徵用土地或土地改良物，應發給所有權人或地上權、典權、地役權、永佃權、耕作權人使用補償費；其每年補償費，土地依公告土地現值百分之十計算，土地改良物依徵收補償費百分之十計算。徵用期間不足一年者，按月計算之；不足一月者，按日計算之」。

### （五）土地重劃制度

土地重劃制度，包括市地重劃和農地重劃。

1、市地重劃。就是依照都市計劃，將畸零細碎、形狀不整的土地，就原有位次予以交換分合，興辦各項公共設施，所需費用及公共設施用地由土地所有權人按受益比例共同負擔，政府無需負擔開發費用，而重劃後各宗土地都形狀方整，立即可供建設使用。其運作方式與「區段徵收」相同。先由政府在需要改造的都市建成區內劃定「重劃區」，然後由政府或重劃實施單位貸款完成拆遷和基礎設施改造。對規劃整理後可供建築地用的，由原土地所有

權人領回抵價地進行直接開發，或出售或租賃出去。在市地重劃中一般用於基礎設施改造的土地約占重劃區面積的 40％左右，可提供給原土地所有權人處分的土地也約占 40％左右。剩餘的 20％左右由政府或重劃實施單位以標準（拍賣）的方式實現，償還拆遷和基礎設施改造的貸款。這樣，既使政府在不投入或少投入的情況下取得了改造基礎設施所需的用地，實現了舊城改造的目的，也使重劃區的原土地所有權人得到了增值後土地的開發權和收益權。「市地重劃」是一種綜合性土地改良事業，是促進都市土地利用、發展都市建設，突破都市建設籌措財務費用困難的有效措施之一，也是實施平均地權政策的重要一環。顧及政府人力、財力有限，或有無法適時配合實施開發的情形，因此開始獎勵民間自辦重劃，以擴大「市地重劃」的績效。據初步瞭解，僅臺北市通過土地重劃，增加財政收入約 100 億新臺幣。

2、農地重劃。為改變農地不規則，灌溉、排水不順暢，無法實現農業生產機械化的問題，通過對農地實行重劃，將個人零星分散的地塊整合調整，使農用地拉直、排列整齊，形成能直接灌溉、排水，規則的農用地塊，方便機械化耕作，對農業產生較好的效果。據介紹，臺灣地區 80％的農地已經實現重劃，從看到的部分講，農田佈局合理，井井有條。

臺灣地區的土地政策依循孫中山先生的平均地權思想，追求「地盡其利、地利共享」的目標。其中，土地徵收制度是土地政策的重要內容，依照孫中山「公共需要得照價收買私人土地」之主張而定補償額的確定與實施，是土地徵收的核心，「地價」是實施土地徵收補償的基礎。從現實情況來看，爭議最多的就是土地所有權與改良物的補償問題。

關於地價的確定，臺灣地區有公告土地現值和公告地價兩項。所謂公告土地現值，是直轄市或縣（市）政府對於轄區內的土地，依規定經常調查其地價動態，編製地價區段圖並估計區段地價後，提經地價評議委員會評定而得。各地編製的土地現值表於每年 1 月 1 日公告，作為土地移轉及設定典權時，申報土地現值的參考，並作為主管機關審核土地移轉現值及補償徵收土地地價的依據。依照《平均地權條例》，公告土地現值接近一般正常交易價格。公告土地現值如能調整到接近一般正常交易價格，不僅能使被徵收土地所有權人的權益獲得充分保障，也可以達到平均地權、漲價歸公的政策目標。可以施行區段徵收：新設都市地區的全部或部分在實施開發建設時；舊都市區為公共安全、公共衛生、公共交通需要或促進土地合理使用而實施的更新；

都市土地開發新社區；農村社區為加強公共設施，改善公共衛生需要，或配合農業發展規劃實施的更新或新社區開發；都市土地中的農業區、保護區變更為建築用地或工業區變更為住宅區、商業區；非都市土地實施的開發建設。在區段徵收中，對抵價地原土地所有權人權利保障最重要的要件是抵價地補。

# 第十九節　中共由打土豪分田地起始

## 一、中共革命重點轉移到農村

　　五四運動是中國史上具有劃時代意義的事件，職業領袖們的確是知識界的教師和學生。因為按照馬克思學說革命應該由工人階級領導。中國工人階級從此被領導者強拉硬拽拉上了政治舞臺。而且這些職業領袖們也需要幫襯，以完成其理想事業。1927 年四一二大屠殺前後是由工人出身的共產黨領導，都是經過幫會階梯，登上政治舞臺。根據莫斯科意圖，改造後產生的六大中央委員和候補中央委員總共有 36 個，其中工人佔了 22 個，而這 22 個工人委員中，除了向忠發於 1931 年 6 月 22 日被捕變節以外，相繼投降了國民黨的就有 14 個，占整個中央委員三分之一還多。繼向忠發之後，另一個工人領袖顧順章被捕後即叛變，並供出所知一切中共機密。造成了極大危害，不得已從上海轉移到農村。共產國際寧肯找一些自己信得過的，即使是毫無經驗的留蘇學生——博古（即秦邦憲）來維持中共中央的工作，再也不提找工人來做中共領袖的事了。博古當年只有二十四歲，盲目聽從共產國際軍事顧問李德的指揮，使紅軍傷亡慘重，被迫進行戰略轉移，走向長征之路。近年俄羅斯解密檔案說明：經過長征，共產國際領導人季米特洛夫、以及斯大林不再支持長年培養的王明等一夥，而做出支持毛澤東在中國共產黨的領導地位決定，從而以土地改革為中心。

　　1927 年「四‧一二」政變，國共兩黨決裂，中國共產黨從城市轉入農村，發展工農武裝，先後創立了大小 15 塊農村革命根據地，其中較大的有中央蘇區、鄂豫皖區、洪湖區、鄂西區、廣西左右江區。在各個革命根據地中，共產黨放手發動群眾，開展以土地革命運動。

　　土地革命是從井崗山地區開始的。1927 年 11 月毛澤東在寧岡、永新、蓮花三縣黨的負責人會議上，提出了打土豪、分浮財、廢舊債的主張。1928 年 7 月，中國共產黨如開的第六次代表大會，討論了土地問題，通過《農民運動

決議案》與《土地問題決議案》，對土地政策作了一些重要規定，系統地提出了解決土地問題的意見。同年 12 月毛澤東主持召開了中共湘贛蘇區第二次黨代會，製定了《井岡山土地法》。由於認識不足，不夠完善，1929 年 4 月，毛澤東又製定了《興國土地法》，明確了土地革命打擊的對象。

## 二、土地革命率先行動再論政策

### （一）沒收土地問題

「八七會議」上通過了《最近農民問題決議案》中指出：「沒收大地主及地主土地」，而「對於小田主則減租」。《井岡山土地法》中規定：「沒收一切土地而不是只沒收地主的土地」。「沒收一切土地」，也包括中農和貧農的土地。混淆了階級陣線原則性錯誤。「六大」通過的《關於土地問題決議案》與《關於農民問題決議案》中，明確規定無代階的立即沒收豪紳地主階級的土地財產，「分配給無地及少地的農民使用」。

1929 年 4 月毛澤東寫的《興國土地法》，把「沒收一切土地」改爲「沒收一切公共土地及地主階級的土地歸興國工農兵代表會議政府所有，最終把沒收地主階級的土地這一政策確定下來。

### （二）土地所有權問題

自從「七八會議「提出土地國有政策以後，各個革命根據地受」七八會議「影響，在製定的地方性土地法中都規定土地歸蘇維埃所有，嚴禁土地法與全國蘇維埃區域代表大會上通過的《土地暫行法》中都規定土地所有權歸蘇維埃，農民只有使用權。禁止自由買賣、出租、典當是防止產生新地主的有效辦法。此法不能滿足農民對土地的要求。爲了解決農民的土地所有權問題，1930 年 2 月 27 責令江西蘇維埃政府通令蘇區各級政府，發安民告示，已分的田，分給誰歸誰私有，租借買賣，任其自由，不得侵犯。中央蘇區中央局於 1931 年 2 月發出的第 9 號通告指出，必須使廣大農民在土地革命中獲得土地所有權，才能鼓舞農民的革命熱情，使土地革命更加深入。土地已經分配，但有些地方蘇維埃政府沒有給發給土地證，有些地方雖然發了，也只證明土地的使用權，沒有保證所有權。因此，農民不願在土地上投資，甚至怠耕、撂荒。爲此，1933 年 6 月，中華蘇維埃共和國臨時中央政府土地委員會頒佈了《關於實行土地登記》的布告，規定：「登記好了，蘇維埃發給土地證

與農民，用這個土地證去確定農民的土地所有權，確定某塊土地歸某人所有，他人不得侵佔，政府不得無故沒收。」

### （三）土地分配標準問題

《井岡山土地法》與《興國土地法》都提出了兩種方案：一是以人口為標準，男女老少平均分配；一是以勞力為標準，勞動力比非勞動力多分一倍。這兩個標準不是並用的，而是以第一個標準為主，各地辦法不一。毛澤東總是及時地總結各地的成功經驗，確定分配土地時以原耕為基礎，不是打亂平分，並且先提出了「抽多補少」的分配原則；自耕農的土地一般不動，只沒收富農的多餘土地；第一次把對地主及其家屬給以生活出路的政策肯定下來。

### （四）富農問題

對富農的政策，在《井岡山土地法》中把富農作為打擊對象的，在《興國土地法》中，對此作了重大改變，規定其打擊對象不再包括富農。對富農經濟應保護其資本主義因素，消滅其封建剝削。在「六大」關於土地問題的精神指引下，各革命根據地都比較妥善地解決了富農問題。1930 年 5 月右江工農民主政府頒佈的《土地暫行條例》中，對農村社會各階級的經濟地位和政治態度進行了深入細緻的分析，製定了劃分農村階級的標準。條例規定，凡有較多土地，需雇人耕種，而在經濟上自給有餘者謂之富農。並明確規定了什麼樣的是中農。這樣就嚴格地劃清了中農的富農的界限，避免再犯傷害中農利益的錯誤。

在 1931 年 1 月召開了六屆四中全會上，王明掌握了黨中央的領導權。他「混淆了民主革命和社會主義革命的一定界限，並主觀地急於要超過民主革命。」「主張整個地反對資產階級以至上層小資產階級。第三次左傾路線更把反資產階級和反帝反封建並列，否認中間營壘和第三派的存在，尤其強調反對富農。」堅決肅清富農路線，加緊與富農的鬥爭，大辦推行土地革命中的「左」傾土地政策。使土地革命受到挫折。

在「左」傾機會主義路線的高壓下，革命根據地先後都貫徹執行了「左」傾冒險主義的土地政策：即沒收地主的全部財產，不分給土地，把他們從蘇區驅逐出境，甚至要殺頭，從肉體上加以消滅；對富農採取了在經濟上消滅的政策，有時蘇區無休止地向富農徵收錢財，直到沒收富農的全部土地，把壞田分給富農。由於什麼樣是富農，什麼樣是中農，中央沒有一個統一科學

標準，各個根據地在劃階級定成分時各行其是。這樣既侵犯了中農的利益，也影響了貧農與雇農的革命與生產的積極性。蘇區的以消滅地主階級的殘餘勢力，在經濟上削弱富農勢力爲主要內容的查田運動，也受到「左」傾路線的嚴重干擾。過分地打擊地主、富農，傷害了中農的利益，給各個革命根據地帶來了嚴重的後果，使中農感到人人自危，憂心忡忡，跟黨離心離德，因怕劃成新地地主、富農，不敢努力發展生產，大大挫傷了農民勞動積極性，破壞了農村的生產力。商業不景氣，造成物資短缺、糧食緊張，成爲導致第五次反圍剿失敗的原因之一。給革命事業帶來不可估量的損失。

## 三、打土豪分田地

從以上情況看，中共製定過「土地法」，即時間短，經常變化，很不穩妥。隨心所欲，也未合法公佈於眾。大革命時期中共領導的農民運動發展十分迅速，農民階級在中共的領導下，組織農會，起來打倒土豪劣紳和不法地主，推翻地主政權和武裝，建立農民的政權和武裝，並有力的支持了北伐戰爭，但這一時期，中國共產黨沒有明確提出土地革命路線，還沒有眞正認識到土地革命對於發動農民階級參加革命的重要作用。

國共分裂以後，打土豪、分田地口號標語最先出現在 1927 年的文家市，至今全國重點文物保護單位秋收起義文家市會師舊址還保存有當年所寫的這條標語。根據黨史專家、吉安市東井岡研究會會長丁仁祥的研究，1928 年 3 月開始，毛主席在鄠縣的中村試點，開展了打土豪，分田地的革命鬥爭，豎起了分田分地這一革命旗幟。其弟毛澤覃也在寧岡大隴進行分田的試點。是年 5 月，湘贛邊界黨的一大會議決定成立湘贛邊界工農兵政府，各級政府都設立土地委員會或土地委員，明確提出深入割據地區的土地革命。

紅軍所到之處，立即出現了一邊打土豪，一邊分田地。對此，毛澤東在 1929 年秋寫了《清平樂·蔣桂戰爭》一詞：進行了生動的描述：「風雲突變，軍閥重開戰。灑向人間都是怨，一枕黃粱再現。紅旗越過汀江，直下龍巖上杭。收拾金甌一片，分田分地眞忙」。發動鬥爭是第一，顯然，分配土地僅僅是動員的手段。因此，在中共控制下不長的幾年裏，「土地分配了無數次」，地權頻繁變動，其意不在給農民土地，而是爲了動員之便。每分一次土地，都會打倒新的富農，還會增加農民對紅軍和蘇維埃政權的依附感。眞正行動的是「打土豪」，在動蕩時期，對背不走、抱不動的「分田地」只是一種號召，

並不眞正感興趣。

　　眞正的目的則是：依靠的就是土地改革煥發起來的廣大農民的革命積極性，取得革命需要的物資和兵源。「八一起義」的軍隊都是舊式軍隊轉過來的，沿用官兵發軍餉的制度，負擔很大。劉伯承在報告中談到軍餉問題時說：「四川二等兵月餉六元六角。還八折下發；廣東二等兵月餉毫洋十元零五角。或甚至於久不發餉；至於南方的新軍閥，自背叛後……他們給士兵的餉，一月只有十元零的毫洋。常是幾月不發。而紅軍士兵的月餉二十元與分配土地給士兵。」紅軍的待遇高於白軍。擁有軍隊之後，開支驟然增加，而蘇聯又不可能提供大量經費。陳毅曾說：井岡山的部隊每月至少需要五萬元左右，所以這筆開支就需要自己籌措。1929 到 1931 年紅軍發展較爲順利的時期，由於大規模的軍閥混戰頻仍和國民黨政府對應失策，紅色區域經過土地革命的深度動員，迸發出了巨大的能量，對外擴張總的來說還比較順利。新開闢的紅區，特別是中小城市，基本上滿足了紅軍的補給需求。這種凱歌式行進的擴張，也使得紅軍更加注重用擴張的方式，打土豪來解決自身的補給問題，輕視根據地內部的生產恢復和發展。「以及分田分得次數太多，使群眾一般的走到安貧和不相信土地是否他自己的觀念」。

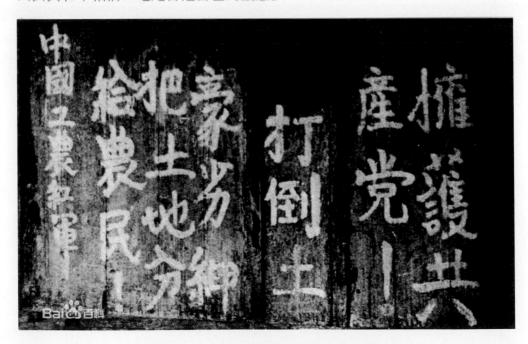

秋收起義文家市會師舊址保存的標語圖

　　到了 1932 年，國民黨政權逐步敉平了各地軍閥的反抗，穩定內部之後，紅軍的擴張勢頭就逐漸遭到遏制。蘇區面臨的圍剿的軍事壓力，逐年增大，與之相伴的政治與經濟封鎖也日趨嚴厲。在這種情形下，「打土豪」受到了極大的限制。但是，多年形成的行為慣性並未因此而消失，而且蘇區內部惡劣的經濟狀況，也不容紅軍很快改弦更張。各個部隊調整了打土豪的方式，採取派小部隊不定期進入白區的方式進行。

　　紅軍叛將龔楚曾說過：紅軍沒有作戰時，便開到「白區」去打游擊。這是紅軍官兵們最喜歡的工作。因為到「白區」去打游擊，就有土豪打。不僅是可以有充足的糧食，而且可以吃一頓豬、牛肉下酒。打土豪的方式，是由政治部負責調查出某家是土豪之後，再由經理機關派出徵發隊，由政治人員率領，協同紅軍部隊到土豪的家裏，將其家所有盡數沒收。在屋內牆壁裏及地下埋藏的金銀首飾，也要搜劫淨盡。要是土豪家中還有人留在家裏，無論男女老少，一律拘回勒榨罰款，甚至槍斃處死。越界打土豪的方式很快變了味。土豪是有限的，而且是長腿的，財產可以隱藏、轉移，加上白區的防範愈來愈嚴，因此，打土豪愈發困難。土豪難打，但軍隊和蘇維埃政權的開支又必須解決，各地的地方部隊各行其是，各顯神通，於是大量的搶掠和綁票行動出現了，在中共自己的文件裏，稱綁票為「越界弔羊」。更有甚者，搶掠綁票的對象，並不一定限於有錢人，有的時候，甚至連窮人也被捉來罰款，「向貧農強借米物」，以致被白區人民呼為「游擊賊」。據曾志回憶，她的丈夫陶鑄，就曾綁過一個地主的孩子，得到贖金 3,000 多大洋。

　　土地改革農會鬥殺是面對面的，土地又是不動產，容易引起不良後果。僅僅分地達不到動員應有的深度，必須有暴力和暴力氣氛。所以，對富人的肉體消滅，尤其是現場的流血，是必要的。中國人民大學政治系教授張鳴說：海陸豐蘇區剛一開闢，十幾天功夫，海豐一個縣就有豪紳和其它反革命份子1,686 人被殺，沒有死的紛紛外逃。一時間，海豐、陸豐兩縣，逃到汕頭和香港的達萬人以上。紅四軍南下，開闢新區，閩西地方黨組織暴動響應，「開宗明義的工作便是繳槍殺土豪燒契三種」，「土白暴動三四天內殺了四五十人。海陸豐根據地有「七殺令」，所有富人，都不能幸免。湘贛蘇區土地革命，將「十六歲以上卅歲以下豪紳家屬的壯丁無論男女都殺掉了。」說是要把「有能力反革命的」預先除掉。不僅如此，殺人的時候，往往要造成某種血腥恐怖的氣氛，開大會公審，當眾處決。海陸豐的行刑大會，不僅喊口號，還吹

著衝鋒號，行刑者揮舞著鋼刀，「一刀一個，排頭砍去，很爽利的頭顱滾地」。甚至還有婦女組織的「粉槍團」，在幾千人的大會上，用紅纓槍「刺進宣佈了死刑的反革命份子的咽喉、胸膛，鮮血四濺。」顯然，血腥可以喚起革命熱情，只要殺戒一開，參加的人就都跟反革命有了血海深仇。起初，「蘇維埃政權要撥給兩塊大洋賞給施刑的赤衛隊員，半個月後，不須要賞金，赤衛隊員要殺一兩個反革命份子雪恨。」仇恨和仇殺就這樣被點燃，然後升級擴散。選擇了「立場」的農民，跟另一部分人誓不兩立，到了這般田地，動員的目的也就達到了。兵源財源都有了。不僅紅軍補給依賴打土豪，就是各級蘇維埃政府的經費，也要靠打土豪。打土豪也劫掠工商業，幾乎所有店鋪，包括著名華僑資本家陳嘉庚的店鋪，其貨物都被無償徵收。那坡打的黃恒棧即行沒收，拿走許多金條，還罰款 30,000 大洋。

當時共產黨靠打土豪積纍了大量財富。例如：「富田事變」由段良弼代表向在上海黨中央彙報。承認做錯，懇請處分的同時。得知黨中央經濟十分拮据，還決定將所有的 200 斤黃金送交中央。1930 年 1 月 5 日，段良弼帶著幾十兩黃金，輾轉到達上海，見到任弼時和博古，將黃金與報告交給了黨中央。因為有錢，還出現土改幹部貪污的「於都事件」。於都縣縣委書記劉洪清販賣食鹽，因獲得暴利。多個鄉主席等貪污公款和群眾的捐款或捐物。

在土改中殺地主幾乎就是按比例，按名額來完成任務，完全不問青紅皂白。「殺人立威」是鞏固政權的一個重要的手段。毛澤東因受受排擠以「養病」為由，住在中共中央所在地瑞金雲集區葉坪鄉。搞查田運動的試點成立了貧農團，擁有查封地主房屋財產和隨意捕人的權力。為此，全區共查出九十一家地主，二十三家富農，逮捕六十多人，殺了九名反動地主。「紅五月」擴軍運動中，居然徵兵一千零二十人。由於糧食嚴重短缺，號召家家捐獻，人人出糧，開展過「每人節約三升米」運動。

紅七軍領頭人吳光浩由木蘭山到達柴山保開闢鄂豫皖根據地時。主要骨幹，戴克敏、王樹聲、詹才芳、徐其虛、戴季英，都是學生出身不滿現實的「憤青」。這地區地區沒有進行劃分階級和土地改革，主要是打土豪，與當地民團衝突。《炎黃春秋》2014 年第九期載：今年已經 98 歲的王建華記述，母親和八歲的弟弟被打死是由於中國工農紅軍第十一軍軍長吳光浩寫條子要王家交 300 大洋支持革命，沒有交齊。打死他母親和弟弟就是被同族兄弟王成盛、王成贊。此二人還只是少年，不久也為革命犧牲。王樹聲建國後授銜大

將，全家一共有 13 位兄弟姐妹，投身革命。有爲戰鬥犧牲的，還有被張國燾搞肅反擴大化被殺的，以及國民黨抓走後來失蹤的，共有十多個人。他家經濟狀況是地主逐漸中落，與王家灣王建華家差別不大，「向波浪，有時起有時落」。在反霸鬥爭中，王樹聲大義滅親，受到群衆的擁護。親自懲辦他祖母的胞弟丁枕魚。王樹聲九歲以前就沒有父母，是他的奶奶帶大的。1931 年，張國燾在白雀園親自主持大「肅反」，再次運用嚴刑逼供的手段，使一些人毒打成招，承認自己是改組派、AB 團或者第三黨，承認在紅四方面軍中有個以許繼愼爲首的反革命團夥和反革命陰謀。許繼愼死在肅反屠刀下，時年只有 30 歲。同時被牽連遭株殺的人達數千人，而整個蘇區據估計，被殺的有萬餘人。國民黨軍隊對柴山保地區的大規模殘酷殺戮，這種殺戮最少有三次。當年國民黨軍究竟殺害了多少蘇區軍民，麻城乘馬崗區的人口變化也可見一斑。1926 年乘馬崗區下轄 13 個鄉，總人口 13 萬，到解放初人口不足 3 萬。減少的人口中的大部分爲遭遇國民黨軍的屠殺。

紅軍長征時，1932 年秋，原在鄂豫皖邊區的紅四方面軍，由張國燾率領約 2 萬餘人，突過京漢鐵路開始西征，進入川北地區，繼續推行「左傾」路線。2014 年《炎黃春秋》第八期趙曉鈴先生纂文介紹的四川的兵災稱：紅四方面軍政治部印發的《平分土地須知》依然是推行暴力土改。1933 年 6 月 2 日，紅四方面軍政委陳昌浩給中共四川省委的信「動員全四川黨、團群衆配合紅軍的行動」，「迅速組織各種革命戰爭，發動到游擊隊，分田打土豪，破壞敵人後方電道糧站」。四川大學歷史系的師生們到川北革命根據地收集史料，一些老人仍然記得一些血腥的事件，與當時的報導大致相符。南江縣當年做過村蘇維埃主席的趙良山回憶：「往往有將中農當作富農沒收其好田；見到中農家餵了一口豬或雇一短工，就說是富農、地主，應沒收。常常錯沒收。」「有部分中農事實上已走上地主富農營壘中，拿起武器和貧雇農作戰了，造成蘇區反動如毛。再加上肅反政策錯誤，造成赤色恐怖，連某些基本群衆也動搖。」在肅反中，「還殺了牌首、甲長、妓女、端公等。主犯、從犯不分。如在長赤縣捉到的反動頭子殺頭，而對被欺騙去當反動的農民（脅從分子）也一律槍斃。不知道教育後釋放脅從分子。甚至連反動的親戚朋友、小男幼女都被牽連到反動身份上去而遭殘殺。捉到某人，指定某名，硬說某人、某名是反動，苦打著要他承認。否則越打越厲害，打得人家死去活來，手足殘廢。於是，最後乾脆斬首送回『老家』。」

　　土地鬥爭引起民間仇恨，互相廝殺。1929 年 1 月，紅四軍主力離開井岡山後，敵軍抄小路攻上井岡山。地主武裝頭目蕭家璧，帶領靖衛團配合國民黨軍隊「進剿」，將大小五井、茨坪等毛澤東和紅軍住過的地方列為「重點血洗區」。據不完全統計，用慘無人道的手段殘殺的群眾和革命幹部近 2000 人，燒毀房屋 5000 餘棟。江西省吉安有個地方叫千墳崗的，1934 年紅軍長征後，還鄉團在半個月內在這一帶 8 個村殺了 1000 多人，所以後來人們把此地叫做千墳崗。這一帶附近的一個村莊，民國初期有 1000 多人，到 1936 年居然被殺得只剩下 8 戶，現在才 100 多戶，至今在吉安根據地農村，到處可以看到國民黨燒毀房屋後的灰黑地基殘餘。從此，中國捲入了階級無序大屠殺時代。

　　在這時期的戰爭中，紅軍犧牲也很大，如湘江之戰，以紅軍慘敗告終。8 萬 6 千紅軍官兵，犧牲和失蹤約 3 萬 1 千人，被俘約 6 千人。殿後的紅八軍團不復存在。湘江東岸的紅三軍團六師 18 團和紅五軍團 34 師全軍覆滅。其餘各部編制在湘江之戰均只剩不足半數。官多兵少。紅軍大量縮編。自離開蘇區突破歷次封鎖線，紅軍損失如下：第一道封鎖線，損失 3700 餘人；第二道封鎖線，損失 9700 餘人；第三道封鎖線，損失 8600 餘人；第四道封鎖線，也就是湘江之戰，共損失近 38000 人，而且主要是骨幹作戰部隊。加上沿途紅軍徵召的新兵，此時紅軍已不足 30000 人。(蘇區出來的民夫和新兵大量逃亡) 在告醫腳山鋪戰場時，林彪、聶榮臻、左權、朱瑞等一軍團首長親自為死亡官兵安葬。據後人回憶平生極少流淚的林彪當時望著滿山遍野的灰色屍體淚如泉湧。我們看看朱德以紅軍總司令部給林彪和彭德懷的命令吧：「要動員全體指戰員認識今日作戰的意義。我們不為勝利者，即為戰敗者。勝負關全局」這是為命運而戰。

## 第二十節　中共抗戰時期土地政策

　　抗戰爆發後，中日民族矛盾已上陞為主要矛盾，中華民族處於生死存亡的緊要關頭。為拯救中華民族，中共與國民黨實行第二次國共合作。為鞏固和發展抗日民族統一戰線，爭取和團結社會各階層人士共同抗日，中國共產黨主動改變國內革命戰爭時期沒收地主階級土地的政策為減租減息的土地政策。即地租實行「二五減租」，與「借貸金錢者其利率不得超過月息一分五釐，簡稱分半減息。」

在各個抗日根據地雖然已經推翻了舊政權，廢除各種苟捐雜稅，但地租與高利貸仍然是舊欠未清，新欠又增，這樣日積月累，幾乎凡是老佃戶沒有一個不欠租子的。欠租對農民是個非常沉重的負擔，「使得農民永世不得翻身。」而且「欠租成了地主挾制農民的經濟武器。」如果不幫助農民擺脫這種受壓迫，受剝削的困境，不從水深火熱中把他們拯救出來，要調動農民的革命與生產的積極性是困難的。抗日時期為了兼顧農民與地主兩方面的利益，向地主階級作了一些必要的讓步，改變廢除封建土地私有制的政策減息的政策。這項政策只是減輕地租。但這種讓步是積極的，是為了全民族的利益，是為爭取和團結一切抗日力量，使地主階級中的大多數站到抗日陣營中來，有利於孤立偽政權。

1936 年 12 月西安事變後，中共中央為消除國共兩黨的對立，公開聲明，只要國民黨不打內戰，不搞獨裁，積極抗日，中共就立即停止沒收地主土地的政策。同年 8 月在黨的洛川會議上正式提出了以減租減息作為黨在抗日時期解決土地問題的基本政策。各抗日根據地 1939 年冬天起，正式開展減租減息運動，並取得了一定成績。但也存在一些亟待解決的問題。如革命隊伍內部的右傾情緒，基層幹部缺少貫徹執行減租減息政策的經驗等等。1942 年 1 月，為了普遍地貫徹執行減租減息政策，在認真總結經驗教訓的基礎上，中央政治局通過了《關於抗日根據地土地政策的決定》，明確規定了在貫徹執行抗日民族統一戰線中的土地政策必須堅持的基本原則：（1）承認農民是抗日與生產的基本力量。故黨的政策是扶助農民，減輕剝削，實行減租減息，籍以改善農民的生活，提高農民抗日與生產的積極性。（2）承認地主的大多數是有抗日要求的，一部分開明地主是贊成民主改革的。為了保證他們的人權、地權、財權，在實行交租交息。只對那些死心塌地的漢奸分子，才沒收其土地，消滅其封建剝削。（3）富農是抗日與生產中一個不可缺少的力量，因此，一方面要聯合富農，獎勵其生產；另一方面也要消弱其封建剝削，實行減租減息。為保證這個土地政策的順利貫徹，中共中央還製定了《關於抗日根據地土地政策的附件》，其目的在於保留永佃權。這樣就堅定了廣大農民鬥爭的信心，打擊了抗拒減租減息的不法分子，團結了擁護減租減息的開明地主，有力地推動了減租減息運動的開展。

## 一、減租減息政策的貫徹執行

　　抗日根據地貫徹執行減租減息的政策。首先打擊了反動地主的反攻倒算、威脅利誘，糾正了有些地方領導不力，對地主只講聯合不敢鬥爭的錯誤傾向。如陝甘邊區葭縣於 1943 年春派出幹部在第四、五、六鄉發動群眾聯合向地主清算租債，不公收回了地主多收的租子，而且還對態度不好的地主按多收租子的 1～5 倍罰糧。罰的糧食除減租會上食用外，還買了兩頭驢，買棉花支持窮戶紡織，贈送學校一批經費。爲此群眾受到極大鼓舞。同時放手發動群眾，組織群眾，利用各種形式向群眾宣傳減租減息政策，並建立起農會、減租會、租戶會、減租保地會、夥子會、減租檢查委員會等農民組織，作爲發動群眾，開展減租工作的支柱。這些群眾組織在減租減息的鬥爭中發揮了很大作用。有力地推動了減租減息運動的開展，並取得了很大成績。例如，晉察冀邊區，「僅據 1940 年 6 月，4 個專區不完全統計，減息數已達 320,600餘元，只二、五兩個專區減租額即達 12,290 餘石」。並根據「二五減租」的原則重新訂了租佃契約。「據平山、靈壽的統計新訂租約的共 5,587 戶，原租共6,734.58 石，新訂租共 3,267.71 石，共減去租額 3,466.87 石」。

　　從 1937 年開始，邊區以救國公糧的方式向農民徵收農業收益，儘管徵收條例經過多次修改，趨於公平合理，使邊區農民 80%以上都能夠承擔繳納公糧的義務。但公糧畢竟不是一種正規的農業稅，存在著許多不足。第一，公糧具有「攤派」性質，每年公糧徵收多少都是自上而下的從邊區逐級分配到各縣、區、鄉，這種攤派的方式不能做到縣與縣、區與區、鄉與鄉、村與村、戶與戶的公平合理。因此，在每次徵糧過後，「時常發生兩縣接壤區鄉農民的負擔有很大差別的現象。」

　　公糧的徵收標準是按實物的收穫多少累進，而不是按土地的多少累進，這種辦法在平均負擔上是公平合理的，但不利於農業的發展。因爲「同樣多的土地，收成多，要多出，收成少，可少出，甚至不出，這樣就會降低農民在土地上投資的積極性」。第三，公糧以農業收入爲徵糧範圍，邊區頒佈的徵收救國公糧條例照顧不到財產的多寡，特別是沒有經過土地革命的地區，如果按條例徵糧，擁有土地的地主佔便宜，而無土地的貧苦農民則吃虧。如子洲縣按條例徵收地主比民主評議實徵少 30%，富農比民主評議實徵少 10%，中農持平，貧農比民主評議實徵多 50%。爲了使各階層的負擔公平合理，只有通過民主評議來確定徵收的多少。

## 二、邊區的農業統一累進稅

農業政策是實行農業累進稅。過去的農業稅是採取救國公糧的形式，雖然也是按累進原則徵收的，但是每年徵收總數多少不一，每年每家徵糧數自然也就多少不一。1941 年發生攤派現象。1942 年雖改取評議制較為公平，但不公平的現象還是有的。主要缺點是稅率不確定，損害農民的生產積極性。提議政府於 1943 年進行人民土地的調查與登記，依此製定一種簡明的農業累進稅則，依一定土地量按質分等計算稅率，使農民能夠按照自己耕地的量與質計算交稅數目。

農民有了這個計算，就可計算他全年全家收支的比例，就可放手進行生產，而增加生產積極性，保證糧食的增產；政府徵稅時也就不發生不公平的問題了。1943 年這個準備工作完成後，1944 年就可實行徵收累進稅。有些準備工作完成早的縣，可於 1943 年先行試辦。

《陝甘寧邊區農業統一累進稅試行條例》規定了如下主要內容：

徵收範圍。農業收益與土地財產是農累稅的稅本，因此，條例規定凡已耕或可耕土地均徵收土地財產稅，即土地耕種所得的農產品，農村副業，地租、房租及畜租，長腳戶非運鹽的收入，畜牧業收入，森林藥材收入，未納其它稅的臨時經營事業收入要徵。荒地、荒山、荒灘、墳基地無法開墾者；森林地、畜牧地無收益者；居住之房基地；移難民新開荒地三年以內者。這些土地免徵土地財產稅。免徵農業收益稅的範圍是：農村中長短雇工所得之工資與工粟；貧苦抗工直系親屬及因失去勞動力退職退伍人員之收入；鰥寡孤獨無所依靠，僅能維持其最低生活之收入；移難民三年以內各種農產品之收入；黨、政、民機關及軍隊、學校之農業收入；紡織業之收入；其它經政府法令特許免稅之收入。

計稅標準。農業統一累進稅的土地財產稅以土地常年產量為計稅標準。「凡出租土地依邊區租佃條例執行減租者，其定租、活租、安莊稼等土地財產稅本為常年產量 15%，夥種者，土地財產稅本為 20%，但租率在 20%以下者，土地財產稅本為 10%，租率在 10%以下者，土地財產稅本為 5%」。

## 三、大批知識青年奔赴延安

因為土地改革政策的變化，階級鬥爭趨於緩和。抗戰時期大批知識青年奔赴延安。尤其是 1937 至 1939 年，成千上萬的中國知識青年從四面八方湧

向延安。延安作爲革命聖地，嚮往新氣象，中共不遺餘力地對各地知識青年的動員和組織也是知識青年奔赴延安的一個重要因素。1937 年 1 月，中共中央從保安遷往延安。國共兩黨開始第二次合作。沒有了國民黨軍隊的圍追堵截，軍事問題暫時成爲次要問題，而黨和根據地的建設則成爲中共的頭等大事。要建設黨和根據地，就需要有大量的各方面的幹部和人才。剛剛經過長征，隊伍大量減員的中共，在幹部與人才方面，是極度缺乏的。如何解決這一問題？顯然，僅僅在人口稀少、文化落後的延安，很難在短時間內培養足夠的幹部和人才。於是，中共中央做出了大量吸收外來知識青年到延安的決定，這是繼好的機會。知識青年也打算尋找發展機會，一拍即合。以往流傳著「此處不養爺，自有養爺處，處處不養爺，爺去當八路」。

## 四、政權實行三三制

1940 年 3 月，中國共產黨在總結抗戰以來根據地政權建設經驗的基礎上，爲了更好地貫徹執行抗日民族統一戰線的戰略策略，爭取和團結各界人士共同抗戰，首次在黨內正式提出了「三三制」政權建設思想，指出：「在抗日時期，我們所建立的政權的性質，是民族統一戰線的。這種政權，是一切贊成抗日又贊成民主的人們的政權，是幾個革命階級聯合起來對於漢奸和反動派的民主專政。根據抗日民族統一戰線政權的原則，在人員分配上，應規定爲共產黨員占三分之一，非黨的左派進步分子占三分之一，不左不右的中間派占三分之一。」必須使黨外進步分子占三分之一，因爲他們聯繫著廣大的小資產階級。給中間派以三分之一的位置，目的在於爭取中等資產階級和開明紳士。地主、富農並不是天生下來的「敵人」，只是奪權的需要而已。

同年 7 月，毛澤東在爲紀念抗戰 3 週年所發表的《團結到底》一文中，首次公開向全國人民提出了建立「三三制」政權的主張，指出：「在政權問題上，我們主張統一戰線政權，既不贊成別的黨派的一黨專政，也不主張共產黨的一黨專政，而主張各黨、各派、各界、各軍的聯合專政，這即是統一戰線政權。共產黨員在敵人後方消滅敵偽政權建立抗日政權之時，應該採取我黨中央所決定的『三三制』，不論政府人員中或民意機關中，共產黨員只占三分之一，而使其它主張抗日民主的黨派和無黨派人士占三分之二。無論何人，只要不投降不反共，均可參加政府工作。任何黨派，只要是不投降不反共的，應使其在抗日政權下面有存在和活動之權。」此後，根據上述「三三制」原

則，具有統一戰線性質的「三三制」政權在敵後各抗日根據地相繼建立起來。

共產黨員自覺帶頭實行「三三制」去獲得解決，以保障「三三制」在組織上的圓滿實現。例如，1941 年 11 月 15 日，陝甘寧邊區參議會謝覺哉、馬文瑞等 12 名黨員自動要求退出政府委員候選人，共產黨員推出後，另選有威望有能力的黨外人士任職。實踐證明，中共對「三三制」政權的領導，並沒有因政權中黨員人數的減少而受到削弱，反而因共產黨員在質量上佔有優勢，能夠以自己的模範工作帶頭貫徹執行黨的正確政策，從而更加有效地實現了黨的領導。「三三制」在黨外人士中引起強烈反響，激發了其抗戰熱情。當時，被選爲陝甘寧邊區政府副主席的開明紳士李鼎銘在就職演說中指出，共產黨「很願意大公無私做到精誠團結」，各黨派、無黨派人士應「互相信任、互相親愛」，「看成一家人，同力合作，幹這抗戰建國的事。」

## 五、吸收開明人士參政

李鼎銘，出身農家，曾從事教育事業十餘年，並開辦醫館，治病救人，群眾頗多讚譽。1941 年夏，以無黨派人士身份，先後當選米脂縣參議會議長、陝甘寧邊區參議會副議長、邊區政府副主席。同年，在邊區參議會二屆會上提出「精兵簡政」議案，受大多數議員尤其是毛澤東的大力支持。1941 年底，他被選爲陝甘寧邊區政府副主席。不久，舉家遷住延安，與毛澤東、徐特立、林伯渠、謝覺哉等建立了深厚的友誼。1947 年 12 月 11 日，李鼎銘因患腦溢血症在米脂縣楊家溝不幸逝世。

劉少白陝西興縣人，當選過議員，並加入共和黨。1918 年，劉少白先生從山西大學畢業獲法學學士學位後，先後在太原陽興中學任董事、山西省立工業專門學校任秘書長，併兼國文教員。他執教 10 多年，積極倡導白話文，向學生傳播新思想、新文化。此外，他還與同鄉牛友蘭一起在興縣創辦了多所中、小學校，爲家鄉的教育事業作出很大貢獻。土地革命戰爭時期，劉少白在白色恐怖的形勢下，不顧個人安危，冒著生命危險曾掩護許多共產黨員脫離險境。1937 年初，劉少白回到太原，積極投身到山西抗日救亡運動的洪流中。爲了籌措資金，劉少白創辦了興縣農民銀行，成爲根據地的四大銀行之一。1940 年 1 月，興縣農民銀行改爲西北農民銀行，劉少白出任行長，爲發展抗日根據地經濟、解決軍需民用，鞏固晉西北抗日根據地發揮了重要作用。文化大革命開始後，他的子女受到錯誤的批判，在這種情況下，他對黨

的信念絲毫未曾動搖。1968 年 12 月，劉少白不幸與世長辭。

　　牛友蘭，他的名字也入了《毛選》，被毛認爲是抗日愛國紳士。抗戰中，他把房屋、店鋪、工廠、土地、金錢等值錢的財物全部捐獻出來，土改前已落得身無分文過苦日子。土改來時仍然在劫難逃。他曾是晉西北首富。鬥爭大會上，有人別出心裁，拿一根鐵絲穿過他的鼻子。鮮血直流，會場上人人震驚。更令人震驚的是，他的兒子牛蔭冠，時任晉綏邊區行署副主任，竟大搖大擺地牽著其父遊街示眾。牛友蘭受不了這種污辱打擊，回家後絕食，三天後含恨去世，終年 63 歲。姚依林之妹姚錦編著的《姚依林百夕談》一書裏記載：晉綏行政委員會主任、共產黨員牛蔭冠的父親牛友蘭是晉西北興縣首富、大地主兼工商業主，在縣城有四萬白洋買賣。他因是開明紳士，曾捐款一萬元抗戰，成爲邊區參議會議員。土改到來後，他被鬥，用繩牽鼻，讓他的兒子牛蔭冠拉著遊街，不敢不劃清界線。解放後牛蔭冠當上瀋陽飛機製造廠黨委書記。

　　1945 年日本宣佈無條件投降，中國萬民歡慶。人們希望在宋代佃耕制時代出現過的小橋流水、瓜棚豆架的美麗鄉村，再現世間。抗戰勝利餘興未盡，國共兩黨權利之爭的內戰就開始了。正如唐人曹松《己亥歲二首》的詩所云。其一：「澤國江山入戰圖，生民何計樂樵蘇。憑君莫話封侯事，一將功成萬骨枯」。其二：「傳聞一戰百神愁，兩岸強兵過未休。誰道滄江總無事，近來長共血爭流（「長」改「國」更切現實）。」昔日的憧憬的根據地的美好，即將如夢幻、如泡影、如霧亦如電消失，只留下一片記憶，只留下一片追憶。

# 第二十一節　解放戰爭中的中共土改

## 一、中共的「五四指示」

　　1945 年抗日戰爭勝利後，各解放區繼續實行減租減息政策。中共曾經有過有償徵購地主土地的設想和嘗試，與當時中共爭取與國民黨合作，和平民主建國的大方向是一致的。中共對於有償徵購地主土地，提出過一整套具體的方案。1946 年 7 月 19 日，中共中央向各中央局和中央分局發佈了《中共中央關於研究答覆製定土地政策中的幾個重要問題的指示》，通告他們中共中央正在研究一種「以公佈的土地政策」，並就這種政策的主要內容徵求他們的意見。並且還搞了綏德的試點。稱：「陝甘寧邊區政府，在土地未經分配區域，

發行土地公債徵購地主超額土地分配給農民的辦法，已在綏德新店區試辦成功。」1947 年 1 月 31 日，《人民日報》又發表《陝甘寧慶陽縣王家村取得試辦土地公債經驗》的報導，對於慶陽縣的試點也給予了肯定。報導稱：「陝甘寧邊區試辦土地公債，已在慶陽縣高迎區王家村試驗中獲得成功。」王家村是一個鄉，一共徵購了 1900 餘畝地主土地，每畝地價為該地一年至一年半之收穫量。在此之前，該鄉尚有無地或少地農民 457 人，通過徵購地主土地，這些農民每人得地五六畝，「該鄉百分之九十九的土地，已為農民所有」。地主也每人保留了至少九畝土地。其結果，「確實達到了發動廣大群眾，使所有無地農民得到了土地，不損害富農、中農基本利益與照顧了地主，加強了群眾組織與健全了村鄉政權」。說明和平土改是可行的。由於內戰開啟的原因，才沒有走上和平發展的道路，因而有償徵購地主土地也沒有得到普遍的實施。

隨著國內政治形勢發生深刻的變化，國共兩黨矛盾上陞第一位。在山西、河北等老革命根據地，農民已自發地從地主手中奪回土地。黨中央根據國內的形勢，為了擴大兵源、滿足戰爭物資需要，根據農民對土地的要求，及時改變了土地政策，於 1946 年 5 月 4 日發出《關於土地問題的指示》，其主要內容如下：要集中力量向漢奸、豪紳、惡霸作堅決的鬥爭，並迫使他們拿出土地來；要區分地主的大、中、小，惡霸非惡霸，對中小地主在生活上適當照顧；一般不動富農的土地；盡一切辦法使中農參加運動，決不能傷害中農的利益，以取得中農的支持和同情；在運動中所獲得的土地、財產等必須公平的分配給烈士遺族、抗日幹部、戰士的家屬及貧苦農民；除罪大惡極民憤極大，經法庭審判處以極刑者外，嚴禁亂打亂抓亂殺；要團結 90% 以上的人，建立反封建的統一戰線，以奪取土地改革的勝利。

在「五四指示」下達後，各解放區都根據指示精神，放手發動群眾，開展反奸、清算、減租減息、查黑地等鬥爭，實現「耕者有其田」。到 1946 年各解放區的土地改革取得了很大的成績。如晉冀魯豫解放區有 1,000 萬農民獲得了了土地；蘇皖解放區 1,500 萬農民獲得了土地；山東解放區 1,500 萬農民獲得土地；東北解放區農民獲得 2,600 萬畝地。

## 二、《中國土地法大綱》的實施

1946 年 7 月，國內的階級矛盾又成了主要矛盾，內戰開始，從此，中國百姓陷入了「萬劫難復」的苦難深淵。1947 年 5 月 1 日，劉少奇在轉發薄一

波關於晉冀魯豫區土地改革情況報告的批語中，對該區通過清算鬥爭，把地主土地財產全部搞出來，直接、平均分配給農民的做法給予了充分肯定，認爲「這個報告是很好的」，「晉冀魯豫農民群眾的徹底的革命行動，應給我們全黨各級領導機關及領導同志以嚴格的、有益的教育，證明我們許多同志對於群眾運動的顧慮、懼怕、不敢放手，因而在指示和決定上規定一些限制和阻礙群眾行動的辦法是錯誤的」。「這種右傾機會主義的錯誤，必須迅速糾正才有利於運動。」批語指出：「對於地主，必須根據全體農民人口百分之九十以上的群眾的意見來處理，對於中、小地主及抗日地主、幹部家屬地主的照顧，必須是出於群眾的自願，由領導上規定要留給這些地主多於中農一兩倍土地的規定是錯誤的。」這實際上否定了有償徵購地主土地的設想。劉少奇的批語是一個標誌，它表明中共至此完全放棄了有償徵購地主土地的設想，而轉向以沒收地主土地平均分配給農民的政策。爲了調動廣大農民革命的積極性，徹底消滅封建地主階級的殘餘勢力，黨中央於 1947 年 9 月在河北省平山縣西坡村召開了全國土地會議，會議在劉少奇主持下，總結了「五四指示」以來的土地改革經驗，製定了《中國土地法大綱》，並於 10 月 10 日由中共中央公佈。《大綱》明確指出：「廢除封建性及半封建性剝削的土地制度。實行耕者有其田的土地制度」。「廢除一切鄉村中在土地制度改革以前的債務」。這就爲土地改革規定了大的方向。

　　徹底消滅封建土地制度，是一場尖銳的階級鬥爭，地主階級必然頑固對抗，千方百計地保存其經濟力量，伺機東山再起。因此在土地改革中必須堅定地依靠占農村人口 60～70% 的雇農、貧民。這是因爲他們受地主、富農壓迫最深，受剝削最重，對土地要求也最迫切，土地改革主要是爲了解決他們的問題，不依靠他們就沒有土地改革的勝負。所以，要建立貧民團，樹立貧民的絕對優勢，由他們推選出自己的代表組成實施土地改革的合法機關。

　　分配土地的辦法是：「按鄉村全部人口，不分男女老幼，統一平均分配，在土地數量上抽多補少，質量上抽肥補瘦，使全鄉村人民軍獲得同等的土地，並歸各人所有」。

　　土地改革是要消滅地主階級，而不是在肉體上消滅地主本人。在舊中國地主階級約占農村人口的 4%，共計 1,600 萬人左右。如能改造好，是很大一批勞動力。所以，《大綱》中規定：除了極少數漢奸和戰犯，所有的地主均應分給一份土地財產，並強迫他們勞動，改造成爲自食其力的勞動者，就能化

消極因素爲積極因素，最大限度地促進農業生產力的發展。如果生活上不給出路，他們就會行乞、偷摸，甚至鋌而走險，影響整個社會的安定。

富農占農村人口的 5%左右，約 2,000 多萬人，是農村中最大的剝削階級。富農參加生產勞動，「在這點上它又是農民的一部分。」這也是富農與土地的根本區別。富農往往是資金充裕，土地較好，農具齊全，牲畜強壯，勞力較多，生產經驗豐富，善於經營，單產較高。富農的剝削方式也是別於地主，主要是剝削雇工。用雇工的方式經營土地是帶有資本主義性質的，這在舊中國是較進步的生產方式，但這種剝削方式中還保留著很重的封建殘餘。同時富農也出租土地。若打擊了他們，中農就會動搖，就會打擊農民勞動的積極性，不利於生產的發展。

在舊中國中農約占農村人口得 20%，在老解放區一般占 50%左右，在徹底平分土地的老區，絕大多數農戶都成了中農。如陝甘寧邊區元城縣一鄉，中農成了農村中的最大階層，約占三分之二左右。中農在抗日戰爭與解放戰爭中都付出了沉重的代價，作出了重大的貢獻，他們對革命戰爭是有功勞的，而且他們在農村經濟建設，發展農業生產與農業的社會主義改造中都是我們主要的同盟軍。中農的生產條件比貧農好，生產經驗豐富，發展農村生產和建設的一支不可忽視的力量。

在《大綱》上特別注明：「在平分土地時應注意中農的意見，如果中農不同意應向中農讓步，並容許中農保有比較一般貧農所得土地的平均水平爲高的土地量。」中共中央所以特別提出照顧中農的利益，是因爲在實際運動中有不少地方侵犯中農的利益，錯誤地把中農劃成地主富農。例如，晉綏區正興縣蔡家崖行政村，共有 552 戶，其中有 124 戶被評爲地主富農，占總戶數的 22.46%。據中央分析，在舊中國地主富農約占 8%的戶數，10%的人數。在老解放區內，很多地主、舊富農經過勞動改造，其成分已經改變，地主富農戶數應少於 8%。二蔡家崖地主富農的戶數則比 8%多將近兩倍。這是由於農村基層幹部對劃分農村階級的標準掌握不准造成的，他們錯誤地把生活水平、歷史、政治態度等作爲劃分階級的標準，把部分中農，甚至貧民劃成地主富農，錯誤地沒收了他們的土地、房屋、農具、糧食等財產，擴大了打擊面，搞亂了階級陣線，幫助了敵人，孤立了自己。這是一個極端嚴重的問題，是關係到反封建制度的統一戰線問題。因爲中農的嚮背決定土地改革的成敗。

　　1947 年 12 月，中共重新發佈了毛澤東在土地改革戰爭時期所寫的「怎樣分析農村階級」的文章。1948 年 12 月，任弼時在西北野戰軍前委擴大會議上作了《土地改革中的幾個問題》的報告。其主要內容之一就是團結中農的問題。報告中強調指出：「侵犯中農毅力，不照顧中農，排斥中農的傾向是非常危險的，是一種反馬克思列寧主義的極端的左傾冒險主義傾向。應該引起全黨來注意，必須堅決糾正這種錯誤傾向，不然會使自己陷於孤立，使革命趨於失敗。」

　　要團結中農。首先，在土改中應盡可能滿足中農村等財產的要求，起碼也不要侵犯中農的利益。劃錯了成分的必須更正，沒收的東西定要退還或賠償。其次，在負擔方面要做到公平合理，如在交公糧，戰勤服務等方面，不能把地富的負擔全部加在中農身上，其負擔與貧雇農相差不能懸殊。再次，在各級政府與農會等組織中，要吸收中農的代表參加，使他們有權參與討論一切重大問題，並尊重和採納中農的正確意見。

　　經過黨內的教育，澄清了幹部與農民的模糊認識，制止了土地改革中出現的一些混亂現象，使土地改革在老解放區和半老區更普遍地開展起來了。為了使土地改革健康而迅速的發展，黨中央及時制訂了土地改革的總路線，即「依靠貧民，團結中農，有步驟地，有分別地消滅封建剝削制度，發展農業生產。」這是土地革命的根本路線，無論在新區或半老區的圖地改革中，一旦離開了這條總路線，就會犯「左」或右的錯誤。

　　為了便於因地制宜地進行土改，黨中央把解放區分為三類：日本帝國主義投降前建立的老區；日本帝國主義投降至解放軍大反攻，即 1945 年 9 月至 1947 年 8 月兩年內所解放的地區稱半老區，占解放區的大部分；解放軍大反攻後新解放的地區，叫新區。老區的土地早已分配，只須對富農、小地主、開明紳士、基層幹部多占土地抽出來，分給土地不足的貧雇農。半老區，經過兩年的清算鬥爭，貫徹了「五四指示」，土地問題已初步解決，但不夠徹底，應按照土地法，平均分配土地，而且還要進行復查。剛解放的地區，地主富農的勢力還很大，我們立足未穩，群眾還不覺悟，不能急於分配土地，而應有步驟地分階段進行。首先要使富農保持中立，組織群眾分地主的浮財，打擊地主的反動氣焰，最後沒收並分配地主的土地。然後再沒收富農多餘的土地和財產。

　　截至 1950 年春，東北、華北等老解放區，已有 16,000 萬人口的地區，完

成了土地改革。華東、中南、西南、西北等新解放區，大約有 26,400 多萬農業人口的地區，還沒有進行土地改革。從 1950 年秋天開始新解放區也依照《中華人民共和國土地改革法》的規定，陸續進行了土地改革。土地改革廢除了統治中國幾千年的封建制度，消滅了地主階級，挖掉了國內反動勢力和帝國注意在中國賴以生存的社會根基。使中國農村發生了翻天覆地的大變化。解放了農村生產力，促進了農業生產的發展。

　　無論在老區或新解放區，封建制度一經消滅，土地改革一經完成，黨和政府便立即號召群眾轉向生產，積極組織農業生產互助合作，改良農業技術，發展農業生產。

　　解放戰爭時期，全國已有一億四千五百萬農業人口的地區實行了土地改革，消滅了封建剝削制度，做到了耕者有其田。中華人民共和國成立後，又在擁有三億一千萬人口的新區進行土地改革。到 1952 年 9 月為止，除新疆、西藏等少數民族地區及臺灣省外，全國普遍實行了土地改革。

　　經過土改運動，大約在一億六千萬人口的地區消滅了封建剝削制度，一億多農民分得了土地。土地改革的勝利，激發了農民革命和生產的積極性，促進了解放區生產的發展，也改善了他們的生活。廣大農民普遍掀起了參軍參戰和支持前線的熱潮，並且積極參加民兵、出民工，支持前線。解放區廣大農民群眾的大力支持，是人民解放戰爭迅速取得勝利的一個可靠保證。

## 三、土改是兵源財源兩動員

　　抗戰勝利後的第二次內戰，是全國性的，範圍大，鬥爭更為激烈。內戰開始，中共兵力、財力均遜於國民黨。蘇聯雖然把繳獲日軍的武器給予了中共一部，仍然是需要自己籌劃。必須同步進行土地革命，已擴展兵源、財源。土改不是目的而是手段。地主是財之源，農民是兵之源。稱得起神機妙算的土地改革政策，可謂「一箭雙雕」，甚至達到「一石三鳥」，實在高明。鬥地主可取得戰爭物資，分土地可擴充兵員，打倒國民黨政府，可改朝換代。這種分地政策，應用於解放戰爭，對瓦解國民黨軍隊起到很好作用，尤其在東北戰場效果尤佳。以「革命」的名義，名正言順，人有了，錢也有了，槍也有了。這次戰爭打得非常經濟划算，不同於井岡山時期，那時要操心打土豪，軍隊還發軍餉。這次參軍者都是自願的，管吃管穿就行。軍、工、烈屬分到的土地，自然有村上人代耕。

　　抗戰時期，停止了土地革命，同時還在抗日根據地建立了一種統一戰線性質的政權——「三三制」政權，青年抗日救國的熱情，而踴躍參軍，同樣取得了抗戰勝利。內戰中所以積極的開展臺灣人所說「血腥土改」，眞意就是日本投降後，必須在內戰中，要有新的號召擴軍新招。土地改革，打倒地主才會顯示參軍號召力。1947 年即在老解放區開展土地改革試點，口號是「村村點火、處處冒煙、場場見紅」。張貴桃先生報導當年山西婁煩縣的情況，完全是當年「井岡山土地革命」的再現。被鬥死的 680 多人，被鬥家中漂亮點的女人當勝利果實分配。被鬥死的有三分之一是抗戰時期的幹部，甚至抗日英雄郝圓臉也被陳伯達當場批准槍決。當時黨中央有條政策，不准軍人參與地方土改，同時掀起查階級、查工作、查鬥志三查運動，否則也會出現當年「許克祥、夏斗寅」式的事變。革命運動的一條龍作業法，形成一種固定程序。這種程序起自於井岡山農會掌權時期，休止於文化大革命運動正式終結。發起運動——鬥人殺人——糾正偏向——落實政策——感謝領導——頌黨英明。殺錯人再平反。最近翻起的十八年前的呼格吉勒圖冤案，也是這個公式。

土改後送子參軍圖

開展「土地改革」運動。一聲令下，整個農村中血雨腥風，200 多萬地主的人頭紛紛落地。土改必須這樣「暴風驟雨」進行，才能夠使人害怕地主反攻而參軍，是開發兵源的最好辦法。地主被鬥怕了，反抗者都縮頭了，新生的紅色政權便鞏固了，軍需也有了，兵源也有了。可由以下兩例說明白。

第一例：前北京副市長白介夫，解放戰爭時在吉林長白縣任縣委宣傳部長，參加了長白縣的土改工作。留下了一篇《長白山地區土改運動紀實》文章。目的是，儘量地還原在東北長白山地區有關土地改革這一段的歷史真相。

長白縣當時不缺土地，到處都是荒地，想種地，出去開片荒地都可以。所以所謂地主，除了佔有土地，主要是那些佔有生產資料較多的人。從某種程度上講地主也是當時農村生產的組織者，解決生產問題還要靠他們。要組織生產，那就發生了耕牛、種子、農具等一大串難題。這些困難只有在地主身上找出路。群眾已有了相當高的階級覺悟，和地主階級處於一不做二不休的狀態。每鬥必打，以鬥孫海權與陳尚明最嚴重，特別是陳，群眾恨之入骨，當時真擔心他被打死。鬥爭韓蜆田，晚上小組會開得特別熱烈，為了要東西，大家主張不要一下就打得太狠，但最後可聽群眾處理。有人主張斃了，有人主張節省子彈，砸死了事，有人主張抬到腰嶺上葬以魚龜，連麻袋也不給裝——走著看吧，恐明天一天不能結束。要出東西後，尚有第二次處理。韓蜆田，今天上午講理後被打死了。其七弟也因被打與害怕，傍晚時死在拘留所裏。群眾為了講理要東西，早有準備，先輕打，後致死，開始的情緒竟使部分主持者擔心，每隔四五個人講理後，拉下臺去打一通，以後追要東西，又是接二連三的暴打。繼續將近一點鐘後，情緒突然轉烈，有人喊出「不要東西了，乾脆打死拉倒。」隨著高漲，張新會、倪長茂無意識的進行著鼓動工作，群眾激動著他們，他們的口號又鼓動著群眾情緒。主席臺上站滿了人，又接著喊口號，最富有鼓動性的是「有冤伸冤，有仇報仇」。這在鬥爭會上是一句聽慣了的口號，但在今天這種場合下，卻具有更大的作用。此外，不少人振臂高呼「窮人團結起來，團結起來有力量」，打、叫繼續了四十多分鐘。終於使韓蜆田得到他的歸宿。情緒之熱烈、動人，在我（白介夫）的群工史上還是第一次看到的。十八道溝打死了四個人，如果對鬥爭作有計劃的領導，那麼這四個人都可以不打死。就死論死，至少是有兩個人是死錯了。

經過鬥爭後，非常現實，為了保家、保田、保衛勝利果實，全縣翻身農民踴躍參軍，掀起參軍高潮。至 1947 年末，長白縣有 3000 多名青壯年參軍，

占全縣總勞動力 8117 人的百分之三十六點六，占男性青壯年 5619 人的百分之五十三點四。全縣掀起了聲勢浩大的支前運動，共繳公糧 250 萬斤，公草 73.5 萬斤，草鞋 450 雙。

第二例：前山西省副省長王庭棟在解放戰爭時期當武安縣縣委書記，在任時曾發生過「地主獻田事件」。1946 年七八月間，如火如荼的土地改革開始了。農民群眾興高采烈，說這是「前方打老蔣，後方挖蔣根」。8 月 2 日，《人民日報》登了翟士賢獻田的新聞。翟是共產黨員，日本早稻田大學畢業，曾任八路軍太岳縱隊宣傳科長，後在北方大學當教員。翟家為武安伯延鎮三大地主之一。他獻出田地二百多畝、房屋二百多間、價值幾百萬元的衣物用具（當時訂閱《人民日報》，每份每月九十元）。中共武安縣委號召幹部學習他獻田的行動。太行區黨委在報上表揚翟士賢，並寫信給武安縣委，「將這一模範行動在黨員幹部中進行普遍討論，號召向翟士賢同志學習。」此後，行署專員代其家庭獻田，開明士紳獻田，部隊幹部獻田，學校教員獻田，連續報導，相當突出。到 1947 年冬天中央局一位主要領導人在土地改革大會講話中提及：「翟士賢獻田運動是改良主義的方向，是對勞動人民的欺騙，應給予嚴肅的批判。」土地改革必須發動群眾轟轟烈烈鬥地主，才能挖浮財，擴充軍需，擴大兵員。當時當地，翟士賢的言行被認為是站在地主階級立場上破壞土地改革、阻礙群眾運動。翟士賢在歷次運動中，無可避免地遭受了殘酷迫害，身心受到嚴重摧殘。直到 1987 年，經薄一波說明獻田的事實真相，冤枉事才得澄清。

第三例：著名的漫畫家畢克官近年介紹了 1947 年中共在他的家鄉威海搞「土改覆查運動」情況。他父親開文昌盛商店，交易海產品，屬於工商業。沒有土地同樣「共產」。家產被共時，畢克官正念中學，無以為生，去賣點趕海趕回的蟶蛤，換回幾角錢糊口。後父兄遠走青島、上海，家人繼續被鬥挖取財物，可是前一段已經挖空，這次「覆查」無以再繼。在鬥爭中，母親被打的遍體鱗傷，總算留條命。而他的二伯、堂舅和村長因為交不出金銀財寶被活活打死，屍首被扔在「翠花樓」下野坡上，被狗吃了。說明「土改覆查運動」不是土地，而是財產。正如有關專家所說是「戰時財政動員」，或是「政治謀略」、「政治權術」。與上述兩例是一致的。畢克官因為親人的被殺，屬於殺關管放家庭，個人職業使用受限制。

**著名漫畫家畢克官繪賣蟶賣蛤圖**

## 四、土改運動留痕

　　這階段土地改革是在暴力下進行的，雙方相互廝殺。應該直面事實，無須隱晦。據有關專家保守估計，當年的土改殺死了 200 萬「地主份子」。死者全部是鄉居地主，也就是所謂的「肉頭戶」，大多參加勞動，屬於富農一類，省吃儉用，比較吝嗇。城居地主都不在土地改革現場，很少被殺。抗戰老區被殺的還有村幹部，原因是抗戰根據地這些幹部因為政策寬，生產好些，得以發家。以下土改暴行個例都是有根有據可查的，地域遍及各解放區，尤以山東省為重。中國革命史研究室主任楊奎松先生在《中共土改史的若干問題》

一文中寫道:「1947 年中共在北方只有陝甘寧、晉綏、晉察冀、晉冀魯豫、山東和北滿幾塊根據地,人口總數不過 1 億多,僅僅幾個月時間,就殺了 25 萬人,平均起來每四五十人就差不多有一人被殺。

　　李新先生是研究中國現代史的老前輩,以史家「秉筆直書」的傳統,記錄了許多史實。在加強土改進程中,冀魯豫地區,農民「發明」了對付地主的「望蔣杆」。作者曾在冀魯豫地區工作,已有耳聞,對這殘酷事實,基於人道觀念,難以置信。此後,當地李魯翁先生在 2012 年敘述了當年的事實,頗得其詳,舊聞使作者得到印證。1946 年土改時、用拉望蔣杆方式鬥地主發生在武松打虎故事之處,在今陽谷縣。每次開鬥爭會時,農民會和兒童團參加,當年魯先生屬於兒童團成員之一。鬥爭地主的刑場有 3 個:海會寺、北廟口和東關關帝廟。海會寺是一個很大的古廟,由關帝廟、千手千眼佛廟和如來佛廟三部分組成,非常壯觀,是魯西南最大的古廟。開鬥爭會時,農民會和兒童團圍成一圈,中間是當天要鬥的地主。鬥爭會開始後,拉出一個地主,在背後把兩個手腕捆在一起,地主面向南站在滑車下面,望蔣杆的形式又有兩種,一種是把滑車拴在古樹杈上,另一種是東西各栽一根長杉木杆,頂端固定一根橫杆,中間拴上滑車,高度約 8 米。北邊由兩個彪形大漢開始拉滑車,直至拉到最高點。拉上去之後,地主一定要面向南。因為當時國民黨的南京政府在我們家鄉的南邊,邏輯為蔣介石是地主的後臺,所以一定要讓你望著蔣去死,同時你的死也要讓蔣看到。下邊的一個兇手對著弔在上邊的地主喊話,一般有兩個內容:一是你家裏還有什麼隱藏的財物沒有交代?二是你望見蔣介石沒有?回答前者時,被弔的地主有的說有,在他家的某某地方,有的說沒有;但對後者的回答則是一致的,就是「沒望見蔣介石,望見毛主席啦!拉滑車的大漢一鬆手,一下就地主重重的摔在地上,我們這些小學生哪見過這場面,嚇得心驚肉跳,趕緊把臉捂上。摔下來之後人「哼!」的一聲昏死過去。受刑的還有魯先生學校的王老師和雷樹范老師。雷、王兩位老師,教學認真,對學生非常好,從未聽說過被殺、被鬥的這些人有什麼劣跡。如果真的像宣傳的那樣,在鬥爭會場上首先站出來控訴的應該是那些雇工和佃戶,可是,我未曾見到過一例。凡是那些上躥下跳的積極分子,都是當地好逸惡勞的地痞無賴,這就是土改所依靠的中堅力量。對他兩個所用的刑法有所不同,由行刑者用皮鞭抽打,只見被抽得皮開肉綻,哭爹叫娘,跪地求饒。不知何故當場沒有打死他們,之後就不知去向。東阿縣與陽谷縣緊鄰,

以產「阿膠」而知名。東阿其殺戮手段和殘忍程度遠遠超過陽谷縣。

在山東黃縣，同一時間封了全縣各村地主、富農和部分中農的門，將其全家掃地出門，沒收全部財產，實行武裝管制，並責令一切富裕些的農民獻房、獻地、獻東西。鬧得最大的是分老婆和分閨女。在分房分地結束之後，土改積極分子又忙著分起地主的老婆和閨女來。地主都被鬥死了，或逃亡失蹤了。這些女人被農會幹部統統招來，作為財產再分配給村裏討不起老婆的男人。有些地主命大，沒被鬥死，可他的老婆還是被農會幹部強行奪走，再分配給別的男人。

在 1947 年山東土改運動期間，還曾經出現過一個非常有名的反動組織，叫「還鄉團」。因為 1947 年那幾個月時間裏山東根據地裏土改暴力過頭，盲目打殺地主、富農，導致大批和所謂與地主、富農有聯繫的中農、甚至是貧雇民也受到牽連，以至造成一種極度恐怖的情緒，大批農民被迫逃亡，總共有超過 10 萬人從根據地逃到了國統區。那個時候正在國共戰爭期間，山東根據地還處在國民黨軍的包圍中，形勢一直很危險，它無論如何不該在這個時候這樣搞，但它完全沒有顧及到這一嚴峻的戰爭環境。以至大批逃到國統區的農民反而被國民黨組織起來，交給地主帶領，組成武裝，跟著國民黨軍隊又殺回各自家鄉來了。這就是所謂「還鄉團」的由來。本來中共發動土改，已殺了大批地、富和部分農民，「還鄉團」回來，又殺一大批土改積極分子。1948 年解放軍又打回來，又大殺了一批「還鄉團」。就這麼來來回回殺了幾個回合，僅到 1948 年底，山東根據地兩方面就殺了 10 萬人。

除山東外，河北省的高邑、贊皇等一些解放較早的解放區的反動地主和抗戰時期充當走狗的漢奸、特務、惡霸和偽軍紛紛逃亡到當時尚未解放的一些縣城和據點，投靠在國民黨武裝的門下，接受當地國民黨地方黨部、政府的領導，組成黨政軍合一的國民黨地方反動武裝──還鄉團。石家莊地區的還鄉團主要集中在元氏縣城和一些解放較晚的縣城，人數大都在幾十人至上百人不等，常以大隊（隊）為一級單位，下設分隊、班。在國民黨地方部隊的配合下，還鄉團勾結解放區的反動地主，利用夜晚偷襲解放區，破壞解放區土改運動，進行階級報復，專殺革命幹部、土改積極分子及其家屬，手段極其殘忍，在元氏、高邑等縣的邊沿地區對人民群眾犯下了滔天罪行。

山東東營土改過程中貧農控訴批鬥地主情形．

　　晉綏本是老解放區，土改鬥爭與山東有所不同，不但鬥地主，也鬥參加過抗戰的幹部。吳斌先生在《炎黃春秋》發表的《1947 年同川土改反思》一文中介紹了山西老區的土改。山西崞縣同川是抗日根據地。土改運動是康生、陳伯達親自主持的試點。因為同川是老解放區，地主富農很少，鬥地主的同時矛頭也對鄉村幹部。1947 年 9 月，晉綏分局以邊區農會臨時委員會的名義發佈《告農民書》，平分土地有權審查一切組織和幹部。打地主與鬥幹部同時並舉，分田地、清浮財與向基層黨組織奪權並駕齊驅。揭蓋子，搬石頭，群眾要怎麼辦就怎麼辦。在棗坡村鬥爭大會，主持人當即拍案八個人當場被打死。這八個人中有棗坡村支部書記趙永槐等六名黨員幹部和薛家莊貧農樊斗奎和他 13 歲的孫子樊存保。樊存保頑皮好玩，也愛打架，常受其祖父樊斗奎的庇護。在鬥爭會上，有人訴苦說：「人家小孩揀了羊糞，小惡霸推倒撒了，你們說苦不苦？」臺下便有人應聲：「苦啊！」問：「怎麼辦？」答：「打！」於是爺孫倆就以大小惡霸的罪名被打死。在短短的十幾天內，分片召開了鬥

爭會，接著各村也紛紛召開鬥爭會，一批又一批黨員、幹部、群眾被打死。據原平市檔案館現存不全的資料統計，土改中崞縣共死了 536 人，其中同川區就有 135 人。包括有縣區村黨員幹部 42 人，（其中村支部書記就有 20 人），非黨村幹部 7 人，軍屬 6 人，幹屬 8 人。其餘 72 人為無辜的群眾地主、富農。整死人的方法，群眾有與生俱來的創造性，棍棒打、石頭砸、牲口拖著地上磨、坐老虎凳、燒紅爐錐燙、指甲縫內釘竹簽、肚上放紅炭燒，還有許多發明，如坐飛機，即把人打到半死時扔到十幾丈深的崖溝裏摔死。為未來文革開創了整人途徑。晉綏土改中，極左錯誤的罪魁禍首康生、陳伯達沒事人一樣拍拍屁股一走了事

余任先生此前報導了《晉綏土改暴行種種》。1947 年冬至 1948 年春，挖財寶成為風潮，還發展成掃堂子運動。開始以村為單位，即讓地主、富農淨身出戶，把他們的財物拿來分掉。後來覺得本村互相都是熟人或親屬，不好下手，便發展成為以區甚至以縣為單位的聯合掃蕩，村與村、區與區之間互相掃堂子。不僅僅是地主，一些中農也未能幸免。《山西日報》記者魯順民在《「左」傾風暴下的黑峪口》一文中說：「不僅僅地富和鬥爭對象的女人被分配掉，就是富裕中農也不例外。富裕中農馮萬禮的閨女就分配給了貧雇農。《山西歷代紀事本末》於《老區土地改革運動》一文中寫道：「據 1948 年 6 月 22 日統計，興縣 8 個區域 290 個村，打死 1050 人，其中有地主 380 人，富農 382 人、中農 345 人，貧雇農 40 人。自殺共 863 人，其中地主 255 人、富農 285 人、中農 310 人，貧雇農 11 人。被鬥爭掃地出門後凍餓而死的 63 人。」歷時一年半的土改運動使解放區的整個農業生產受到極大破壞，許多地區幾乎顆粒無收，餓死的黨員幹部、普通群眾不計其數。

山西省地主「還鄉團」也較多。例如地主王元福組織還鄉團，勾結國民黨軍在陵川屠殺農會主席和共產黨。當時的農會主席是黨領導下的農村基層幹部，搞土地改革，鬥地主分田地。還鄉團為了除掉農會主席王黑孩，他夜間潛伏回家，在家密謀刺探了兩天，在王黑孩傳達上級命令途中被王元福一夥地主還鄉團抓獲。把王黑孩五花大綁按倒在地，又用一些穀草裹住脖子纏上帶子，慘無人道地塞到鍘刀下。王黑孩高呼著「共產黨萬歲！農會的天下萬歲！人民萬歲！」英勇就義。文水縣的劉胡蘭也是被鍘刀鍘死的。

在軍事方面與井岡山時期不同，中共在戰場上佔有優勢，以勝利告終。解放戰爭共產黨方面死亡 26 萬人，國民黨軍隊被殲 807 萬人，被四個野戰軍

殲滅達 692 萬人。但大多數是起義或被俘。死亡約計 30 萬人。估計解放戰爭期間，國共兩軍共有 300 多萬人傷亡，軍人死亡 60 多萬人。平民直接死於戰爭的人數估計在 50～100 萬之間。以上不包括戰爭以外雙方的鎮壓、清洗死亡人數。

以上例證，如不相信，可到當地調查，有名有姓有地點，被殺者地主身份者較多，也有普通民眾。而當年張獻忠在四川「屠殺口三百一十萬二千七十三」，大量的是普通百姓，殺人地區比較集中在四川，是有所不同。

## 五、階級劃分的科學分析

階級是按照政治要需求劃分的。廢除封建土地制度的不是國共兩黨，而是二千年前的秦國「廢封建、立郡縣」。國共兩黨的土地改革對象是「佃耕制度」。在土改政策中，一改再改，說明是「摸著石頭過河」，對制度的研討缺乏所造成的。佃耕制成份只有自耕農，不分富農、貧農。《土地改革法》制定後，開始保護富農土地，不再沒收一般富農的土地和財產，不再以徹底平分，與 1947 年 10 月頒佈的《中國土地法大綱》大有不同。中國資本經濟不發達，雇農很少（應稱雇工），中農為多數。政治上農村以貧農為骨幹，不是大多數，只得又劃出下中農，合稱貧下中農。

在這些土改積極分子眼裏，天下所有地主都是剝削農民的壞人，是壞人就必須堅決打倒。殊不知中國社會階層有它的特定結構，很多地主其實是發了財的富農，而富農來自中農。換言之，地主就是發了財的農民。不管他們之前對紅軍或抗日戰爭曾作過多少貢獻，都將成為新民主主義革命勝利前的祭品。至於農民不管他如何做壞事，做惡事，只要農民成分不變，都是好人。地主富農是歷史形成的，何罪之有。況且成份劃分不科學，村民的恩恩怨怨都有關係。如安徽「弒母事件」中的方忠謀，家庭屬於書香門第，其父方雪吾，以教書為生。土改時全家 6 口人只有 2 間草房、5.3 畝田、半套農具；田地依靠自家的部分勞動、親戚幫忙和農忙時雇請零工來經營，全家以農業收入和外公的教書收入為生。按當時政策規定只應當劃為中農，卻劃為地主。原因是方忠謀因為參軍不同意以前婚約，而與負責土改的家結仇。而且莫須有地以『惡霸地主』並誣陷為反革命，將方雪吾判處極刑，褫奪政治權利終身並立即執行。在安徽這種挾嫌報復亂劃成份，屢見不鮮。2014 年張佩國教授的《公產徵收與國家政權建設》一文中提到：安徽績溪縣礀頭村劃分八戶

地主多數不夠條件。心術不正的幹部，將「派放清明租產」劃為「清明地主」。該村許志榴只租了二畝土地。因為和村幹部不睦，也劃成地主。理由是住在城裏的舅舅在鄉間有地出租，收租時間住在他家。

周立波編徘的《暴風驟雨》裏塑造的人物其實都是被典型化了的，現實生活中沒有哪些事兒。比如，小說裏村裏最壞的地主，那個韓老六的，其實根本就不是什麼地主。他不過是識兩個字，因而在抗戰期間做過維持會的會長。你要說他做了什麼惡，村民們也講不出來。大家只是說這個韓老六本身既沒有土地，也談不上有什麼剝削，他充其量只是一個二地主，也就是幫助把當年住在城裏的地主的土地轉租給村裏一些比較窮的人，也沒有什麼收入。他也一樣下田幹活兒，他的老婆在村裏是小學教師，教教音樂什麼的，每天回家也是一樣要做工賺錢貼補家用。農民們說，韓老六家當年非常窮，只有三間小土房，跟今天村裏最窮的人放雜物用的最破的房子比，都不能比。從這些農民講的當年村子裏的情況可知，該村也有地主，但是他們也都下田勞動，吃的穿的都很差。幾家地主最主要的特徵就是愛攢錢，有點像周扒皮，特別摳門，特別會算計，拼命的攢錢，每一分錢都要攢起來，幹什麼？就是為了買地。省吃儉用，一分錢掰作兩半花。一塊豆腐當時賣一分錢，偶而能吃上一次，還是一頓飯一家人只吃半塊，吃肉根本談不上。所以，在他們眼裏，除了地多些外，實在看不出地主有什麼特別之處。

白毛女歌劇是賀敬之、丁毅等幾個青年杜纂的，不過是根據河北某地流傳的的一個跳大神的白毛大仙演化而來，對當時土改鬥地主起了難以想像的作用。從劇情來看，楊白勞和黃世仁兩人不可能構成經濟關係。楊白勞只有父女二人，都能夠勞動，又有房屋，即便是貧農也會生活無慮，不必借貸。無緣無故為什麼向黃世仁借貸，況且地主很少借貸給貧民，怕有借無還。此地又非荒年，逢年還要吃豆腐。楊白勞因躲債跑出去磨豆腐不合情理，磨豆腐需要石磨。以人抵債，在清末時有明文規定禁止，況且當時已經有了趙大叔和大春這些人物存在，按手印賣人是空話。退一步說，黃世仁如果看中了喜兒，完全可以明媒正娶，又不是取妾、買丫鬟。不合情理文學作品，居然還獲得第六屆卡羅維發利國際電影節特別榮譽獎，1956 年獲文化部優秀影片一等獎，真是笑話。

相比而言，中共的不少領導人回憶到他們自己的地主父親時，講的情況也很相似。大家可以去翻看一下劉少奇、薛暮橋、張秀山等眾多成分高的領

導人的回憶錄，看他們是如何講自己父輩當年靠節儉、勤勞成家立業的，那些創業的地主，一樣是攢倆錢就買地置產，和元寶村的地主沒什麼兩樣。自宋以來，佃耕制下，地主、佃農不是固定不變的，富不過三代，人人、戶戶都可能成為地富。地富是殺不盡的。歷史上沒有不散的宴席，不會「萬世而為君」。我等草民子孫相繼，終比王歷代朝命運更長。

土地改革運動鬥爭是在本鄉本土進行的，鄉居的土地主是分地鬥爭主要對象。革命勝利後，主持土改的幹部一拍屁股走人，根本不計後果。被鬥對象，依然同村而居。掌權者總覺得地主會心存報復之心。「捲土重來未可知」，「十年河東，十年河西」。於是，在「文革」中，借打擊走資派之機，更想把地主斬盡殺絕，掀起新的打擊的酷虐更加令人髮指。1966 年 8 月 26 日，大興縣公安局傳達了謝富治的講話。從此，鬥打、亂殺事件日益嚴重。由開始打殺五類分子本人，到亂殺家屬子女和有一般問題的人，最後發展到全家被殺絕。自 8 月 27 日至 9 月 1 日，該縣十三個公社、四十八個大隊，先後殺死五類分子及其家屬共三百二十五人，最大的八十歲，最小的三十八天，有二十二戶被殺絕。但是，地主是殺不絕的，將來子子孫孫怎麼相處。當年大興縣大辛莊公社殺人的主導者，公社主任高福興、團委書記胡德福、馬村共產黨支部書記李恩元等，應該捫心自問，為子孫後代留下什麼，怎樣向歷史交代，冤冤相報何時了。阿里巴巴集團董事會主席馬雲說：「關於徵稅，我自己覺得，我們應該大家第一要不能仇富，不能仇官，一個社會必須倡導陽光下的財富，不是把村裏的地主都殺了，農民就能富起來的。」就是這個道理。

在文革中，廣西許多地方，流行在光天化日之下巒割肢解「牛鬼蛇神」等活人，然後煮熟分食的最野蠻暴行。僅在廣西武宣縣，被吃的就達一百多人。這可能是中國富人被指斥為「不道不仁」的根本原因，極左統治時代對富人的酷虐極大地傷害了中國許多靠勤儉持家、發家致富的小地主和富農的心，這種三十年的嚴重傷害不是一朝一夕就能消除的，況且從來沒有認真承認過是對他們的傷害。這都是血腥土改的流毒。

# 第二十二節　建國初期改革佃耕制

新中國成立後，仍繼續貫徹「平均地權」政策。1949 年 10 月 26 日，中共中央華北局頒發的《關於新區土地改革決定》明確規定：堅定不移地實行

「中間不動兩頭平」的平分土地政策。鄧子恢是中國公認的農民運動和農村工作專家，他爲中國共產黨土地政策的製定和完善作出過重大的貢獻。解放戰爭初期，他在領導華中解放區土改運動時，創造性地提出了「中間不動兩頭平」的土地分配原則，引起中共中央的關注，以後這一分配原則在華中、山東解放區以及華北、河南等新區普遍實行過，並對建國後的土改運動產生了深遠的影響。毛澤東一九四九年八月十日發文：同意以中間不動兩頭平的政策解決河南土地問題。稱：華中局，並告各局，各野：八月六日電及轉來河南省委八月一日電均悉。我們同意以中間不動兩頭平的政策，作爲解決河南土地問題的基點，對中農土地完全不動，而不要照土地法大綱上關於中農土地的規定。

1950 年 6 月，《土地改革法》制定後，開始保護富農土地，不再沒收一般富農的土地和財產，不再以徹底平分。中華人民共和國新成立時期的土地改革政策雖然與 1947 年 10 月頒佈的《中國土地法大綱》略有不同，且本質一致，都是「平均地權」，使得「耕者有其田」。這種土地政策的貫徹有力地鞏固了新生的社會主義政權，激發了全國農民建設新中國的熱情。1952 年全國農業總產值 483.9 億元，比 1949 年增長 48.5%，年平均增長 14.1%，糧食由 1949 年的 11318 萬噸增加至 1952 年的 16392 萬噸，增長 44%，年平均增長 14.6%。

新區土地改革 1952 年基本結束。據當年 9 月下旬的統計，建國以來的三年中，約有三億農業人口的地區完成了土地改革。加上建國以前完成土改的老解放區，全國有 90% 以上的農業人口完成了土改。除了新疆、西藏以外，只剩下大約 3000 萬農業人口的地區，留待 1952 年冬天至次年春天進行。新區土改是一場巨大的社會變革。它結束了中國兩千多年的地主土地所有制，實現了全體農民的平均佔有土地的私有土地制度。經過土地改革，政府爲取得土地的農民頒發了「土地房產所有證」。明確規定：「爲私有財產，有耕種、居住、典賣、轉讓、贈與、出租等完全自由，任何人不得侵犯。」但時間不久，隨著合作化、人民公社化，農民土地權利完全消失，只剩下「打鐘幹活」，其它權利「一筆勾銷」。

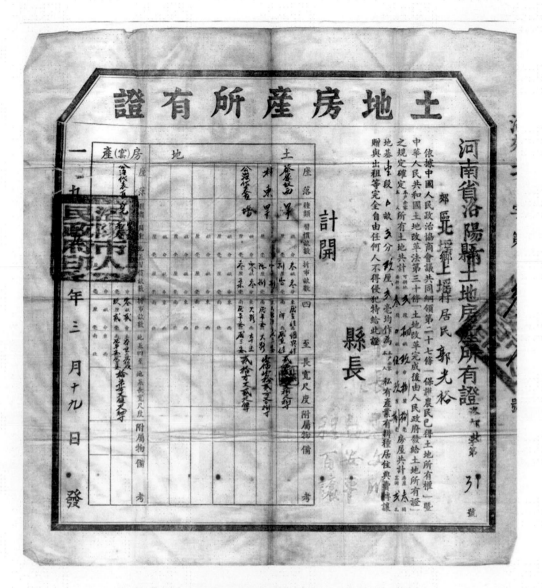

1953 年土地改革時河南洛陽市頒發土地證

　　通過土改，獲得經濟利益的農民約占農業人口的 60～70％，連同老解放區全國大約三億農民分得了大約七億畝土地，由此每年免除地租 3000 萬噸糧食。農民的生產積極性空前高漲起來。據統計，1951 年全國糧食產量比 1949年增加 28％：1952 年比 1949 年增加 40％左右，超過抗戰前最高年產量 9％。棉花等工業原料作物的產量 1951 年即已超過歷史最高年產量。通過土地改革，新政權獲得了農民的高度信任，使他們成為其穩定的社會基礎。

　　過去，新區土改是作爲中共在建國初期的一項重要政策來看待的，但是似乎忽視了它在中共土改運動史上的地位。應該承認，新區土改在 1927 年以來的土地運動史上具有相當重要的意義。它是中國土地運動的最後階段，也是涉及人口最多、動員範圍最廣、政策比較嚴密、進程比較平穩的一個土地革命階段。所以能夠做到這些。一是因爲中共已經獲得了過去長期土地改革的經驗，特別是指導機關的「左」的思想和政策，農民的報復主義，流氓無產者的貪婪投機性，曾經造成土改運動中的嚴重亂打、亂殺、亂挖浮財。新區土改汲取了這些教訓，預先製定了比較嚴密的政策，從而獲得了成功。二是由於嚴酷的戰爭已經基本結束，中共獲得了國家政權，掌握了城市經濟，不再僅僅依靠農村經濟支撐巨大的戰爭消耗。它已經初步建立了國家財政制度·擁有了更爲雄厚的經濟基礎。當它不再著重於把土改作爲戰爭動員的手段，而更多地爲了實現社會改革價值的時候，這場革命當然會相對溫和一些了。

# 第六章　佃耕制改革後的農業走向

## 第二十三節　小農化合作化到公社化

### 一、小農化和互助合作

　　新中國成立以後通過土地改革，平分了土地，實際全民都成了自耕農，仍然是佃耕制結構，就是古代所提倡的「編戶齊民」，就是更進一步的小農化。這種小農化事實上是推動了農業的發展。在 1956 年以前農民生產積極性有很大的發揮，這是不爭的歷史事實。農民的自發勢力很強，作者當年考察過河北大名縣的龍王廟的張希順互助組，人強馬壯，產量高，還經營副業。因為是屬於自給自足的農業經濟，商品並不發達，希望能夠達到吃飽穿暖而已。但建國後，即便城市人口發展不快，依然國家糧食儲備一直購少銷多，入不敷出。1953 年春，局部地方出現霜災，到 1953 年秋，農民惜售備荒，無論是賣給國家還是私人糧商，不願將糧食出售，致使國家糧食購少銷多的局面惡化。即使禁止糧食自由買賣，國家完全控制糧食市場，也難以從農民手中購得足夠的糧食；因為農民根本不願賣糧。這正是全民自耕農化的必然結果。正如陳雲在論證實行統購統銷的必要性時所說的：「有的同志提出，去掉商人，我們可以多買一點糧食。我看去掉商人並不等於農民的糧食一定可以多賣給國家」。

　　1953 年 10 月 16 日，中共中央發出了《關於實行糧食的計劃收購與計劃供應的決議》。這一決議是根據陳雲的意見，由鄧小平起草的。所謂「計劃收購」被簡稱為「統購」；「計劃供應」被簡稱為「統銷」。後來，統購統銷的範

圍又繼續擴大到棉花、紗布和食油。從實行統購統銷到改革開放期間，國家通過工農業產品「剪刀差」從農村拿走大量財富。有人估計是 4481 億至 7000億元。然而，1984 年國營企業年底固定資產原值才 7,370.5 億元。剪刀差使中國農村一貧如洗。統購統銷也加劇了城鄉分割，拉大了城鄉差距。正是中國農民「犧牲」，為中國工業建設提供了原始積纍，從而建立了初步的工業基礎。

馬克思主義經濟學者總是認為小農經濟是阻耐社會的發展，必須進行改造小農經濟。

由互助組、初級農業合作社、高級農業合作社一直到人民公社，用了五、六年的時間小農經濟被改造了，已經完全擺脫了佃耕制的範疇。結果是造成三年困難時期，人員大量死亡，農村經濟頻臨破產。當年土地改革，在發給的土地證上明確寫有：「有耕種、居住、典賣、轉讓、贈予、出租等完全自由，任何人不得侵犯」。一律說了不算，化為烏有。

新中國在建國初期經過完成全國土地改革後，馬上就推動互助組的合作社化、啓動農業社會主義改造的進程，是因為按照馬恩列斯的科學社會主義理論，社會主義不能建立在小農和小生產的基礎上，無產階級在奪取政權後，應通過創辦合作社形式對農業、手工業和資本主義工商業進行大規模的合作化和集體化改造運動。解決單個貧苦農民沒有生產能力，抑制新的土地兼併，實現工業化需要資本原始積纍，則是合作化和集體化運動當時的實際需要。農民在新民主主義國家政策保護土地所有權和財產私有以及容許新富農存在這種程度的自由競爭空間中，實現了生產的恢復和形成了初步的個體經濟能力，許多地方 80% 以上的農民上陞為中農，農村出現了普遍的「中農化」，發生了要求不搞互助合作形式單幹的願望。這種願望可能發展資本主義，農民發生兩極分化。這種願望和相應的行動趨勢是破壞了他們通過勞動互助合作組織導向消滅土地私有制的合作社（集體農莊）制度的簡單政治預期。因此，在中共中央高層，圍繞農民以獲得的土地為公平起點發展生產、積纍財富的經濟行為等新民主主義社會現象，發生了根本的對立價值判斷乃至完全相反的事實判斷，並被急劇政治化。自 1953 年春全國完成土地改革「平分土地」後，就有人出來說，土地分了之後讓農民掌握，因為農民有自發勢力，農村中出現兩極分化，富的富，窮的窮，貧下中農又賣地了。表面是維護農民權利，實際上使農民權利在合作化運動中一步一步地喪失殆盡。決定推進合作化運動以阻止互助組渙散、解體這種「逆合作化」趨勢，使農村發展走上崇

拜蘇聯模式社會主義的集體化軌道。

　　農業合作化運動經歷了互助組、初級生產合作社和高級生產合作社三個相互聯繫、相互交叉的階段。1950 年全國總農戶 10,553 萬戶，參加互助合作組織的有 1,151 萬戶，占總農戶的 10.91%。其中只有初級社 18 個，高級社只 1 個。1952 年底至 1953 年底是建立互助組階段，互助組有三種形式：臨時互助組、常年互助組和以土地入股爲特徵的生產合作社。前二者並非獨立的經濟實體和法律實體，而是農民之間以勞動換工爲內容的協議協作關係。到 1953 年底全國農業生產合作社以發展 1.4 萬多個，比 1952 年增加了 3 倍多。至 1955 年上半年屬於發展初級生產合作社階段。全國農業生產合作社已達到 65 萬個。在該階段初級生產合作社被作爲合作化運動的重心，其特點是：保留農民土地等生產資料的個人所有，僅將土地使用權投資入股到合作社，由合作社統一安排使用，盈餘實行按勞分配與按股金分紅相結的原則。農業生產合作社基本上符合經典合作社的辦社原則。1955 年下半年至 1956 年底爲高級生產合作社大發展階段。高級生產合作社實行土地等生產資料集體所有，統一經營，按社員的個人勞動進行分配。1955 年 7 月 31 日毛澤東在《關於農業合作化問題》講話中提出：「在全國農村中，新的社會主義群眾運動的高潮就要到來。我們的某些同志卻像一個小腳女人，東搖西擺地在那裏走路，老是埋怨旁人說：走快了，走快了。過多的評頭品足，不適當的埋怨，無窮的憂慮，數不盡的清規和戒律，」批判當時領導農業的副總理鄧子恢右傾。當年入秋以來，全國農業生產合作社猛烈增長，初級農業生產合作社達到 190 多萬個，入社農戶達到 7,500 萬戶。占全國總農戶的 63%。到 1956 年 5 月統計：全國加入合作社的以達到 91.2%。其中加入高級社的爲 61.9%。

## 二、公社化的輝煌幻滅

　　1959 年～1961 年伴隨著「三面紅旗」全國出現了農業大減產，人民大量非正常死亡，歷史上稱爲「三年自然災害」，確實是建國五十年來範圍最大、程度最深、持續時間最長的最大災害，造成三年經濟困難的一個直接因素。死亡人數、原因不得其詳，說法不一。《劍橋中國歷史》的估算爲 1600 萬到 2700 萬之間，說光是 1960 年一年就有超過一千萬人死於饑荒。1989 年科學出版社出版、中國科學院國情分析研究小組著的《生存與發展》認爲，「按保守的估計，因營養不良而死亡約 1500 萬人」。1993 年，上海大學金輝以中國

國家統計局發佈的人口統計數字為依據，得出結論以下結論，「僅僅中國農村的非正常死亡人數，就可能達 4040 萬。」1994 年紅旗出版社出版，呂廷煜著的《中華人民共和國歷史紀實：曲折發展（1958～1965）》估計「人口非正常死亡數千萬人」。歷朝歷代餓死 2900 多萬人，大躍進就餓死將近 4000 萬人。饑荒的極限已經出現了，就是人吃人，活人吃死人，活人吃活人，親人吃親人。再往下寫，就更難以著筆了。又據中共中央黨史出版社出版的《口號與中國》一書披露：「大躍進時期，非正常死亡人數和減少的出生人口共有四千萬」。中共中央黨史研究室原副主任廖蓋隆在《炎黃春秋》雜誌第 2000 年第 3 期著文，在「大躍進」期間，全國非正常死亡人數達 4000 萬人之巨。」另外，中共元老薄一波說：「我國人民所經歷的 1959～1961 年，三年困難時期，主要是大躍進、人民公社化運動和反右傾鬥爭造成的。在三年困難時期，全國廣大人民因食物缺乏、營養不良，相當普遍地發生浮腫病，不少農村因飢饉死亡增加，據統計，1960 年全國總人口減少 1000 多萬。在和平建設時期發生這種事情，我作為共產黨人實在是愧對百姓，應該永誌不忘這沉痛的教訓」。

1960 年人民公社社員到公社食堂領飯圖

大躍進運動、人民公社運動中問題是：大躍進中的浮誇風，使國家對糧食產量的估算和統計失實、失真，因而發生了徵過頭糧的錯誤。1958 年糧食獲得豐收，但在浮誇風中卻估計嚴重過高。1958 年 8 月，中央政治局北戴河擴大會議估計並正式公佈 1958 年糧食產量將達到 3000～3500 億公斤，比 1957 年增產 60～90%。1958 年底，有關部門根據各地區彙報，把預計「產量又誇大爲 4250 億公斤。按照這個產量計算，全國平均每人糧食佔有量爲 650 公斤，早已超過需要。

人民公社體制中，把農民的生活資料和少量的個體生產資料，一律歸公，農民的個體儲備一掃而空。同時窮隊、富隊拉平，出現了一部分人剝奪一部分人的情形，平均主義導致了大家都窮。另外，被認爲是共產主義因素的公共食堂，造成了糧食大量浪費和思想上的極大混亂。據國家統計局 1960 年 1 月的統計，全國農村先後辦起了 39.9 萬個公共食堂，參加吃飯的人口有 4 億，佔人民公社總人口的 72.6%，其中主要產糧區的河南、湖南、四川等 7 省市區達 90% 以上。公共食堂吃飯不要錢，口號是「放開肚皮吃飯」。有的食堂三個月吃掉一年的口糧。常年農民一家一灶個體吃飯，瓜菜代、低標準，老、少、年平均 200 斤糧。吃公共食堂不到 3 個月便把一年的口糧吃掉了。以河北省爲例：省委在 1958 年 9 月發出文件，宣佈食堂「不限量吃飯」；兩個月後又不得不要求薯糧搭配；再兩個月即 1959 年 1 月，全省農村已經普遍出現飢餓：到 5 月已有 55 個村 255 個食堂停炊。「共產風」把農民掏空了，吃光了！農民抵禦災害的能力降爲零。

必須說明，在浮誇風中挖老百姓餘糧，苦幹實幹連軸轉大煉鋼鐵、大搞水利，許多人是被強勞動，或逼供逼死，活活打死或累死，都被統計在餓死人中了。這需要進一步落實。曾發生大量餓死人的「信陽事件」地區群眾，一談起那時餓死人，無不感慨地說，那時候人真老實，糧庫裏糧食多的是，大庫小庫都是滿滿的，沒有一個群眾去偷去搶。幹部則說，群眾真好，階級覺悟高，堅決擁護領導，餓死事小，絕不搶糧。事實上是沒法偷、沒法搶。偷、搶必死無疑，還落頂反革命帽子，遺罪「黑五類」後代。由於高徵購和飢餓忍無可忍，雖然在強壓下依然有零星的反抗（或稱起義）。例如，1957 年 2 月 22 日肥西、舒城接壤處發生四百多人的暴亂，口號是「要飯吃，要土地」。打死民警 2 人，打傷 1 人，搶走手槍 3 隻，子彈 70 餘發。結果省、縣武警將其包圍，發生槍戰。當場打死 49 人，活捉 34 人，自首 10 人。爲首的農民程

千發自戕身亡，其餘逃跑。類似大大小小事件發生三百餘起。1957 年 4 月 7 日，安徽省公安廳向省委、公安部的情況報告說：本年一、二兩個月，我省蕪湖、肥西、宿縣、蒙城、樅陽等縣，先後發生群眾性鬧事 89 起，鬧搶糧食事件 271 起，參與群眾 4.5 萬人，搶去糧食 599654 斤，山東惠民地區的利津、廣饒兩縣，1957 年 5 月 12 日至 18 日，連續發生群眾搶糧 13 起，涉及兩個縣的 3 個區、8 個鄉和 37 個村，參加搶糧的群眾約有 4800 餘人，共搶去糧食 92000 餘斤。安徽無為縣北京大學學生黃立眾，因說了農村餓死人的實話，被北大開除，回家後他看到眾多鄉親被餓死，組織了「中國勞動黨」，不到 3 個月就發展黨員 119 人。後被鎮壓。

　　土生土長在河南遂平嵖岈山的青年作家康健在《輝煌的幻滅──人民公社警示錄》中描述了輝煌一時的嵖岈山人民公社如何幻滅。稱：

　　　　人民公社這場轟轟烈烈熱熱鬧鬧風風雨雨淒淒慘慘的悲劇、喜劇、鬧劇、正劇，二十年後才轟然落幕。

　　　　嵖岈山人民公社的創始人們也大都進入古稀之年，談起當年的輝煌與幻滅，他們有的仍熱血沸騰，有的表情漠然，有的避而不談，有的閃爍其詞……

　　　　陳丙寅，十幾年前已從中共遂平縣委宣傳部部長的位子上退了下來，又回到玉石山下的老家裴樓村。家中 6 間大瓦房，滿院綠陰。他喂了兩頭牛，每天牽牛去玉石山上放牧，一身的農民打扮，對襟小棉襖，大褲襠棉褲，牽住牛哼一路梆子戲，小日子過得挺愜意的。有時牛不吃草了，他就幽默地說：「牛哥啊，我這縣委宣傳部長喂你，你還不想吃，難道縣委書記來喂你你才吃不成？」說起當年創建人民公社，陳丙寅說：「對也罷，錯也罷，讓歷史評說去。」逕自牽了牛哼著梆子腔走入深山。

　　　　當年曾放過高產「衛星」的鍾清德，曾以中國農業代表團團長的身份，率團出訪前蘇聯。如今人已作古，墳頭青草萋萋。民主補課時，鍾清德嚇破了膽子，死也不願出來工作，每次運動都有人動員他出山，他總是背著糞籮筐躲出去，笑著對人說：「別打渣子了，再幹小命還搭進去哩。」最後，他患腦血栓去世了。

　　　　婁本耀，已從駐馬店地區水利局副局長的位子上退了下來，賦

閒在家。他說話仍是快人快語、滔滔不絕，他同我講了 7 天，最後
又講了 10 大問題才算罷休。……

　　什麼中國第一個人民公社會誕生在這偏僻的鄉村？為什麼人民
公社化運動由此發端影響中國幾十年？為什麼不懂馬列主義的農民
可以創造馬列主義？為什麼人們心中嚮往的輝煌理想會反而走向慘
烈的幻滅？我數十次地出入嵖岈山中，腳步走過每一個村落，每一
座山頭，叩問大山，叩問小河，叩問組成「人民公社萬歲」的蒼莽
森林，尋找答案。……

　　直面未來的啟示，如今，嵖岈山下的楊店街更加破敗，全國第
一個人民公社的誕生地那種輝煌早已遠它而去；那曾經塞滿 10 萬多
張血書和決心書的巨大牆洞還在，無言地向世界訴說著什麼，還有
那塊放過小麥畝產 3583 斤衛星的土地，麥苗青青一如往年。下宋水
庫水平如鏡，獅子山、象山倒映水中，彷彿不曾有紅旗招展、千軍
萬馬的歷史。我鑽入「人民公社萬歲」的松樹林中，聽松濤陣陣，
山鳴谷應，心裏湧動著一種複雜的情感。我踏著厚厚的松針，訪問
在松林中打柴的老漢。提起那個悲慘的冬天，老漢淡淡一笑，說：「還
提它幹啥？驢年馬月的事了。」我又問在松樹林中納涼的中年人，
中年人笑笑說：「記不清楚了。」我找到幾個在松林中嬉戲的孩童，
孩童們回答：「你講的餓死人故事挺動人的，能否再講一個？」

　　站在陽光下，我回首去看那『人民公社萬歲』的松樹林，覺得
心頭一陣陰冷，彷彿那松林中陡然生發出一股陰森森的寒氣向我逼
來。松樹已經頂天立地森然成林，根子已深深繫入大山的石縫中，
『人民公社萬歲』在悄然生長、蓬勃旺盛的浩大森林中遁去。」

作者康健敘述了紅極一時的嵖岈山人民公社現今已經回歸到正常的狀
態。幾經風雨的當年公社領導，依然對那一段歷史即茫然又木然。陳丙寅哼
著梆子，鍾清德退隱山林，倒是婁本耀雖賦閒在家還在回憶著。採樵的老翁
倒是很開脫的看破紅塵，真有點「慣看秋月春風」的味道。中年人忙著自己
的眼前事而漠不關。只有尚且「未解供耕織」童孫，還想聽聽當年餓死人稀
奇古怪的故事。感謝作家，勇於涉足其間，替我們記述了中華民族這一段恐
懼、悲慘、忌諱、迷惑、無奈的歷史，不致成為過眼雲煙，供後人回味。也

替我們著筆本書卷的當前這一段時，避免了彷徨和尷尬。

## 三、不讓歷史撒謊

　　近來江蘇某大學特聘教授不斷對大躍進時期餓死人的問題發表「反潮流」性質的文章，否定官方、學者以往一些研究結果。他在由中國社會科學院主管，馬列所主辦的學術理論刊物《馬克思主義研究》2011 年第 6 期上，發表《關於我國 20 世紀 60 年代人口變動問題的研究》文章，用非線性泛函數分析，得出結論，稱：「那種認爲我國 1958 年～1961 年期間出現了全國規模的非正常死亡的說法，是沒有科學根據的」。所謂「數千萬人非正常死亡」是「重大謠言」。此後，他又陸續寫了《徹底揭露「數千萬人非正常死亡」的重大謠言》等數篇相同主題的文章。此前，西安交近通大學人口研究所所長蔣正華承擔了這項課題。1087 年提出我國這一時期「非正常死亡 1700 萬人」，其研究結果被我國某些官方部門正式認可。但他對蔣正華的研究進行了分析，認爲：「這一研究存在著一系列學術上的重大錯誤和問題」。由於這些錯誤，「非正常死亡總人數約爲 1700 萬人」的結論是沒有任何學術依據的。隨後，在我國國內又出現了以金輝、曹樹基、王維志、楊繼繩等人爲代表的一些「研究」，把非正常死亡人數擴大爲 3000 萬、4000 萬，甚至更多。如楊繼繩所著《墓碑——中國六十年代大饑荒紀實》於 2009 年 5 月由香港天地圖書有限公司出版。書中提出，1958 年到 1962 年，中國非正常死亡 3600 萬人。在與楊先生辯論中，這位教授政治優勢明顯。該文發表是有權威的《馬克思主義研究》雜誌；而楊先生的《墓碑》只能在香港出版，在大陸還不能發售，相形見絀。

　　他說，利用幾種不同的方法對三年困難時期我國的「營養性死亡」人數進行了估算，估計出這一時期的「營養性死亡」人數在 250 萬以下，這裏所說的「營養性死亡」主要指的是營養性疾病（浮腫病等）死亡、營養性疾病合併其它疾病死亡，也包括「完全性飢餓死亡（即餓死）」。低估非正常死亡人數肯定適合有權威支持的反潮流言論，自然不會屬於「重大謠言」；但所得結論肯定是錯誤的，研究結果，蒼白無力。據我所知，當年「信陽事件」查明後，河南省委書記文敏生、劉仰嶠在大會上宣佈「河南只信陽地區就餓死 150 萬，全省 200 多萬」。這個數字相比，200 萬數字一加一減基本接近。就是說：非正常死亡只是河南一個省的數字。河南省會鄭州與徐州近在咫尺，建議他在百忙中來檔案局一查便知。那三年間，由於大饑荒而發生非正常死

亡的至少有 21 個省，除河南外、安徽、四川、山東、湖南、貴州、甘肅等數省非正常死亡人口上報數字都以百萬計。如果按照這位教授研究成果，那 20 幾個省都是屬於製造「重大謠言」者。如原四川省政協主席廖伯康說：「大躍進四川餓死 1000 萬」，這一個省就比他的研究結果多出四倍。經過反右派、反右傾、反小腳女人、反小彭德懷一系列運動的地方領導幹部，都十分拘謹小心，不敢輕言妄語，提供資料是有根據的。即便按照這位教授認可的數再減十倍、百倍又該如何呢，「都不差錢」，依然不會減少罪責程度。另一種情況，更會使其撓頭，就是更難以洗刷「人吃人」的事實。活人吃死人，活人吃活人，更為嚴重的是吃自家人。歷史記載是「易子而食」，在新社會是干涉的，不能公開「易子」。試想一個衣衫襤褸，骨瘦如柴的女孩，還有更可怖的事情發生。怎不使人仰天長歎而泣血。

這從表面上看，本來是個數字統計的結果差異，常言說：「統計統計，三分估計」，它不同於會計計算一分不差。統計數字的差異，埋藏著玄機，引起軒然大波，這文章實際是挑起了新的政治爭端。他的文章不但在中國社會科學院刊物上發表，而且和中國社會科學院領導相呼應。前時，中國社會科學院院領導全體出動，書寫文章，製造輿論，為反右派、大躍進、文革三大亂政爛賬洗刷。如李副院長文章說：「所謂的斯大林在肅反中殺了三千萬，所謂毛澤東發動大躍進餓死三千萬，這兩個三千萬地球人都知道。但這兩個三千萬都是有人刻意編造的虛假資料。當然，說明這一點需要寫專文論證。1957年的反右，劃了 55 萬右派，無庸諱言，其中有不少受冤枉的同志，但沒有處死一個，卻全部被描述成血淋淋的」。可是人人盡知，甘肅夾邊溝的右派份子三千人在吃盡能吃的和一切不能吃的之後，只剩下三四百人。而且說：「這些人不是別有用心，就是胡塗。」由此可見，其文章是由來頭的，為什麼對五十年前的往事突然感到興趣，並非偶然，絕對不是單純地研究學術問題。非線性泛函數分析本來對經濟方面研究領域很廣，卻涉足人口問題挑起爭端，感到突然。選這個課題也說明沒有尊重廣大死難餓殍的情感，並不同情受害人群，善與惡不分，必然會受到責難，成為一場政治表演的玩偶劇，「民間傷痛今猶在，辜負手中筆一枝」，自討沒趣。

在大躍進時作者親眼目睹將要餓斃的小女孩。在河南延津縣城走了十里之遙，就見一個小女孩躺在道溝之中，約摸著有六、七歲的光景，面目清秀，穿著倒也整齊。這一帶平原上公路的格局，在道路兩旁都有尺八深的道溝，

以便排水。這個女孩一動不動，兩眼還睜著，兩臂攤開，已經是奄奄一息。馬上意識到這是餓倒在道旁的，問她是怎麼回事，跟誰來的。她只吐出很微弱的一個字：「娘」。再往下問時，已無精力回答。當再問你娘去那裏了，眼神略向西動了動。已經明白了，她娘帶她出來向西逃荒，這位女孩餓得倒在路旁，才捨她走了。這是我第一次見到餓倒的人，那種眼神終生難忘。她已經是沒有悲哀、沒有眼淚，沒有感情。也不會哭泣，思想也將會漸漸的泯滅。可巧我還帶了一個小饅頭，當把饅頭放到她手中時手並沒有合上拿東西，更無力來吃東西。

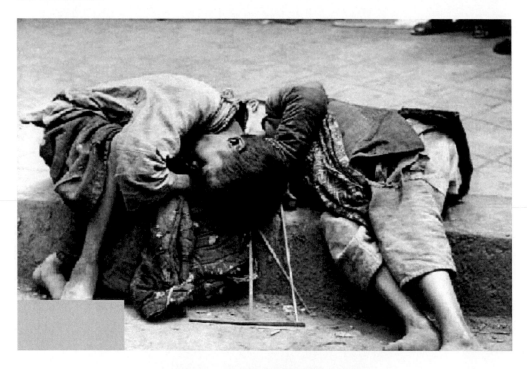

大躍進中餓的骨瘦如柴的兒童

我沒法學習江蘇那位孫教授，有閒情逸趣研究，「餓死人是不是謠言」，「營養性死亡」和「完全性飢餓死亡」的區別。人總是有惻隱之心的，想救她又無能為力，給東西吃不下，帶又帶不走。這時候民兵們又截斷路口，路斷人稀，找個人幫忙也困難，又不能捨她而去。好在路前面，見到一個維修馬路的道班，裏邊到是有三個工人。我說明情況後，有兩個工人同我回到了女孩的身邊，她依然是紋絲不動的躺著，手上的饅頭沒有攥著。人們說：這孩子已經餓到勁了。大家齊手把孩子抬到了道班中，說是給餵點稀飯試一試能否

救過來。道班早不起火了，也要到大食堂吃飯。無奈有個老工人到臨近食堂去了，想找點粥。

路工說，看你是外鄉人，實話告訴你，各食堂情況都不好。糧食都讓公社弄走了，村裏的食堂沒有糧食吃，家家的小鍋都砸了去大辦鋼鐵。這孩子的娘，也不是不顧孩子的人。看孩子穿的衣服，雖然舊，但是整整齊齊的。俗活說「要知賢母看兒衣。」實在沒有辦法，才撇下了她。西鄉在大年下，一個三歲女孩被她娘在半夜推出門外凍死了，那才慘哪！母親餓的沒有奶，孩子也餓的要吃奶；纏的母親很難以忍受，一狠心把女孩推出門外。天寒地凍，孩子肚子又無食，在門外喊著：「娘，讓我進去吧，我不吃你的奶了」。不久就沒有聲息了，早起人們見到了凍僵了的孩子，還面帶著笑容。據說凍死的人是笑著的。聽到這人間慘事，看到眼前的女孩，明白了人餓到極限，已經喪失人的感情，什麼兒女情長，連自己都不能顧了。無怪乎古書上說「易子而食，折骨而炊」。

過了一個小時，那位找飯的人回來了，帶回來一碗玉米粥。喂給她吃，並不好好下咽。人是交給了道班工人們，辭別了他們騎上車子上路走了。但思想一直不平靜。那位捨棄女兒的母親到哪裏去了，來時我遇到的有民兵把守的路口，正是那位母親要經過的。她是不是過了卡，過了這卡，前面還有卡的。各地正在學習河南信陽的經驗，組織軍警、民兵把著路口，南不過（武勝）關，北不過（明）港。把成群結隊地逃荒饑民擋了回去，以免影響「三面紅旗」的形象，讓人們就地搞「大躍進」。最後整家整村的餓死。如果沒有這些軍警、民兵的「努力」，這些饑民也不會坐以待斃。我曾問過道班工人，那些民兵在哪裏吃飯，他們為什麼有精力看路。回答是：他們是在公社機關吃飯，誰給飯就聽誰指揮。

時間已經過了幾十年了，已經是時過境遷，景物全非。沒有機會再到現場，道班的小屋子恐怕也不存在了。那女孩的消瘦但不是病態的清秀面孔總是繞在心懷，留下懸念。不知當年那位小女孩活下來了沒有。也許她喝下了養路工人的粥，活了下來，經過人間的苦難，又和她娘團聚在一起，長大成人。也許她離開了苦難的人間，給人們留下來難以磨滅的遺憾。

近來日本一些人，否定「南京大屠殺 30 萬人」，國人對「全局性、長期性左傾嚴重錯誤」的大躍進運動、文化大革命運動，也有人不斷翻案。不管右派還是左派，應該正派。國內的還是國外的，不光彩的都要想掩飾，其實是同一思維方式。德國處理國內、國外問題都可以堪稱表率，尤其是國內「蓋

世太保」問題，雖有難度，結果較好。中國的「反瞞產英雄」、「紅衛兵」則很少有人懺悔。已故南非總統曼德拉說過，「控制住仇恨和憤怒，是要有很大毅力」。「生年不滿百，常懷千歲憂」，有「大躍進」、「文革」的教訓，使人們認清動亂的殘酷性、破壞性、反人類性。為了國家、民族，為了子孫後代，絕對不能縱容包庇。正視歷史，讓人為的民族浩劫永遠留在記憶中。

# 第二十四節　公社土地制弊端的一線轉機

## 一、土地權屬概述

　　土地制度的中心是權屬問題。權屬主要是土地的所有權、次為土地使有權。其中還含有種植、居住、出租、典賣、轉讓、贈予、繼承等細項。例如；雖然個人有了所有權，但在農區，政府不允許建築房屋，就沒有此權力。所以土地權屬都是不完整的，與政策有直接關係。

　　我國在唐以前實行的是有制式的土地制度，如授田制、均田制等。土地所有權一部、多部或全部屬於國家。而農田的開發、墾殖則是農民，少數是官方的軍墾田和按照政策回收的農田。在土地政策下進行還授。宋代以後實行的佃耕制，其組成結構有地主、自耕農、佃戶和雇工。地主、自耕農均有土地所有權，佃農有使用權。後來永佃制發展，分為地主有田底權，佃農有田面權。

　　近代國共兩黨都進行了土地改革，而且聲勢很大。不只兩黨在理念層面上爭論不休，而且打了幾十年的慘烈仗，內戰死亡上億。革命的其實都是源於孫中山的「平分地權」和「耕者有其田」。由此，廢除封建土地私有制這種提法是不正確的。封建土地制度是三代到春秋戰國時實行的。商鞅變法時「除井田、立郡縣」早已廢除了。以往革命的政治家、學者都把古代到近代統統稱為「封建社會」，這就很難以理解。《呂氏春秋通詮·慎勢》載：「封建，即封邦建國」。嚴復《論中國教化之退》說：「秦併天下，更古制，更井田而為阡陌，廢封建而置郡縣」，現代詞語「封建」只是個「濫詞」、「泛詞」。老人守舊、青年靦腆，都叫封建。近代提倡的土地改革是實際針對實行一千多年的佃耕制。

　　中國共產黨是更接近蘇聯，也會接受列寧、斯大林的對土地改革的意見。列寧在《俄國資本主義的發展》中對農民的分化問題作了分析：「完全可以把俄國全部農業人口看作農民，因為地主的人數在總數中是微不足道的。同時有不少的地主歸入了食利者、官吏和顯貴等等之內。在 9700 萬農民群眾中，

則必須區分為三個基本類別：下等戶──無產者和半無產者階層；中等戶──極貧窮的小業主；上等戶──富裕的小業主」。所以，更為激進。沒收地主、皇室和寺院的土地，分配給農民耕種；實行土地國有。蘇聯和中國劃分成分有些差別。鬥爭重點是：「上等戶是富裕的小業主，他們剝削相當數目的有份地的雇農和日工以及各種雇傭工人。」

　　國共兩黨的土地改革做法雖有差別，但都是強制性的，共產黨的做法不過更激進。兩黨推翻佃耕制後，異途同歸，其結果是自耕農化，即小農化。隨後都出現了，不適應現代化農業發展的問題。如果兩黨不進行土地改革，同樣要走農業現代化這條路。三條路有待歷史評議。大陸在文化大革命結束，推行改革開放政策，已見實效。

　　兩黨的土地革命是異途同歸，結果一致，土地還家，全部自耕農化，但是並不適合農業經濟發展要求。我國古代的理想「編戶齊民」是從便於稅收考慮的。大陸土地改革完成後，原本土地權屬已經清清楚楚，土地所有權歸農民，很快問題就反映出來，自給自足的經濟，農民不願賣糧食，影響軍隊和城市的糧食供應，經濟作物種植減少。農民把分到的土地還沒有捂熱乎，隨之硬性推動合作化，人民公社化就把土地全部公有，公社社員一無所有，只能有打鐘下地幹活權。沒有財產支配權，就是奴婢、乞丐。試想只有一條打狗棍的人，怎麼談得上民主、人權。現今政策只有國有土地和集體土地。集體土地所有權屬是不完全的，只對對村民有分配承包權，轉讓、使用土地等必須受國家支配。

　　輝煌幻滅，走投無路，不得不使人民公社解體，由社隊聯產承包轉到家庭聯產承包，又回到小農經濟上來。改革開放以來，農村小農經濟依然為國家承擔著重要的任務，不僅為國家經濟建設提供糧食和各種農副產品，還提供了大量的工業原料和、資金、勞動力等多方面的支持。

## 二、改革開放農民爭回使用權。

　　中國農業集體化20多年來，在極左路線錯誤影響下，從農業合作化開始，歷經反右派、大躍進、人民公社化，一次又一次的運動，國家遭受到的一次又一次摧殘，以致幾千萬農民餓死。直到文化大革命，一些人依然「左ｉ」的要命，批「三自一包」，用運動折磨人，把人推向絕路。直到毛澤東去世後，打倒四人幫，算是「老天爺睜開了三分眼」。

　　1978 年冬，小崗村 18 位農民以「託孤」的方式，冒險在土地承包責任書按下鮮紅手印，實施了「大包乾」。這一「按」竟成了中國農村改革的第一份宣言，掀開了中國改革開放的序幕。「大包乾」就是包乾到戶是包產到戶的進一步發展，包乾到戶主動權或者說主體在戶，實際上是分戶經營，分戶核算。它比包產到戶更徹底些，利益更直接些，方法更簡便些。包乾到戶與包乾到組統稱為「大包乾。」小崗生產隊帶頭實行包乾到戶是「冒死去抗爭」，不抗就被餓死，抗會被批鬥死，決心生死一搏。萬里當時是安徽省委書記，沒有他的支持也辦不成。隨後推行到全國。家庭聯產承包責任制的實質是打破了人民公社體制下土地集體所有、集體經營的舊的農業耕作模式，實現了土地集體所有權與經營權的分離，確立了土地集體所有制基礎上以戶為單位的家庭承包經營的新型農業耕作模式。為我國農民脫貧起到了重要作用，推動了農業生產的快速發展，極大地改變了我國農業生產和農民生活，就是把農民從將被餓死的地獄中拉了出來。被鄧小平同志譽為中國農村改革與發展的「第一次飛躍」。

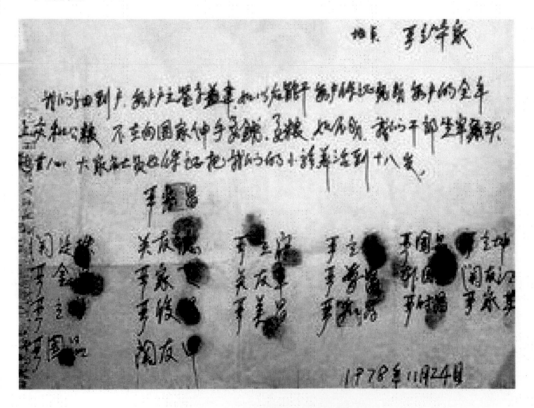

土地承包責任書按下鮮紅手印

家庭聯產承包責任制從土地制度角度看，是土地所有權與使用權的分離，農地集體所有權是集體的的，而農戶有了相對獨立的土地使用權。實質就是租佃權。並對農村土地的經營收益分配關係進行了調整，調動了農民積極性，短時間內極大提高了勞動生產力。1978－1984 年的六年成爲新中國成立後農業生產發展最快的時期之一，人均糧食在 1984 年接近 800 斤，爲解決溫飽問題、走向小康奠定了重要的物質基礎。

在家庭聯產承包責任制下，農戶按家庭人口和勞動力數量從集體平均得到一份土地，然後由家庭開展農業經營活動，並隨著家庭人口或集體土地數量的變化，對所承包經營的土地面積和地塊進行調整。頻繁無序的內部調整使廣大農戶不願也不敢對土地進行長期投資，導致土地的掠奪式使用和大量農田基礎設施損毀。爲此，從 1985 年開始，圍繞著穩定和完善土地承包經營制進行了一系列的政策調整。

針對實現家庭聯產承包責任制實行初期，土地承包期過短及對承包土地調整頻繁的狀況，中共中央 1984 年 1 月在《關於一九八四年農村工作的通知》指出：土地承包期一般應在十五年以上，生產周期長的和開發性的項目，如果樹、林木、荒山、荒地等，承包期應當更長一些。在延長承包期以前，群眾有調整土地要求的，可以本著「大穩定，小調整」的原則，經過充分協商，由集體統一調整。1987 年 1 月，中共中央在《把農村改革引向深入》的決定中指出：要進一步穩定土地承包關係。只要承包戶按照合同經營經營，在規定的承包期內不要變動，合同到期後，農民仍可連續承包。已經形成一定規模、實現了集約經營並切實增產的，可以根據承包者的要求，簽訂更長期的承包合同。這些政策調整，在一定程度上穩定了農民對未來土地經營的可預期性，促進了農民對土地長期利用的有關行爲調整，如增加土壤肥力、完善小型農田水利設施等。

1993 年通過的《中華人民共和國憲法》將第八條第一款修改爲：「農村中的家庭聯產承包爲主的的責任制和生產、供銷、信用等各種形式的的合作經濟，是社會主義勞動群眾集體所有制經濟」。這樣，家庭承包經營體制在憲法層面上得到了確認。

爲了避免承包耕地的頻繁變動，防止耕地經營規模不斷被細化，1993 年 11 月《中共中央、國務院關於當前農業和農村經濟發展的若干政策措施》中明確提出：爲了穩定土地承包關係，鼓勵農民增加投入，提高土地生產率，

在原定的耕地承包期限到期後，再延長 30 年不變；提供在承包期內實行「增人不增地、減人不減地」的辦法。

1996 年 1 月《中共中央、國務院關於「九五」時期和今年農村工作的主要任務和政策措施》中再次強調：土地承包期限延長 30 年，開發「四荒」的承包期可以更長一些。並指出這是穩定家庭承包經營的重大政策，一定要貫徹好。1997 年 6 月《中共中央辦公廳、國務院辦公廳關於進一步穩定和完善農村土地承包關係的通知》指出：土地承包期再延長 30 年是在第一輪土地承包的基礎上進行的，不能將原來的承包地打亂重新發包。中央不提倡「兩田制」，對原來為了平衡農戶負擔而實現的「動賬不動地」形式的「兩田制」，無論是「責任田」還是「口糧田」，承包權都必須到戶，並明確 30 年不變，不能把責任田的承包期定得很短，隨意進行調整。1998 年 1 月《中共中央、國務院 1998 年農業和農村工作的意見》中再次強調：各地要嚴格按照中央的有關政策規定，切實做好延長土承包期的工作；第一輪承包到期的地方，都要無條件延長 30 年不變。1998 年 10 月《中共中央、國務院關於農業和農村工作若干重大問題的決定》再次指出：穩定和完善雙層經營體制，關鍵是穩定完善土地承包關係。要堅實不移地貫徹土地承包期再延長 30 年的政策，同時要抓緊製定確保農村土地承包關係長期穩定的法律法規，賦予農民長期有保障的土地使用權。

至 1998 年底，全國範圍內的延長土地承包期工作已進入收尾階段，1999 年 1 月的《中共中央、國務院關於做好 1999 年農業和農村工作的意見》指出：各地要嚴格按照中央的有關政策，抓好延長土地承包期的後續完善工作，一定要在 1999 年全面完成此項工作；並要求有關立法工作要抓緊靠進行，要把土地承包期再延長 30 年不變落實到具體農戶和具體地塊，並按規定與農戶身簽訂承包經營合同，發放承包經營權證書，確保農村土地承包關係長期穩定。

至此，經過長達十多年的探索和完善，到本世紀初，土地承包制由一項短期的應變措施成為了一項長期穩定的正式制度安排。通過延長土地承包期限和穩定農民對承包土地的權利，增加了農民對土地使用權的穩定預期和安全感，提高了他們對土地長期投入的積極性，同時也促進了整個農村經濟發展和社會穩定。實踐證明，土地承包制是一項符合農田利用基本規律和我國現階段社會經濟發展階段的一種有效土地制度。

十七屆三中全會通過的《中共中央關於推進農村改革發展若干重大問題

的決定》進一步對現行土地制度的性質和未來變化做出明確規定：「以家庭承包經營爲基礎、統分結合的雙層經營體制，是適應社會主義市場經濟體制、符合農業生產特點的農村基本經營制度，是黨的農村政策的基石，必須毫不動搖地堅持。賦予農民更加充分而有保障的土地承包經營權，現有土地承包關係要保持穩定並長久不變。」

中央農村工作領導小組辦公室主任陳錫文在 2008 年 10 月 23 日的國務院新聞辦公室的新聞發佈會上指出：「我理解，長久不變的概念就是要超越這個 30 年。」陳錫文並未明確指出農民擁有無限期的土地使用權，而只是農民擁有土地使用權的年限要大於 30 年。溫家寶總理在回答記者提問時更是明確指出：「農民對土地的生產經營自主權將長期不變，也就是永遠不變。」可見，土地承包經營制可預見的未來將會堅持不變。

### 三、土地流轉機制是租佃制的轉型

在實行家庭聯產承包責任制的基礎上，2002 年以前整個農村土地政策調整的主要目標是穩定和完善土地承包經營制。與此同時，爲了盡可能消除田塊面積超小化和農戶經營土地分散化給農業生產經營所帶來的不利影響，開始允許在集體經濟組織內部嘗試有限度的土地流轉。

中共中央 1984 年 1 月在《關於一九八四年農村工作的通知》首次提出：鼓勵土地逐步向種田能手集中。社員在承包期內，因無力耕種或轉營他業而要求不包或少包土地時，可以將土地交給集體統一安排，也可以經集體同意，由社員處找協商轉包，但不能擅自改變向集體承包的內容。並規定自留地、承包地均不准買賣，不准出租。

1987 年，沿海發達省市就土地適度規模經營進行試驗。這樣，土地經營權的流轉突破了家庭承包經營的限制，中國土地流轉制度開始進入試驗階段。1988 年 4 月第七屆全國人民代表大會一次會議通過的《中華人民共和國憲法》將原憲法第十條第四款「任何組織或者個人不得侵佔、買賣、出租或者以其它形式非法轉讓土地」修改爲「任何組織或者個人不得侵佔、買賣或者以其它形式非法轉讓土地，土地的使用權可以依照法律的規定轉讓。」從而使農村土地使用權流轉有了法律依據。

1993 年 11 月《中共中央、國務院關於當前農業和農村經濟發展的若干政策措施》在提出原定的耕地承包期限到期後，再延長 30 年不變，提倡在承包

期內實行「增人不增地、減人不減地」的辦法的同時，指出：在堅持集體所有和不改變土地用途的前提下，經發包方同意，允許土地的使用權有償轉讓。1993 年 11 月《中共中央關於建立社會主義市場經濟體制若干問題的決定》明確表示：在堅持土地集體所有的前提下，允許土地使用權依法有償轉讓；少數經濟比較發達的地方，本著群眾自願原則，可以採取轉包、入股等多種發展適度規模經營。

1996 年《中共中央、國務院關於「九五」時期和今年農村工作的主要任務和措施》中首次提出：隨著勞動力向非農產業轉移，要建立土地使用權流轉機制，在具備條件的地方發展多種形式的適度規模經營。1997 年《中共中央、國務院關於 1997 年農業和農村工作的意見》進一步指出：少數經濟發達地區，農民自願將部分「責任田」的使用權有償轉讓或交給集體實行適度規模經濟學，屬於土地使用權正常流轉的範圍，應當允許；1998《中共中央、國務院關於 1998 年農業和農村工作的意見》規定：土地使用權的合理流轉，要堅持自願、有償的原則依法進行，不得以任何理由強制農戶轉讓；少數確實具備條件的地方，可以在提高農業集約化程度和群眾自願的基礎上，發展多種形式的土地適應規模經營。2001 年《中共中央關於做好農戶承包土地使用流轉工作的通知》強調：農戶承包地使用權流轉必須堅持依法、自願、有償的原則，土地流轉的主體是農戶，土地使用權流轉必須建立在農戶自願的基礎上。可見，這一時期，中央關於農村承包土地的流轉問題的有關規定的主要出發點在於穩定土地承包關係。

進入新世紀後，我國的社會經濟狀況發生了重大變化。一是隨著農村經濟發展，農民收入水平有了很大提高，農民收入結構也隨之發生了很大改變，收入來源趨於多樣化，土地承包經營收入不再是一些農民收入的主要來源或唯一來源。二是隨著工業化和城市化進程的加快，農民選擇就業的機會不斷增多，農業生產不再是農業的唯一職業，有些地方近一半的農民長期外出打工。這樣，一方面隨著大量農民離開土地擇業，出現了有田無人耕種和粗放經營的現象，在客觀上為土地流轉創造了基礎；另一方面，伴隨著對食品需求的不斷增加，農業以外的人力、資金和技術也在尋求進入農業領域、開展農業產業經營，從而為實現土地合理流轉提供了外在的需求。因此，能否通過土地流轉提高農業產業化水平和土地利用效率就成了新時期我國農地制度改革的一個重要選項。

2002 年通過的《中華人民共和國農村土地承包法》規定：國家保護承包方依法、自願、有償地進行土地承包經營權流轉；通過家庭承包取得的土地承包經營權可以依法採取轉包、出租、互換、轉讓或者其它方式流轉；土地承包經營權流轉的主體是承包方，承包方有權依法自主決定土地承包經營權是否流轉和流轉的方式。2007 年通過的《中華人民共和國物權法》確認了土地承包經營權是物權，並明確規定：農民的土地承包經營權作為用益物權是由法律賦予的，任何組織和個人不得剝奪和非法限制；農民獲得的土地承包經營權作為用益物權受法律保護，承包期內，不得違法收回和調整農民的承包土地；農民的土地承包經營權作為用益物權，承包農戶對承包土地依法享有佔有、使用、流轉、收益等權利。

2008 年 1 月《中共中央、國務院關於切實加強農業基礎建設進一步促進農業發展農民增加的若干意見》指出：農村承包合同管理部門按照依法自願有償原則，健全土地承包經營權流轉市場；加強土地流轉中介服務、培育發展多種形式適度規模經營的市場環境。

2008 年 10 月 12 日通過的《中共中央關於推進農村改革發展若干重大問題的決定》強調：加強土地承包經營權流轉管理和服務，建立健全土地承包經營權流轉市場，按照依法自願有償原則，允許農民以轉包、出租、互換、轉讓、股份合作等形式流轉土地承包經營權，發展多種形式的適度規模經營。有條件的地方可以發展專業大戶、家庭農場、農民專業合作社等規模經營主體。土地承包經營權流轉，不得改變土地集體所有性質，不得改變土地用途，不得損害農民土地承包權益。

由此可以看出，隨著整個社會經濟發展，我國對土地承包經營權流轉的問題的政策取向逐步從穩定和完善農村家庭聯產承包責任制轉向了合理配置和持續有效利用農村土地資源方面。在現階段，促進土地合理流轉具有多方面的積極作用。

一是有利用於發展規模化經營。規模化經營，是我國由傳統農業轉向現代農業的必由之路，也是其它國家實現農業現代化的重要經驗。通過土地承包經營權的流轉，可以使部分農民或其它經營者擴大土地規模，加大資金和技術投入，發揮規模優勢，降低生產經營成本，提高抗風險能力，規避分散經營在信息不對稱下的低效率。

二是有利於提高土地利用效率。我國面臨著巨大的糧食安全壓力，不斷

提高寶貴耕地資源的利用效率將是我國保障糧食安全的基礎，通過土地流轉，可以使部分土地從經營效益差的農民手中轉到經營效益好的種田能手手中，從而成為提高糧食生產水平的一條有效途徑。

三是有利於加快城鎮化進程。目前我國已有數以億計的農民長期在城市就業，並成為城市發展不可或缺的一支生力軍。通過土地流轉可使已經在城市取得穩定職業和住所的農民擺脫土地承包經營的束縛，真正成為城市的一員。

四是有利於承包土地價值的完全體現。依照自有有償原則進行土地承包經營權流轉，可以使承包土地的內涵價值通過市場交易的形式得到完全體現，從而促進農村經濟發展和農民收入的提高。

# 第二十五節　佃耕制的活力

## 一、城鎮發展對農村土地制度的衝擊

全國先後出現了城鎮發展的熱潮，「開發區熱」、「房地產熱」，由此升溫。由於導致了大規模的「圈地運動」。對農田制度有較大的衝擊。許多集體所有制的農田，通過收購變為全民所有制土地。國家得到收益也給房地產開發商開闢財源，為農民工開闢就業門路，所以被稱為「土地開發經濟」。土地開發後，大量農民失掉土地，無奈流人城市，不論從事工商業還是第三產業，仍然是沒有土地「農民工」。城鎮化中土地轉讓成為腐敗的溫床。官員貪污受賄多數是土地問題。中國農民歷來「安土重遷」，不甘心失掉土地，而發生矛盾。僅 2004 上半年全國共發現土地違法行為 46900 餘件，立案查處土地違法案件 33900 餘起。凡是大的貪污案件，都與土地徵購有關。而且，出現不少抗議政府和開發商勾結強買搶佔土地而自焚、自殺、被害事件，越演越烈。作者矯正公先生，根據近 7 年間（2003 年 5 月至 2010 年 6 月）全國野蠻暴力徵地拆遷血案發生的時間為序進行排列，有選擇性地，共集錄了 70 件血案。從 2009 年 11 月 13 唐福珍自焚至 2010 年 6 月 5 月 28 日，鄭州須水鎮陳先碧拆遷摔死案。在這短短的 7 個月當中，全國發生的拆遷血案竟然達到 23 起。是 7 年中發生血案 47 起的一半。是土改、大躍進、文革等暴力施政習慣的重演。多數是對土地徵收憤憤不平而自殺，方式有：自焚 18 起、懸梁 5 起、跳樓 4 起、自戕、服毒 5 起。其餘是暴力拆遷被打死、碾死、被埋、砸死。2003 年 8 月

21 日，南京市長江路鄧府巷，因暴力拆遷所逼，8 人集體自焚，全部死亡。2009 年 3 月 4 日，福州倉山區謝宅村 6 位老人，被暴力拆遷所逼自焚。2010 年 1 月 18 日，重慶市因野蠻徵地，奉節中學爲保護校園，11 名教師被政府作後臺的施工方活埋。在衝突中官方、商方亦有傷亡，有 12 起被拆遷戶打死開發商、動遷人、民警和保安。最大的案件是：2010 年 6 月 1 日，河南鄭州劉莊村村民劉大孬，被暴力拆遷所逼，駕駛貨車撞向拆遷人員，導致 5 人死亡，7 人受傷。

　　在大躍進運動中，農民財產在剝奪中，村幹部出現多吃多占，反映幹部貪占的民謠：「大幹部摟，小幹部偷，社員縫兩大挎兜」。現今貪腐深入到農村基層，過去稱爲「鄉約地保」的村黨支書，以轉讓土地爲契機，貪污普遍，數量巨大。安徽合肥市盧陽區藕塘村黨總支部書記劉懷寅貪污上千萬元，還不算大數，廣東有的村支書貪污過億，也向外逃；根紅苗正紅二代、紅三代是貪污者的根苗，江西省副省長胡長清貪污受審時，首先提到自己祖祖輩輩在農村種田維生，受黨的培養，在資產階級糖衣炮彈面前打了敗仗，賴在剝削階級身上。河南臨潁以學毛澤東思想著名。村主任王某因心臟病突發身亡，清理其遺物時，在其辦公室的保險櫃中卻發現了 2000 多萬元現金及多本戶主爲王金忠的房產證。貪污多是農民賴以生存爲之鬥爭的土地。官員的貪污款、開發商的行賄款來自土地；農民被打死、被燒死、被推土機軋死也是因爲土地。當年批鬥地主者的繼任者，分了舊地主的土地，自己成了新地主，新式山寨版的土豪、村霸。61 歲的土豪吳天喜，九屆全國人大代表、河南省鎮平縣政協原副主席，強姦幼女受害女生數字是 36 名，年齡 12 歲到 16 歲，比土豪還土豪。唐山市高新區李各莊村主任白豔春，擔任村主任多年「家有寶馬、路虎等多輛豪車」宅院佔地超 3 畝。這是一座門禁森嚴的大院，3 米高的院牆外立面貼滿了整塊大理石牆磚，門楣飾有精細石雕，可自動控制開閉的大門兩側佇立著兩隻石獅，東莞 90 後土豪高調結婚豪車巡街派發給過路人發 4 萬個紅包，共 99 萬元。更爲可觀的是谷俊山弟弟，東白倉村支書谷獻軍在濮陽建造的「將軍府」，係 2006 年谷獻軍佔用東白倉村十三四畝集體土地所建。有村委會成員說，當時佔地沒有任何手續，至於後來有無補辦用地手續，無人知曉。

　　改革開放後，對農村基層幹部看法又一個「今非昔比」。「三農」問題引起國內的廣泛重視，不容樂觀，處境堪慮。特別是李昌平《我向總理說實話》

和陳桂棣、春桃《中國農民調查》公開發表以後，使得人們更瞭解農村，並敢於正視、談論、揭示「三農問題「了。農村基層幹部的違法亂紀、壓迫百姓、橫征暴斂、貪污腐化等劣行，逐步公諸於世。隨之而來，幾乎每日都會見報端，一些沒成色的事使得領導顏面無光。像陝西興平縣焦家村的幹部欠下吃喝款 1.2 萬元，竟以村小學一間教室頂帳。寧夏海原縣興仁鎮，鎮、村幹部以預防禽流感為名，聯合一起，低價騙購走了養雞專業戶 88 隻雞，過了饞癮。陝西南鄭陽春鎮黨委書記劉貴正賭博輸掉公款 89 元，人稱賭博書記。有些地方熱衷於「惡人治村」，錯誤的認為這些人能把老百姓治住。完全違背古代的「出入相友，守望相助，疾病相扶持」的傳統思想；也違背現代鄉村推行民主、自治的精神。在改革開放中，不少農民連「承包權」都失掉了，成為沒有土地的「農民工」特殊稱號。

建設共產主義社會已是渺茫，這是世人盡知的事實。江澤民在接受法國《費加羅報》採訪時說：「鞏固和發展社會主義制度……需要幾代人，十幾代人，甚至幾十代人……」。幾代人就是要一百年，幾十代那就是上千年。歷史依然按照規律前進著。五十年來，還是窮富懸殊。現有百萬富翁多少不清楚，但由九十年代末的銀行存款看，3%的富有者的儲蓄，占全國存款額的40%。回顧當年的內戰屠殺，土地革命，不過是為了擴大兵員，奪取政權的一種手段而已。給社會帶來了什麼？兩黨土地鬥爭結果，村村留血仇，家家有離恨。生在這百年革命時代的人們，上天賜給的「良辰美景」，到了人間只是「奈何天」，內心是痛苦的。經過幾十年後，其革命對國家發展結果，也只是世界較正常的一般發展水平，所謂的理想還是摸不著邊。試看北歐一些國家和新西蘭，從沒有搞階級鬥爭、流血革命，人民已經達到甚至超過中國革命者們宣傳的目標。新西蘭貧富差異很小，消失貧困，人人有飯吃，有衣穿。有困難公務人員隨叫隨到，那才是真正的人間天堂。貧富世上的永遠課題，只靠革命解決不了。正如當年一位既無任何政治背景，又親自經歷鄉村自治實踐的先賢彭禹廷所體會的：緩解貧富矛盾，靠的是社會經濟發展，社會文明進步，科學昌盛和道德水平提高。人們嚮往著「世界大同」。

## 二、土地徵用與失地農民的權益保護

1982 年以前我國實行以行政手段徵用農村土地的土地徵用制度。1978 年第五屆全國人民代表大會第一次會議通過的《中華人民共和國憲法》規定：

國家可以依照法律規定的條件，對土地實行徵購、徵用或者收歸國有。1982
年 5 月國務院公佈實施的《國家建設徵用土地條例》對徵用土地的程序、審
批權限、補償費和安置補助費等做出了系統的規定。1982 年 12 月修改通過的
《中華人民共和國憲法》明確規定：國家爲了公共利益的需要，可以依照法
律規定對土地實行徵收或者徵用並給予補償。這一時期的徵地政策與改革開
放以前相比，提出了節約用地是基本國策概念；強化了國家建設用地徵用的
強制性；明確了所有權與使用權的分離，徵用土地的所有權歸國家，用地單
位只有使用權；界定了徵用土地的補償範圍和標準。但整個土地徵用制度仍
然主要體現了計劃經濟的時代要求。

　　改革開放帶來了我國 20 世紀 80 年代初期的一個經濟發展高峰期，經濟
快速發展導致了第一次建設用地大擴張。針對 1983～1986 年間的鄉鎮企業和
農村建房亂占耕地和濫用土地現象突出的狀況，1986 年 3 月 21 日中共中央和
國務院下發了《關於加強土地管理、制止亂占耕地的通知》，要求對《國家建
設徵用土地條例》公布施行以來的非農業用地依照有關城市規劃、村鎮建房
用地等各項規定，認眞進行一次清理，並提出要運用經濟手段控制非農業用
地，國家要區域土地的不同用途和不同等級，徵收不同數量的土地稅和土地
使用費。同時，爲了加強對全國土地的統一管理，決定成立國家土地管理局，
作爲國務院的直屬機構統一負責全國土地管理工作。

　　1986 年 6 月 25 日頒佈的《中華人民共和國土地管理法》規定：國家爲了
公共利益的需要，可以依法對集體所有的土地實行徵用。國家建設用地，由
用地單位支付土地補償費。徵用耕地的補償費，爲該耕地被徵用前三年平均
產值的 3 至 6 倍；安置補助費最高不得超過徵用前三年年平均產值的 10 倍；
土地補償費和安置費的總和不得超過徵用土地前三年平均產值的 20 倍。1988
年 12 月七屆人大第五次會議通過的《關於修改〈中華人民共和國土地管理法〉
的決定》在增加允許國有土地和集體土地的使用權可以依法轉讓的同時，確
立了國有土地有償使用制度，並加大制止土地違法行爲的查處力度。1997 年
3 月 14 日通過的新修訂的《中華人民共和國刑法》第一次設立了土地獲罪條
款，即破壞耕地罪、非法批地罪和非法轉讓土地罪。

　　從 1982 年頒佈《國家建設徵用土地條例》到 1997 年黨的十五大召開，
是中國土地制度建設史上一個重要階段，一是將相關土地管理從行政手段上
陞到法律的高度，採取了一系列與當時經濟發展水平相適應的政策措施，使

整個土地使用管理制度逐步得到了規範。二是通過實施徵地分級限額審批制度，有效地控制了農用地向非農用地的無序流轉問題。三是更多地依據經濟手段來處理徵地過程中的相關問題，提高了徵地補償安置標準和使用費用，失地農民的合法權益得到了有效保護。

進入 21 世紀後，中國的城市化和工業化快速推進，城市化水平由 1978 年的 17.9%上陞到 2004 年的 41.8%，與此同時，大量農村土地通過各種徵用轉爲非農業用地，全國先後出現了「開發區熱」、「房地產熱」，由於導致了大規模的「圈地運動」。僅 2004 上半年全國共發現土地違法行爲 4.69 萬件，立案查處土地違法案件 3.39 萬起，清還農民徵地補償欠款 87.4 億元。

大範圍的違法佔地不僅造成國有土地資源的巨大浪費，使可持續發展受到威脅；還使千百萬農民喪失了賴以生存的土地，誘發了大量了社會矛盾。爲此，以 1998 年 8 月 29 日修訂通過的《中華人民共和國土地管理法》出臺爲標誌，國家開始實施土地用途管制制度，嚴格限制農用地轉爲建設用地。一是國家將土地徵用權收爲中央和省兩級行使，取消了市、縣兩級政府的徵地審批權，並對土地徵用審批權限進行了嚴格的限制；二是增加了轉用地、項目用地的預審、審查前置程序；三是提高了土地補償標準，規定土地補償費和安置補助費合計按徵用前三年平均產值的 30 倍計算，尚不足以使被徵地農民保持原有生活水平的，從國有土地有償使用收益中按一比例給予補貼。

雖然近年來，國家通過各種措施不斷加強農業用地向非農用地的管理，並從提高補償標準等方面盡可以彌補失地農民的權益。但在在土地公有制的大框架下，國家對集體土地的徵用仍帶有一定的強制性，集體所有的土地不論是作爲所有者代表的集體經濟組織，還是作爲收益權主體的農戶，都不具有對土地的最終處置權，因而在土地徵用過程中只能處於被動的境地。特別是一些地方政府基於局部利益和短期利益的需要，通常將犧牲農戶土地收益做爲發展地方經濟的代價，更使失地農民的合法權益難以得到完全維護和保障。

可喜的是，十七屆三中全會通過的《中共中央關於推進農村改革發展若干重大問題的決定》對於現行徵地制度的改革取向已經有了明確的規定：「改革徵地制度，嚴格界定公益性和經營性建設用地，逐步縮小徵地範圍，完善徵地補償機制。依法徵收農村集體土地，按照同地同價原則及時足額給農村集體組織和農民合理補償，解決好被徵地農民就業、住房、社會保障。在土

地利用規劃確定的城鎮建設用地範圍外，經批准佔用農村集體土地建設非公益性項目，允許農民依法通過多種方式參與開發經營並保障農民合法權益。逐步建立城鄉統一的建設用地市場，對依法取得的農村集體經營性建設用地，必須通過統一有形的土地市場、以公開規範的方式轉讓土地使用權，在符合規劃的前提下與國有土地享有平等權益。」這表明，我國在土地徵用制度上已經從主要服務於經濟建設，轉向以保障農民利益為前提，著力實現整個社會化的和諧進步。

## 三、小地主與大佃戶

宋代形成的佃耕制是隨其自然發展的，所以流行千餘年，『道法自然，天人合一』，為土地改革而內戰又是何苦呢？無論是國民黨的強制性的土改，還是共產黨的暴力土改結果，都是兩黨為政治而「忽悠」出來的。為農業發展留下了「坎兒」，就是小農化。現代的土地制度已經離開了宋代自然發展的軌道，基本是人為的政治干預，而且不清楚取向，只得莫著石頭過河。2014 年末，中央深化改革領導小組，召開了會議，審議了土地問題，被稱為「新土改」。農村土地徵收、集體土地建設入市、農村宅基地等問題依然解不開疙瘩，任性的堅持不可逾越的「紅線」，難以進行有效的土地改革。要保證土地集體所有制，非農用地由不斷擴大，想保證農民利益不受損害是困難的。農民自己怎麼能得到保證，權益都是被動的。

如今農業生產高度科學化、集約化，使用化肥農藥，電子化的管理。農業經濟向著國際化發展很快，不但經濟作物、糧食成為國際市場，連以往「百里不運粗」又不耐於儲藏果品、蔬菜也運來運去，出入國境。例如：2014 年11 月 16 日，山東省壽光市化龍鎮裴嶺村龍源食品有限公司發生火災，造成 18人死亡、13 人受傷，過火面積 5000 平方米。這家公司主要產品包括：胡蘿蔔、圓蔥、大蔥、大包菜、生薑、大白菜、土豆等各種保鮮蔬菜，產品就銷往東南亞、日本、韓國、俄羅斯、加拿大等國家地區。工人在外地招聘。完全是企業性質的公司，擺脫了舊式的農業經營模式。有的人沒有土地，但是 i 有農業技術和農場管理專場，也躋身於農業，就得租用土地。現代的農業需要投資，就有投資者相結合與農業生產。

當年宋代奠定的佃耕制各種角色，舊容依稀，新貌隱隱。地主成為土地投資者，佃戶是農業經營者，自耕農兩者具兼，農民失掉土地，成為農民工。

出租土地的承包戶，又如同永佃制時的「二地主」。大多數承包戶，帶有自耕農性質，既要種自己的承包田，又要到外地打工。多選擇「候鳥式」的生活和就業方式。其原因是：農民工收入偏低，不足以支撐其家庭在城市定居生活；城鄉分割二元戶籍制度，使農民工難在城市長久居留；農民工在農村都有承包地，使他們流則有根、出而能退、進退有路。我國現行的農村土地制度，可以避免出現「流民」現象和類似一些發展中國家的「城市病」。亦工亦農、亦城亦鄉，將繼續存在，大量農民工仍會以流動就業為主，在日本稱為兼業戶。佃農在城市邊緣地帶出現。城市郊區的人，大都選擇進城，從事高收入的工作。而家裏又有承包田。在還沒有取消農業稅年代，需要向政府繳稅。於是就招來佃戶包乾稅收，再分成，稱為代耕農，是為現代佃耕制的一種形式。「代耕農」是 20 世紀八、九十年代歷史發展的產物，他們遠離家鄉到珠三角農村替人耕種土地，形成了一個特殊的群體，1980 年代由於經濟發達地區二、三產業的發展，許多農民紛紛洗腳上田，大片邊遠精田丟荒棄耕。為減輕國家公購糧任務壓力，各經濟發達地區基層組織和農村幹部通過各種關係，聯繫本省或鄰省山區邊遠地區農民來代耕農田。農場地多人少，也需要吸納勞動力來耕作。邊遠山區及周邊省區的農民大批湧進珠海農村或農場代耕。在珠海西部的土地也有這樣一批人，對於促進珠海的農業發展，避免大量耕地荒蕪，這些代耕農做出過不可爭議的貢獻。然而，隨著城市化和工業化的發展，大量耕地被徵用，無地可種的「代耕農」並沒有離開這片土地，他們隨遇而安，繼續留在珠海，因為「珠海比家鄉好，老家太窮了」。但是，由於種種原因，代耕農的戶口、住房、子女入學等問題一直困擾著他們的生活，「代耕農」成了錯綜複雜的遺留問題。

　　土地租金應該合理很重要，才能照顧各方的利益。過去只講突出政治，不講經濟效果，應該糾正。土地改革以前曾實行過二五減租，或稱四一減租，四分之一即 25%。即把農民向地主交納的地租額統一按土地全年收穫物的 50%計算，在此基礎上再減去 25%，公式為：50%×（1—25%），就得出 37.5%。換言之即地主收取地租，最多不能超過租地全年正產物的 37.5%。從理論上講，因每年收穫量不一樣，所以每年都要以 37.5%乘以實際收穫量，才能算出應交的租額。在 1948 我國臺灣省的土地改革中就曾推行過相似的政策，臺灣稱之為「三七五減租」。說法不同，實際都是一回事。為了保護承租者、出租者、勞動者等多方利益，以及參照國外情況，還可規定地租率在低

一些，地租不得超過 25%，基本接近西方國家的土地租賃水平。

核定農田地價，購買年不得少於二十年。我國自土地改革後，幾十年來，農田就沒有地價。在世界這也是奇異現象。允許土地租賃，就需要核定地價。購買年法是按土地收益定價方法的雛形。它是用若干年的年地租（或收益）來表示土地價值的方法。即：

地價＝年地租×購買年

國共兩黨的農業發展走過的道路差異很大，現在農業出現的問題卻是「殊途同歸」。臺灣爲了適應工業化、城市化、市場化和全球化的發展，臺灣學者推出了「小地主大佃農」的制度安排。其實大陸內地現在也面臨著工業化、城市化、市場化和全球化對農地制度調整的壓力。當前大陸農村發展面臨著務農勞動力流失、務農人口老齡化、大量耕地閒置和土地利用率低下等諸多問題，推進「規模化經營」是非常必要的。隨著農村剩餘勞動力的轉移，現在農村勞動力老齡化、女性化的趨勢是非常明顯的，被戲稱爲「六零三八」部隊。務農老年化程度越來越高，勞動效率越來越低。自然生產和拋荒土地越來越多。一些偏僻地區的農民離鄉，使土地荒蕪。拋荒地主要集中在山區，耕地收益趕不上耕作成本，特別是年輕勞動力外出務工、經商，留守老人和留守婦女無力耕地，從而導致了農地拋荒。平原地區拋荒倒不多，但是在農業效益不高、勞動力不足的情況下，將雙季改爲單季，廣種薄收的情況比較普遍。這些問題威脅到了國家糧食安全。如河南省偃師市府店鎮麥稭坪村一座座長滿蓬蒿的院落裏，麥稭坪村位於海拔 800 多米高的山鞍地帶，是偃師市海拔最高的村莊。這裏地處「世外」，但並非「桃源」。因人口外遷，原來 100 多口人的村子，只剩下 4 位老人，實在可惜，應注意轉租。華中師範大學中國農村研究院「百村觀察」項目組，2010 年寒假調查數據分析得知，在種田的農戶中，種植者年紀在 60 歲及以上的佔了 14.8%；在 60 歲及以上的老年人中，還在種田的有 76.6%。農業部 2008 年曾推出「百萬中專生計劃」，增加 100 萬中專生，在農村還是很需要的。中專生在農村留得住，而且也管用。就是促進優化勞動力結構，推進務農人員年輕化、專業化。政策一次次的衝擊著農村，原因就是土地制度問題。根據農村現狀，2014 年 12 月中央召開了農村工作會議。導致「空心村」的增加，「三留守」問題突出。提出：「物的新農村」與「人的新農村」建設要齊頭並進。

「小地主大佃農」就是鼓勵不想耕種、無力耕種，耕種效率低下的農民

將土地長期出租給經營大戶推進農，地經營規模。「小地主」係指當前土地制度中，農村集體所有，被村民承包的土地。和臺灣的所謂「小地主」還是有差別的。最多算個「半個小地主」，相當於永佃制的「二地主」。「大佃戶」乃之承租較多土地，進行農業生產的，如種糧大戶等。通過減少經營者數量，來強化補貼的針對性，提高補貼效率。蔬菜價格大幅震蕩。2008 年以來，中國內地農業一個最突出的問題就是蔬菜價格大漲大跌，出現人們講的：「蒜你狠」、「薑你軍」等。2009～2010 年蔬菜價格大幅上漲，2011 年蔬菜價格大幅下跌，種菜效益大幅下降，有些農民甚至血本無歸。山東濟南市唐王鎮當地捲心菜的收購價格從每斤 0.25 元跌到 0.15 元，39 歲的菜農韓進因此而自殺。現今租佃方式的規模經營在經濟發達地區已經開展，並見有成效。

在江蘇鎮江新民洲港口產業園，記者看到承租戶竇可偉，除了自己的承包田，還在新民洲承租了 140 多畝土地種植水稻，悠閒看著二名雇工，跟隨著機器把金燦燦的稻穀嘩嘩地從機器倉中流入米袋，割稻、脫粒、揚場、稻穀入袋一氣呵成。他一件休閒夾克上衣，一雙鋥亮的皮鞋，給人感覺更像是一個企業家，而不是一個農民。面對記者的質疑，竇可偉笑著解釋道，他可是個地地道道的農民，我們家從父親那輩開始，就一直是在新民洲做農民的，只不過現在的農民種田是「動腦不動手」了。扮演著地主、經營者、自耕農、佃戶幾種角色。

《新民周刊》記者報導：在上海郊區，一些農民既是「地主」又是「雇工」，通過這樣的方式更大地實現了土地的價值，提高了經濟收入，這是一種「曲線務農」。奉賢 J 村當地婦女分揀、清洗青蔥。主人外地人租用本地人的農田種植戶。洗青蔥者就是這些土地的承包者，也就是土地的主人。「地主」，「佃戶」和「短工」身份於一身。外來人的安徽人在村中一下租用了 60 畝土地，一年有幾萬元的收入，並雇傭村裏的居民工作。「佃戶」又變成了雇傭「地主」的「雇主」。傳統的農業形態佃耕制，曾經是農業經濟的全部解釋，現已時過境遷。在今天的世界上，農業已經像工業一樣，成為一個通過市場交換實現經濟價值的領域，市場、規模、投資、技術、經營、效益同樣成為衡量農業活動的標尺。

福建新聞網記者徐向陽報導，越來越多的農民將自己的承包田出租給種植大戶，而自己拿工資種田。這成為了時下福建僑鄉莆田農村興起的一種新風。荔城區黃石鎮沙阪村的村民黃玉釵成為「領薪種田」人。上半年自己種田，下

半年把地租給種植專業戶，一畝一季四百元，一家人還能去種植戶地裏打工，每天都能拿到三十五塊錢。日子好過多了！莆田市涵江華林蔬菜基地董事長的林水英，過去與人合夥承包三十畝地種菜，後來通過合法流轉，自己順利租到了白塘鎮其它外出務工人員的土地，逐漸發展到現有千畝華林蔬菜基地，常年雇工達一千四百多人，其中不少雇工就是出租耕地後又來拿工資種田的。

今年黑龍江省克山農場的馬鈴薯種植戶尹國偉承包了 300 畝馬鈴薯進行種植。臨時雇來了 30 多人切馬鈴薯種子。一人一天的工錢是 50 元錢，而且還要支付車費、領工費。等到播種時還得雇人裝車、卸車、跟車播種、鋤草時還得雇人鋤草、收貨時還得雇人裝車。總之從種到收需要幹活時都要靠雇臨時工來完成。」克山農場種地戶都是靠雇工來種植土地，他們根本不用自己動手幹活，只是負責管理，到年底就等著數錢了。相當於佃戶，又雇工經營，兩重身份，在土改時間必備鬥爭。現在東莞農民在土地經營方面，經過實踐變得更精明。將土地認股的方式，創新爲租賃制。現今租賃經濟形式已經普遍，除土地外，住宅、店鋪也大多採取租賃形式。比購買不動產，有投資少，回收資金快等優勢。

黑龍江省綏化曾經面臨農業生產效益低、務農勞動力素質下降、農民種地積極性不高等難題困擾。近年來，綏化市總結探索了「農業企業＋合作社＋農戶」「農業企業＋種植大戶（家庭農場）＋農戶」「村集體＋合作社＋農戶」等經營模式，同時，加速培育有文化、懂技術、會經營的新型職業農民。綏化市望奎縣通江鎮種糧大戶張亮，2014 年註冊成立了鳳祥家庭農場。附近村屯的 370 戶農民把 9740 畝地入股他家的家庭農場，每公頃地保底收入 7500 元。這 7500 元就是地租的收入。多出的收益他與入股農戶再次分配，實行四六分成，就是經營收入。目前，綏化市新型農業經營主體達到 5.5 萬餘個，帶動土地流轉 1739 萬畝，占耕地面積的 60.6%；實現 200 畝以上土地規模經營總面積 1877 萬畝，占耕地面積的 65.36%。而新型職業農民則已成爲這些新型農業經營主體的主力軍。均是佃耕制的變化形式的發展，土地、資金、勞動力、技術投入都用收益。

因爲改革佃耕制爲因由，而引發了長時期奪權爲實質的內戰，國家、人民造成重大損失，是不值得的。今後希望不要再用其他緣由引發內戰，廣集民意，和平發展，靠科學技術進步，走向民主富強的社會。悟已往之不諫，知來者之可追。

# 參考文獻

1. 傅宗文《宋代草市鎮研究》（福建人民出版社 1989 年版）

2. 龍登高《宋代東南市場研究》（雲南大學出版社 1994 年版）

3. 葉廷珪：《海錄碎事》卷五《商賈貨財部·市廛門·子午會》，文淵閣《四庫全書》本。

4. 徐松輯：《宋會要輯》，中華書局 1997 年版。

5. 趙汝适：《諸蕃志》卷下《海南》，文淵閣《四庫全書》本。

6. 周輝：《清波雜誌》卷七《吉陽風土惡弱》，中華書局 1994 年版，第 302 頁。

7. 《嘉泰會稽志》《寺院》卷、《橋梁》，《宋元方志叢刊》本，中華書局 1990 年版。

8. 陳耆：《本堂集》卷八一《奉文本心樞密書》，文淵閣《四庫全書》本。

9. 《淳祐玉峰志》卷上《風俗》，《宋元方志叢刊》本，中華書局 1990 年版。

10. 張澍：《蜀典》卷六《風俗類》引《成都古今記》，影印清道光刻本。

11. 李澤厚：《世紀新夢》，安徽文藝出版社 1998 年版，第 367 頁。

12. 楊奎松：《新中國土改背景下的地主富農問題》，2009 年《南方都市報》專欄。

13. （美）弗里曼、畢克偉、賽爾登：《中國鄉村，社會主義國家》，社會科學文獻出版社。

14. 張鳴：我看紅軍長征的原因，《炎黃春秋》2014 第 4 期。

15. 吳惠萍：小地主大佃農，提升農業競爭力，國家政策研究基金會

16. 吳彬：1947 年同川土改反思，《炎黃春秋》2014 第 6 期。

17. 胡必亮：穩定自給性小農，發展商業性大農，《山東農業》（農村經濟版），2003。

18. 舒爾茨：改造傳統農業 北京：商務印書館，2006。

19. 畢克官：威海土改覆查運動的記憶《炎黃春秋》2014 第 10 期。